LOS VERBOS ITALIANOS

LAROUSSE

LOS VERBOS ITALIANOS

MANUAL
PRÁCTICO

Publicado en Francia en 2002 por Chambers Harrap Publishers Ltd, con el título *Study Aid Italian Verbs.*

© Chambers Harrap Publishers Ltd, 2002
7 Houpetown Crescent, Edinburgh EH7 4AY

De la presente edición:
© Larousse Editorial, S.L., 2024
Bac de Roda, 64, edificio D, 1.ª planta
08019 Barcelona
clientes@grupoanaya.com - www.larousse.es

Dirección editorial: Jordi Induráin
Realización y preimpresión: La Cifra
Diseño de cubierta: Isaac Gimeno (www.lanada.org)

Cuarta edición: enero de 2024

ISBN: 978-84-19739-60-5
Depósito legal: B-18587-2023
4E1I

PAPEL DE FIBRA
CERTIFICADA

Prólogo

Esta obra tiene como objetivo proporcionar la posibilidad de consultar de forma rápida la conjugación de los verbos italianos. Está destinado a todos aquellos que deseen conocer los tiempos verbales italianos y sus particularidades.

Los capítulos iniciales se han concebido como resumen para aprender o revisar los aspectos básicos de la conjugación italiana. Se exponen en ellos, con explicaciones claras y concisas, los principales usos de los tiempos verbales, los verbos auxiliares, la concordancia del participio pasado, la voz pasiva y otros puntos destacados del sistema verbal italiano, todo ello ilustrado con numerosos ejemplos traducidos al español.

La obra presenta tablas de conjugación de los verbos que sirven como modelo, conjugados en todos sus tiempos. Se utilizan los números 1, 2 y 3 para indicar la 1.ª, 2.ª y 3.ª personas, respectivamente, tanto del singular como del plural. En cada tiempo, aparecen primero las tres personas del singular, seguidas de las tres personas del plural.

El índice al final de la obra contiene una lista de verbos con remisión a la tabla donde se encuentra el verbo que constituye su modelo de conjugación.

ÍNDICE

GLOSARIO DE TÉRMINOS GRAMATICALES

ACTIVA
La forma activa del verbo es la forma básica, p. ej.: *lo recuerdo.* Se opone normalmente a la forma pasiva, p. ej.: *él es recordado.*

AUXILIAR
Los verbos auxiliares se utilizan para formar los tiempos compuestos de otros verbos, p. ej.: *haber* en *he visto.* Los principales verbos auxiliares en italiano son avere y essere.

CONDICIONAL
Este modo se utiliza para describir algo que se haría o algo que pasaría si se cumpliera una condición, por ejemplo: *iría si tuviera dinero; la silla se habría roto si te hubieras sentado en ella.* El CONDICIONAL se suele utilizar en italiano con verbos de deseo o preferencia y para reproducir lo dicho por otra persona (por ejemplo vorrei andare in Italia; secondo i giornali il re sarebbe morto).

CONJUGACIÓN
Es el conjunto de las diferentes formas que adopta un verbo al combinarse con las desinencias de tiempo, persona, número, modo y voz.

DESINENCIA
Terminación verbal que indica la **persona** (primera/segunda/tercera) y el **número** (singular/plural) del sujeto.

GERUNDIO
Forma verbal no personal y, por lo tanto, invariable que expresa la duración. En italiano corresponde a las terminaciones -ando y -endo.

IMPERATIVO
Modo del verbo que se utiliza para expresar órdenes, por ejemplo: *¡para!, ¡sigue!* o para realizar sugerencias, como *vamos.*

INDICATIVO
Este modo es la forma del verbo que se utiliza para realizar afirmaciones o preguntas, p. ej.: *me gusta, llegó, ahora vamos, ¿lo ves?* Se opone a los modos SUBJUNTIVO, CONDICIONAL e IMPERATIVO.

INFINITIVO   Se trata de la forma básica del verbo tal como se encuentra en los diccionarios. Por lo tanto, *comer, acabar* y *tomar* son infinitivos. En italiano, la mayor parte de los infinitivos acaban en -are, -ere o -ire.

MODO   Nombre que agrupa las cuatro grandes áreas de conjugación del verbo. Véase INDICATIVO, SUBJUNTIVO, CONDICIONAL e IMPERATIVO.

NÚMERO   Rasgo gramatical que indica si el verbo está en singular o plural, es decir, si la acción del sujeto implica a una o más personas.

ORACIÓN SUBORDINADA   Se trata de un grupo de palabras con un sujeto y un verbo que dependen de otra oración. Por ejemplo, en: *dijo que vendría, que vendría* es la subordinada que depende de *dijo*.

PARTICIPIO PASADO   Forma que adopta el verbo tras el auxiliar *haber* en español en la formación de los tiempos compuestos, p. ej.: *he comido, ha dicho, lo has intentado*.

PARTICIPIO PRESENTE   Esta forma (p. ej.: parlante: *hablando*, credente: *creyendo*, udente: *oyendo*) del italiano tiene una función casi exclusiva de adjetivo. Si se utiliza con una función verbal, por ejemplo: questa è una congiunzione reggente due proposizioni, el PARTICIPIO PRESENTE concuerda sólo en número (due congiunzioni reggenti...). Suele tener un valor similar al GERUNDIO español, aunque en algunos casos no corresponda, como en el último ejemplo, que se traduciría por *dos conjunciones que rigen...*

PASIVA   Estructura verbal que se utiliza cuando el sujeto del verbo no realiza la acción pero está sujeto a la misma. Se construye con el verbo *ser* y el PARTICIPIO PASADO del verbo en cuestión, p. ej.: *fue recordado*.

PERSONA   En cada tiempo verbal hay tres personas para el singular (primera: *yo*..., segunda: *tú*..., tercera: *él/ella*...) y tres para el plural (primera: *nosotros*..., segunda: *vosotros*..., tercera: *ellos/ellas*...). Nótese que en italiano las formas de tercera persona también se usan con los pronombres Lei/lei y Loro/loro, que son, respectivamente, las formas de cortesía en singular y plural de *tú*.

PRETÉRITO PERFECTO COMPUESTO	Utilizaremos la denominación española para este tiempo compuesto que en italiano recibe el nombre de passato prossimo. Un ejemplo de este tiempo en español es *he comido*.
PRETÉRITO PERFECTO SIMPLE	Este tiempo se llama en italiano passato remoto. En español corresponde a la forma *comí*.
RAÍZ DEL VERBO	La raíz de un verbo es la unidad básica a la que se unen las diferentes desinencias para formar los tiempos y los modos. Para encontrar la raíz de la mayor parte de los verbos italianos, basta con quitar –are, –ere o –ire del infinitivo. Por ejemplo, la raíz de parlare es parl-, la de cadere es cad- y la de finire es fin-.
SUBJUNTIVO	Modo verbal que expresa deseos y acciones hipotéticas. También se utiliza en oraciones subordinadas regidas por determinadas conjunciones o infinitivos.
TIEMPO	Los verbos se utilizan en tiempos, que indican el momento en el que tiene lugar la acción, que puede ser presente, pasado o futuro.
TIEMPOS COMPUESTOS	Estos tiempos son aquellos formados por más de un elemento. En italiano, se forman con un verbo auxiliar, que puede ser avere o essere, y el PARTICIPIO PASADO: ho acceso, mi sono alzato, sono andato.
VERBOS REFLEXIVOS	Este tipo de verbos «reflejan» la acción del verbo de nuevo en el sujeto, por ejemplo: *me visto*. En italiano se utilizan con un pronombre reflexivo, siempre toman essere como verbo auxiliar en los tiempos compuestos y su PARTICIPIO PASADO concuerda en número y género con el sujeto.
VOZ	Las dos voces de un verbo son las formas activa y pasiva.

INTRODUCCIÓN

A Tipos de verbo

El italiano, como el español, distingue tres conjugaciones, que se agrupan, en la mayor parte de los casos, en función de la terminación del infinitivo.

Así, casi todos los verbos acabados en **-are** pertenecen a la primera conjugación, p. ej.: **parlare;** casi todos los verbos acabados en **-ere** pertenecen a la segunda conjugación, la cual se subdivide en dos grupos en función de la posición de la sílaba tónica, p. ej.: **credere, vedere;** y casi todos los verbos acabados en **-ire** pertenecen a la tercera conjugación, que a su vez también se subdivide en dos grupos según las desinencias que forman el presente de indicativo, p. ej.: **sentire, finire.**

Todas las formas regulares siguen el patrón de una de estas tres conjugaciones. En esta obra hemos recogido los modelos para estas conjugaciones y para un importante número de verbos irregulares. Como se verá, la gran mayoría de los verbos que acaban en **-ere** son irregulares.

B Uso de los tiempos y de los modos

Los tiempos y los modos verbales se forman añadiendo diversas desinencias a la raíz del verbo (la raíz es el infinitivo sin la terminación **-are, -ere** o **-ire).**

1. Presente

El tiempo presente se utiliza en los casos siguientes:

   I) para expresar estados:

      sto bene
      estoy bien

II) para expresar verdades generales o universales:

la vita è dura
la vida es dura

III) el futuro inmediato:

torno subito
ahora vuelvo

IV) para expresar un hecho, situación o circunstancia que tiene lugar en el momento en que se habla:

il telefono squilla
suena el teléfono
oggi è una bella giornata
hoy hace un buen día

V) para expresar acciones o acontecimientos habituales o que se repiten con regularidad:

il treno per Milano parte ogni mattina alle nove
el tren de Milán sale todas las mañanas a las nueve
d'estate andiamo al mare
en verano vamos a la playa

VI) el presente se utiliza en refranes para conferirles un valor universal:

chi dorme non piglia pesci
a quien madruga Dios le ayuda

VII) para indicar hechos constantes que ocurren de forma natural:

il sole sorge nell'Oriente
el sol sale por el Este

2. Presente continuo

La forma continua del presente italiano se forma con la forma presente de **stare** más el gerundio del verbo en cuestión, por ejemplo:

cosa stai facendo? (¿qué estás haciendo?), **sto leggendo il giornale** (estoy leyendo el periódico). Se usa:

I) cuando una actividad tiene lugar en el mismo momento en el que se habla:

sta leggendo una lettera
está leyendo una carta

II) para una actividad iniciada en el pasado y que continúa en el presente, aunque no ocurra en el mismo momento en el que se habla:

sto scrivendo un libro
estoy escribiendo un libro

III) para enfatizar una acción continua:

stanno ancora parlando
aún están hablando

3. Pretérito imperfecto

Este tiempo del pasado se utiliza:

I) para expresar algo que ocurría en el pasado:

facevano molto rumore
hacían mucho ruido

II) para referirse a algo que se prolongó durante un período de tiempo en el pasado, por oposición a algo que ocurrió en un momento concreto del pasado:

guardavamo la televisione, quando nostro zio arrivò
estábamos viendo la televisión cuando llegó nuestro tío

III) para describir una acción habitual que tenía lugar en el pasado:

quando ero giovane andavo spesso a Torino
cuando era joven iba a menudo a Turín

IV) para describir o exponer el contexto de una historia o de una narración:

> **il sole brillava**
> *brillaba el sol*
> **le truppe italiane combattevano nell'Africa centrale**
> *las tropas italianas combatían en África central*

Nótese que el aspecto continuo del imperfecto se forma con el pretérito imperfecto de **stare** y el gerundio del verbo principal:

> **stavo leggendo un romanzo**
> *estaba leyendo una novela*

4. Pretérito perfecto compuesto (Passato prossimo)

Este tiempo compuesto se utiliza para expresar una acción finalizada en un pasado reciente o una acción finalizada en el pasado (incluso en un tiempo lejano) que tiene relación con el presente:

> **ieri sono andato/a a Bologna**
> *ayer fui a Bolonia*
> **Maria si è traslocata da Firenze a Pisa trent'anni fa**
> *Maria se mudó de Florencia a Pisa hace treinta años*
> *(queda implícito que aún reside en Pisa)*

Nótese que este tiempo no tiene una correspondencia exacta en español, ya que en muchas ocasiones es más habitual el uso del pretérito perfecto simple (*escribí, leí, canté,* etc.). Con todo, la distinción que se establece entre este pretérito y el imperfecto a la hora de referirse a acciones completadas o no, respectivamente, es la misma en ambas lenguas.

> **poco dopo, sono andato a Roma**
> *poco después, fui a Roma*

5. Pretérito perfecto simple (Passato remoto)

Se emplea para expresar una acción finalizada en el pasado que no tiene relación con el presente. Este tiempo se usa principalmente en la lengua literaria, ya que en la lengua común se va dando cada vez más preferencia al pretérito perfecto compuesto, excepto en el sur de Italia, donde también es usual en la lengua hablada.

Dante morí a Ravenna nel 1321
Dante murió en Ravena en 1321
molte persone morirono di peste nel Seicento
muchas personas murieron de peste en el siglo XVII

6. Pretérito pluscuamperfecto (Trapassato prossimo)

Este tiempo se utiliza:

I) para expresar lo que alguien ha hecho o lo que ha ocurrido en el pasado, en especial en el discurso indirecto:

il mio amico aveva telefonato mentre ero fuori
mi amigo había llamado mientras estaba fuera

II) para expresar una acción pasada finalizada antes de otra acción en el pasado:

era appena tornato, quando qualcuno bussò alla porta
acababa de llegar, cuando alguien llamó a la puerta

7. Futuro imperfecto (Futuro semplice)

Es el tiempo que se utiliza:

I) para expresar acciones o acontecimientos futuros:

l'anno prossimo andrò in Italia
el año que viene iré a Italia

II) para expresar probabilidad, posibilidad o aproximación:

quanto pesa questa scatola? – peserà circa due chili
¿cuánto pesa esta caja? – pesará unos dos kilos
che ore sono? – saranno le undici
¿qué hora es? – serán las once

III) para expresar una duda:

dove mai sarà Enrico?
¿dónde estará Enrico?

IV) para expresar una concesión:

avranno anche ragione
también tendrán razón

V) para expresar determinadas exclamaciones:

non ci crederai!
ino te lo vas a creer!

8. Futuro perfecto (Futuro anteriore)

Este tiempo compuesto se utiliza:

I) para indicar que una acción en el futuro finalizará cuando una segunda acción futura se cumpla:

quando avrò finito questo lavoro, andrò a letto
cuando haya acabado este trabajo, me iré a dormir
l'avrà finito entro la settimana prossima
lo habrá acabado la semana que viene

II) para expresar una suposición sobre el presente:

l'avrà dimenticato
se habrá olvidado

III) para expresar probabilidad, posibilidad o aproximación refiriéndose al pasado:

a quel tempo mia madre avrà avuto cinquant'anni
en aquella época mi madre tendría unos cincuenta años

IV) para expresar una duda refiriéndose a una acción pasada:

dove mai sarà andato Enrico?
¿adónde habrá ido Enrico?

9. Pretérito anterior (Trapassato remoto)

En el italiano moderno este tiempo sólo se utiliza en el lenguaje escrito, en especial el literario. Se usa en las oraciones subordinadas introducidas por una conjunción de tiempo si el verbo de la oración principal está en pretérito perfecto simple:

> **quando ebbe finito di mangiare, andò a letto**
> *cuando hubo acabado de comer, se fue a dormir*

10. Condicional simple (Condizionale presente)

Este tiempo se utiliza:

I) para expresar un deseo o anhelo:

> **vorrei mangiare una pizza**
> *me comería una pizza*

II) para expresar dudas ante una posible acción:

> **che cosa dovrei fare adesso?**
> *¿y ahora qué tendría que hacer?*

III) para expresar una acción o situación que es posible bajo determinadas circunstancias:

> **se avessi i soldi, andrei volentieri in America**
> *si tuviera dinero, me iría a América*

IV) para expresar sorpresa o incredulidad:

> **Silvia non farebbe mai una cosa simile!**
> *¡Silvia nunca haría algo así!*

V) para expresar una opinión personal de forma discreta:

> **a mio parere, sarebbe una buona idea studiare questi verbi**
> *según mi opinión, sería una buena idea estudiar estos verbos*

11. Condicional compuesto (Condizionale passato)

Este tiempo compuesto se utiliza:

I) para expresar un deseo o anhelo en el pasado:

avrei voluto mangiare una pizza
me habría comido una pizza

II) para expresar dudas sobre una acción pasada:

che cosa avrei dovuto fare allora?
¿qué debería haber hecho entonces?

III) para expresar una acción o situación pasada que sólo sería posible bajo determinadas circunstancias:

se avessi avuto i soldi, sarei andato volentieri in Sicilia
si hubiera tenido dinero, me habría ido a Sicilia

IV) para expresar sorpresa o incredulidad sobre una acción pasada:

Giuseppe non avrebbe mai fatto una cosa simile!
¡Giuseppe nunca habría hecho algo así!

V) para expresar una opinión personal sobre una acción pasada de forma discreta:

a mio parere, sarebbe stata una buona idea studiare questo libro
según mi opinión, habría sido una buena idea estudiar este libro

VI) en las frases subordinadas, para expresar la idea del futuro en el pasado, es decir, para indicar una acción posterior a otra situada también en el pasado:

Carlo ha detto che sarebbe venuto
Carlo dijo que vendría
Sapevo che Rina sarebbe tornata presto a Milano
Sabía que Rina volvería pronto a Milán

12. Imperativo

Este modo, que sólo tiene forma presente, se utiliza para dar órdenes, instrucciones y peticiones educadas pero firmes. En la forma negativa, sirve para prohibir una acción. Nótese que la tercera persona del singular y del plural, que se basa en las formas del presente de subjuntivo, corresponde a las formas *Lei/lei* y *Loro/loro* respectivamente.

> **vieni qua!**
> *¡ven aquí!*
> **stia attento!**
> *¡esté atento!*
> **andiamo!**
> *¡vámonos!*
> **girate a sinistra**
> *girad a la izquierda*
> **vengano pure avanti**
> *acérquense*
> **non fate tanto rumore!**
> *¡no hagáis tanto ruido!*

La forma negativa de la segunda persona del singular del imperativo se forma colocando **non** delante del infinitivo del verbo en cuestión:

> **non andare oggi, va' domani**
> *no vayas hoy, ve mañana*

13. Subjuntivo (Congiuntivo)

Este modo se utiliza principalmente para expresar acciones inciertas, dudosas, deseables, temidas, probables (pero sin garantía) o hipotéticas. Casi siempre se encuentra en las oraciones subordinadas introducidas por una conjunción (por eso en italiano se le llama *congiuntivo*), pero también tiene otras aplicaciones en las oraciones principales. Respecto al español, en el uso del subjuntivo en italiano interviene más la selección subjetiva del hablante. Se utiliza:

1) en oraciones subordinadas finales:

> **ho chiamato Giovanni perché mi aiutasse**
> *he llamado a Giovanni para que me ayude / llamé a Giovanni para que me ayudara*

II) en oraciones subordinadas consecutivas:

devi parlare piano in modo che tutti possiamo capirti
tienes que hablar más despacio para que todos podamos entenderte

III) en oraciones subordinadas temporales introducidas por **prima che:**

prima che torni tua sorella devi lavare i piatti
antes de que vuelva tu hermana tienes que fregar los platos

IV) en oraciones subordinadas comparativas:

ha recitato meglio di quanto non ci aspettassimo
ha actuado mejor de lo que esperábamos

V) en oraciones subordinadas concesivas:

sebbene sia ricco non è affatto felice
aunque sea rico no es feliz

VI) en oraciones subordinadas condicionales:

qualora avessi qualche difficoltà, dimmelo subito
cuando tengas alguna dificultad, dímelo enseguida

VII) después de verbos de duda:

dubito che sia vero
dudo que sea verdad

VIII) después de verbos de miedo:

temo che sia troppo tardi
me temo que sea demasiado tarde

IX) después de verbos de esperanza:

spero che voi arriviate in tempo
espero que lleguéis a tiempo

x) después de verbos de deseo:

voglio che lei ripassi domani
quiero que vuelva a venir mañana

xi) después de verbos que expresan incertidumbre:

mi sembra che Francesca torni stasera
me parece que Francesca vuelve esta tarde

xii) después de verbos que expresan buenos deseos:

mi auguro che il problema passi presto
espero que el problema pase pronto

xiii) después de verbos que expresan suposiciones:

credo che loro abitino in città
creo que viven en la ciudad

xiv) después de formas relativas superlativas:

è il libro meno interessante che io abbia mai letto
es el libro menos interesante que he leído en la vida

xv) después de los adjetivos **primo, ultimo** y **unico**:

è l'unico libro che egli abbia mai comprato
es el único libro que se ha comprado en la vida

xvi) en gran cantidad de expresiones indefinidas:

chiunque dovesse arrivare, non lo voglio vedere
quienquiera que venga, no quiero verlo
dovunque vada, trova molti amici
dondequiera que vaya, hace muchos amigos

xvii) en frases condicionales donde la condición es poco probable que se cumpla:

se avessi il tempo, farei una passeggiata
si tuviera tiempo, iría a dar una vuelta

XVIII) en oraciones subordinadas seguidas de verbos que expresan emoción:

sono lieto che tu sia tornato a casa!
¡estoy contento de que hayas vuelto a casa!
mi dispiace che tu stia malato
siento que estés enfermo

XIX) en expresiones impersonales:

è improbabile che io sia a scuola domani
es improbable que mañana vaya al colegio

XX) en preguntas indirectas:

tutti si chiedono come si possano imparare tanti verbi
todos se preguntan cómo se pueden aprender tantos verbos

XXI) en oraciones con antecedentes negativos:

non c'è nessuno qui che sappia parlare russo
aquí no hay nadie que sepa hablar ruso

XXII) en oraciones independientes que expresan deseo:

fosse vero!
¡ojalá fuera verdad!
viva il re!
¡viva el rey!

XXIII) en oraciones independientes que expresan una orden en las formas corteses *Lei/lei, Loro/loro*:

esca subito!
salga ahora mismo

XXIV) en oraciones independientes que expresan una suposición:

che stia per nevicare?
¿nevará?

14. Gerundio

En italiano:

I) se utiliza con **stare** para formar los tiempos continuos (véase la **pág 14).**

II) se utiliza junto con un verbo principal (cuando el sujeto de las dos acciones es la misma persona) para expresar la forma de hacer algo:

studiando sodo, impariamo molte cose
estudiando mucho, se aprenden muchas cosas

15. Participio pasado

Además de utilizarse en la formación de los tiempos compuestos, este tiempo es muy común como adjetivo:

questa maledetta penna
este maldito bolígrafo

16. Infinitivo

El infinitivo se usa:

I) en oraciones subordinadas cuando el sujeto es el mismo:

credo di conoscere questo signore
creo que conozco a este hombre

II) en el imperativo que se emplea en avisos públicos, etc.:

in caso di emergenza, telefonare al 113
en caso de emergencia, llame al 113
non calpestare l'erba
prohibido pisar la hierba

III) como nombre verbal que toma el género masculino:

il viaggiare è molto costoso
viajar es muy caro

IV) como nombre verbal sin género:

> **non mi piace fare la coda**
> *no me gusta hacer cola*

V) en muchas expresiones regidas por preposición:

> **tento di imparare i verbi italiani**
> *intento aprender los verbos italianos*

17. Voz pasiva

Esta voz se construye mediante el verbo **essere** y el participio pasado del verbo en cuestión. En la voz pasiva, el sujeto recibe la acción del verbo:

> **il malato è visitato dal medico**
> *el enfermo es visitado por el médico*

Para consultar la conjugación completa de un verbo en voz pasiva véase la **página siguiente.**

ESSERE AMATO *ser amado*

INDICATIVO

PRESENTE
1 sono amato/a
2 sei amato/a
3 è amato/a
1 siamo amati/e
2 siete amati/e
3 sono amati/e

PRET. IMPERFECTO
ero amato/a
eri amato/a
era amato/a
eravamo amati/e
eravate amati/e
erano amati/e

PRET. PLUSCUAMPERFECTO
ero stato/a amato/a
eri stato/a amato/a
era stato/a amato/a
eravamo stati/e amati/e
eravate stati/e amati/e
erano stati/e amati/e

PRET. PERF. SIMPLE
1 fui amato/a
2 fosti amato/a
3 fu amato/a
1 fummo amati/e
2 foste amati/e
3 furono amati/e

PRET. PERF. COMPUESTO
sono stato/a amato/a
sei stato/a amato/a
è stato/a amato/a
siamo stati/e amati/e
siete stati/e amati/e
sono stati/e amati/e

FUTURO IMPERFECTO
sarò amato/a
sarai amato/a
sarà amato/a
saremo amati/e
sarete amati/e
saranno amati/e

PRETÉRITO ANTERIOR
fui stato/a amato

FUTURO PERFECTO
sarò stato/a amato/a etc.

CONDICIONAL

SIMPLE
1 sarei amato/a
2 saresti amato/a
3 sarebbe amato/a
1 saremmo amati/e
2 sareste amati/e
3 sarebbero amati/e

COMPUESTO
sarei stato/a amato/a
saresti stato/a amato/a
sarebbe stato/a amato/a
saremmo stati/e amati/e
sareste stati/e amati/e
sarebbero stati/e amati/e

IMPERATIVO

SUBJUNTIVO

PRESENTE
1 sia amato/a
2 sia amato/a
3 sia amato/a
1 siamo amati/e
2 siate amati/e
3 siano amati/e

PRET. IMPERFECTO
fossi amato/a
fossi amato/a
fosse amato/a
fossimo amati/e
foste amati/e
fossero amati/e

PRET. PERFECTO
fossi stato/a amato/a
fossi stato/a amato/a
fosse stato/a amato/a
fossimo stati/e amati/e
foste stati/e amati/e
fossero stati/e amati/e

PRET. PLUSCUAMPERFECTO
sia stato/a amato/a etc.

INFINITIVO SIMPLE
esser(e) amato/a/i/e

INFINITIVO COMPUESTO
esser(e) stato/a/i/e amato/a/i/e

GERUNDIO
essendo amato/a/i/e

PARTICIPIO PASADO
essendo stato/a/i/e
amato/a/i/e

C Concordancia con el participio pasado

I) Cuando el auxiliar es **essere**, el participio pasado concuerda en número y género con el sujeto:

Simona è partita per Napoli
Simona se ha ido a Nápoles
i regali sono stati divisi equamente
los regalos se han repartido de forma equitativa

II) Cuando el auxiliar es **avere** y hay un objeto directo *antes* del participio, la concordancia es opcional:

i libri che Nadia ha comprati / i libri che Nadia ha comprato
los libros que Nadia ha comprado

III) Cuando el auxiliar es **avere**, el objeto directo es uno de los pronombres **lo, la, li, le** y precede al verbo, el participio pasado concuerda con el objeto directo:

le banane? – le ho comprate oggi
¿los plátanos? – los he comprado hoy

IV) Cuando el auxiliar es **avere**, el objeto directo es el pronombre **mi, ti, ci, vi** o **ne** y antecede al verbo, la concordancia es opcional:

mi dispiace, Silvia, se ti ho disturbata / se ti ho disturbato
perdona, Silvia, si te he molestado

ha mangiato della pasta – ne ha mangiata / ne ha mangiato
ha comido pasta– ha comido

Si hay otro calificativo en la misma frase que muestra concordancia, el participio pasado *debe* concordar:

ne ha mangiata troppa!
¡ha comido demasiada!

V) Con los verbos reflexivos el participio pasado puede concordar con el sujeto o con el objeto:

Lucia si è lavata le mani / Lucia si è lavate le mani
Lucia se ha lavado las manos

TABLAS DE CONJUGACIÓN

Notas:

En esta obra hemos utilizado los números 1, 2 y 3 para indicar la primera, segunda y tercera personas del verbo. En cada modelo de conjugación el segundo 1, 2 y 3 corresponde a las formas plurales. En italiano, existen las formas de cortesía *Lei/lei* y *Loro/loro* (usted/ustedes), que adoptan la *tercera* persona (del singular y del plural) del verbo.

Descubrir la sílaba tónica de los verbos italianos suele provocar dificultades a los estudiantes, pero hay una regla fácil de recordar que es muy útil. En todas las formas singulares del presente la sílaba tónica recae en la raíz y en la primera y segunda persona del plural recae en la penúltima sílaba de la terminación, mientras que en la tercera persona del plural vuelve a recaer en la raíz:

INDICATIVO

	PRESENTE	PRET. IMPERFECTO	PRET. PLUSCUAMPERFECTO
1	abito	abitavo	avevo abitato
2	abiti	abitavi	avevi abitato
3	abita	abitava	aveva abitato
1	abitiamo	abitavamo	avevamo abitato
2	abitate	abitavate	avevate abitato
3	abitano	abitavano	avevano abitato

	PRET. PERF. SIMPLE	PRET. PERF. COMPUESTO	FUTURO IMPERFECTO
1	abitai	ho abitato	abiterò
2	abitasti	hai abitato	abiterai
3	abitò	ha abitato	abiterà
1	abitammo	abbiamo abitato	abiteremo
2	abitaste	avete abitato	abiterete
3	abitarono	hanno abitato	abiteranno

PRETÉRITO ANTERIOR
ebbi abitato etc.

FUTURO PERFECTO
avrò abitato etc.

CONDICIONAL

	SIMPLE	COMPUESTO
1	abiterei	avrei abitato
2	abiteresti	avresti abitato
3	abiterebbe	avrebbe abitato
1	abiteremmo	avremmo abitato
2	abitereste	avreste abitato
3	abiterebbero	avrebbero abitato

IMPERATIVO

abita
abiti
abitiamo
abitate
abitino

SUBJUNTIVO

	PRESENTE	PRET. IMPERFECTO	PRET. PLUSCUAMPERFECTO
1	abiti	abitassi	avessi abitato
2	abiti	abitassi	avessi abitato
3	abiti	abitasse	avesse abitato
1	abitiamo	abitassimo	avessimo abitato
2	abitiate	abitaste	aveste abitato
3	abitino	abitassero	avessero abitato

PRET. PERFECTO
abbia abitato etc.

INFINITIVO SIMPLE	GERUNDIO	PARTICIPIO PASADO
abitare	abitando	abitato

INFINITIVO COMPUESTO
aver(e) abitato

ACCENDERE

2 *encender*

INDICATIVO

PRESENTE	PRET. IMPERFECTO	PRET. PLUSCUAMPERFECTO
1 accendo	accendevo	avevo acceso
2 accendi	accendevi	avevi acceso
3 accende	accendeva	aveva acceso
1 accendiamo	accendevamo	avevamo acceso
2 accendete	accendevate	avevate acceso
3 accendono	accendevano	avevano acceso

PRET. PERF. SIMPLE	PRET. PERF. COMPUESTO	FUTURO IMPERFECTO
1 accesi	ho acceso	accenderò
2 accendesti	hai acceso	accenderai
3 accese	ha acceso	accenderà
1 accendemmo	abbiamo acceso	accenderemo
2 accendeste	avete acceso	accenderete
3 accesero	hanno acceso	accenderanno

PRETÉRITO ANTERIOR		FUTURO PERFECTO
ebbi acceso etc.		avrò acceso etc.

CONDICIONAL

IMPERATIVO

SIMPLE	COMPUESTO	
1 accenderei	avrei acceso	
2 accenderesti	avresti acceso	accendi
3 accenderebbe	avrebbe acceso	accenda
1 accenderemmo	avremmo acceso	accendiamo
2 accendereste	avreste acceso	accendete
3 accenderebbero	avrebbero acceso	accendano

SUBJUNTIVO

PRESENTE	PRET. IMPERFECTO	PRET. PLUSCUAMPERFECTO
1 accenda	accendessi	avessi acceso
2 accenda	accendessi	avessi acceso
3 accenda	accendesse	avesse acceso
1 accendiamo	accendessimo	avessimo acceso
2 accendiate	accendeste	aveste acceso
3 accendano	accendessero	avessero acceso

PRET. PERFECTO
abbia acceso etc.

INFINITIVO SIMPLE	GERUNDIO	PARTICIPIO PASADO
accendere	accendendo	acceso
INFINITIVO COMPUESTO		
aver(e) acceso		

INDICATIVO

PRESENTE	PRET. IMPERFECTO	PRET. PLUSCUAMPERFECTO
1 accetto	accettavo	avevo accettato
2 accetti	accettavi	avevi accettato
3 accetta	accettava	aveva accettato
1 accettiamo	accettavamo	avevamo accettato
2 accettate	accettavate	avevate accettato
3 accettano	accettavano	avevano accettato

PRET. PERF. SIMPLE	PRET. PERF. COMPUESTO	FUTURO IMPERFECTO
1 accettai	ho accettato	accetterò
2 accettasti	hai accettato	accetterai
3 accettò	ha accettato	accetterà
1 accettammo	abbiamo accettato	accetteremo
2 accettaste	avete accettato	accetterete
3 accettarono	hanno accettato	accetteranno

PRETÉRITO ANTERIOR		FUTURO PERFECTO
ebbi accettato etc.		avrò accettato etc.

CONDICIONAL

IMPERATIVO

SIMPLE	COMPUESTO	
1 accetterei	avrei accettato	
2 accetteresti	avresti accettato	accetta
3 accetterebbe	avrebbe accettato	accetti
1 accetteremmo	avremmo accettato	accettiamo
2 accettereste	avreste accettato	accettate
3 accetterebbero	avrebbero accettato	accettino

SUBJUNTIVO

PRESENTE	PRET. IMPERFECTO	PRET. PLUSCUAMPERFECTO
1 accetti	accettassi	avessi accettato
2 accetti	accettassi	avessi accettato
3 accetti	accettasse	avesse accettato
1 accettiamo	accettassimo	avessimo accettato
2 accettiate	accettaste	aveste accettato
3 accettino	accettassero	avessero accettato

PRET. PERFECTO
abbia accettato etc.

INFINITIVO SIMPLE	GERUNDIO	PARTICIPIO PASADO
accettare	accettando	accettato
INFINITIVO COMPUESTO		
aver(e) accettato		

ACCOMPAGNARE

4 *acompañar*

INDICATIVO

PRESENTE	PRET. IMPERFECTO	PRET. PLUSCUAMPERFECTO
1 accompagno	accompagnavo	avevo accompagnato
2 accompagni	accompagnavi	avevi accompagnato
3 accompagna	accompagnava	aveva accompagnato
1 accompagniamo	accompagnavamo	avevamo accompagnato
2 accompagnate	accompagnavate	avevate accompagnato
3 accompagnano	accompagnavano	avevano accompagnato

PRET. PERF. SIMPLE	PRET. PERF. COMPUESTO	FUTURO IMPERFECTO
1 accompagnai	ho accompagnato	accompagnerò
2 accompagnasti	hai accompagnato	accompagnerai
3 accompagnò	ha accompagnato	accompagnerà
1 accompagnammo	abbiamo accompagnato	accompagneremo
2 accompagnaste	avete accompagnato	accompagnerete
3 accompagnarono	hanno accompagnato	accompagneranno

PRETÉRITO ANTERIOR	FUTURO PERFECTO
ebbi accompagnato etc.	avrò accompagnato etc.

CONDICIONAL

SIMPLE	COMPUESTO
1 accompagnerei	avrei accompagnato
2 accompagneresti	avresti accompagnato
3 accompagnerebbe	avrebbe accompagnato
1 accompagneremmo	avremmo accompagnato
2 accompagnereste	avreste accompagnato
3 accompagnerebbero	avrebbero accompagnato

IMPERATIVO

accompagna
accompagni
accompagniamo
accompagnate
accompagnino

SUBJUNTIVO

PRESENTE	PRET. IMPERFECTO	PRET. PLUSCUAMPERFECTO
1 accompagni	accompagnassi	avessi accompagnato
2 accompagni	accompagnassi	avessi accompagnato
3 accompagni	accompagnasse	avesse accompagnato
1 accompagniamo	accompagnassimo	avessimo accompagnato
2 accompagniate	accompagnaste	aveste accompagnato
3 accompagnino	accompagnassero	avessero accompagnato

PRET. PERFECTO
abbia accompagnato etc.

INFINITIVO SIMPLE	GERUNDIO	PARTICIPIO PASADO
accompagnare	accompagnando	accompagnato

INFINITIVO COMPUESTO
aver(e) accompagnato

INDICATIVO

PRESENTE	**PRET. IMPERFECTO**	**PRET. PLUSCUAMPERFECTO**
1 mi accorgo	mi accorgevo	mi ero accorto/a
2 ti accorgi	ti accorgevi	ti eri accorto/a
3 si accorge	si accorgeva	si era accorto/a
1 ci accorgiamo	ci accorgevamo	ci eravamo accorti/e
2 vi accorgete	vi accorgevate	vi eravate accorti/e
3 si accorgono	si accorgevano	si erano accorti/e

PRET. PERF. SIMPLE	**PRET. PERF. COMPUESTO**	**FUTURO IMPERFECTO**
1 mi accorsi	mi sono accorto/a	mi accorgerò
2 ti accorgesti	ti sei accorto/a	ti accorgerai
3 si accorse	si è accorto/a	si accorgerà
1 ci accorgemmo	ci siamo accorti/e	ci accorgeremo
2 vi accorgeste	vi siete accorti/e	vi accorgerete
3 si accorsero	si sono accorti/e	si accorgeranno

PRETÉRITO ANTERIOR
mi fui accorto/a etc.

FUTURO PERFECTO
mi sarò accorto/a etc.

CONDICIONAL

SIMPLE	**COMPUESTO**
1 mi accorgerei	mi sarei accorto/a
2 ti accorgeresti	ti saresti accorto/a
3 si accorgerebbe	si sarebbe accorto/a
1 ci accorgeremmo	ci saremmo accorti/e
2 vi accorgereste	vi sareste accorti/e
3 si accorgerebbero	si sarebbero accorti/e

IMPERATIVO

accorgiti
si accorga
accorgiamoci
accorgetevi
si accorgano

SUBJUNTIVO

PRESENTE	**PRET. IMPERFECTO**	**PRET. PLUSCUAMPERFECTO**
1 mi accorga	mi accorgessi	mi fossi accorto/a
2 ti accorga	ti accorgessi	ti fossi accorto/a
3 si accorga	si accorgesse	si fosse accorto/a
1 ci accorgiamo	ci accorgessimo	ci fossimo accorti/e
2 vi accorgiate	vi accorgeste	vi foste accorti/e
3 si accorgano	si accorgessero	si fossero accorti/e

PRET. PERFECTO
mi sia accorto/a etc.

INFINITIVO SIMPLE	**GERUNDIO**	**PARTICIPIO PASADO**
accorgersi	accorgendomi etc.	accorto/a/i/e

INFINITIVO COMPUESTO
essersi accorto/a/i/e

ACCUSARE
6
acusar

INDICATIVO

PRESENTE	PRET. IMPERFECTO	PRET. PLUSCUAMPERFECTO
1 accuso	accusavo	avevo accusato
2 accusi	accusavi	avevi accusato
3 accusa	accusava	aveva accusato
1 accusiamo	accusavamo	avevamo accusato
2 accusate	accusavate	avevate accusato
3 accusano	accusavano	avevano accusato

PRET. PERF. SIMPLE	PRET. PERF. COMPUESTO	FUTURO IMPERFECTO
1 accusai	ho accusato	accuserò
2 accusasti	hai accusato	accuserai
3 accusò	ha accusato	accuserà
1 accusammo	abbiamo accusato	accuseremo
2 accusaste	avete accusato	accuserete
3 accusarono	hanno accusato	accuseranno

PRETÉRITO ANTERIOR		FUTURO PERFECTO
ebbi accusato etc.		avrò accusato etc.

CONDICIONAL

IMPERATIVO

SIMPLE	COMPUESTO	
1 accuserei	avrei accusato	
2 accuseresti	avresti accusato	accusa
3 accuserebbe	avrebbe accusato	accusi
1 accuseremmo	avremmo accusato	accusiamo
2 accusereste	avreste accusato	accusate
3 accuserebbero	avrebbero accusato	accusino

SUBJUNTIVO

PRESENTE	PRET. IMPERFECTO	PRET. PLUSCUAMPERFECTO
1 accusi	accusassi	avessi accusato
2 accusi	accusassi	avessi accusato
3 accusi	accusasse	avesse accusato
1 accusiamo	accusassimo	avessimo accusato
2 accusiate	accusaste	aveste accusato
3 accusino	accusassero	avessero accusato

PRET. PERFECTO
abbia accusato etc.

INFINITIVO SIMPLE	GERUNDIO	PARTICIPIO PASADO
accusare	accusando	accusato
INFINITIVO COMPUESTO		
aver(e) accusato		

INDICATIVO

PRESENTE	PRET. IMPERFECTO	PRET. PLUSCUAMPERFECTO
1 acquisto	acquistavo	avevo acquistato
2 acquisti	acquistavi	avevi acquistato
3 acquista	acquistava	aveva acquistato
1 acquistiamo	acquistavamo	avevamo acquistato
2 acquistate	acquistavate	avevate acquistato
3 acquistano	acquistavano	avevano acquistato

PRET. PERF. SIMPLE	PRET. PERF. COMPUESTO	FUTURO IMPERFECTO
1 acquistai	ho acquistato	acquisterò
2 acquistasti	hai acquistato	acquisterai
3 acquistò	ha acquistato	acquisterà
1 acquistammo	abbiamo acquistato	acquisteremo
2 acquistaste	avete acquistato	acquisterete
3 acquistarono	hanno acquistato	acquisteranno

PRETÉRITO ANTERIOR		FUTURO PERFECTO
ebbi acquistato etc.		avrò acquistato etc.

CONDICIONAL

SIMPLE	COMPUESTO
1 acquisterei	avrei acquistato
2 acquisteresti	avresti acquistato
3 acquisterebbe	avrebbe acquistato
1 acquisteremmo	avremmo acquistato
2 acquistereste	avreste acquistato
3 acquisterebbero	avrebbero acquistato

IMPERATIVO

acquista
acquisti
acquistiamo
acquistate
acquistino

SUBJUNTIVO

PRESENTE	PRET. IMPERFECTO	PRET. PLUSCUAMPERFECTO
1 acquisti	acquistassi	avessi acquistato
2 acquisti	acquistassi	avessi acquistato
3 acquisti	acquistasse	avesse acquistato
1 acquistiamo	acquistassimo	avessimo acquistato
2 acquistiate	acquistaste	aveste acquistato
3 acquistino	acquistassero	avessero acquistato

PRET. PERFECTO
abbia acquistato etc.

INFINITIVO SIMPLE	GERUNDIO	PARTICIPIO PASADO
acquistare	acquistando	acquistato

INFINITIVO COMPUESTO
aver(e) acquistato

AFFIGGERE
8
pegar, fijar

INDICATIVO

PRESENTE	PRET. IMPERFECTO	PRET. PLUSCUAMPERFECTO
1 affiggo	affiggevo	avevo affisso
2 affiggi	affiggevi	avevi affisso
3 affigge	affiggeva	aveva affisso
1 affiggiamo	affiggevamo	avevamo affisso
2 affiggete	affiggevate	avevate affisso
3 affiggono	affiggevano	avevano affisso

PRET. PERF. SIMPLE	PRET. PERF. COMPUESTO	FUTURO IMPERFECTO
1 affissi	ho affisso	affiggerò
2 affiggesti	hai affisso	affiggerai
3 affisse	ha affisso	affiggerà
1 affiggemmo	abbiamo affisso	affiggeremo
2 affiggeste	avete affisso	affiggerete
3 affissero	hanno affisso	affiggeranno

PRETÉRITO ANTERIOR		FUTURO PERFECTO
ebbi affisso etc.		avrò affisso etc.

CONDICIONAL

IMPERATIVO

SIMPLE	COMPUESTO	
1 affiggerei	avrei affisso	
2 affiggeresti	avresti affisso	affiggi
3 affiggerebbe	avrebbe affisso	affigga
1 affiggeremmo	avremmo affisso	affiggiamo
2 affiggereste	avreste affisso	affiggete
3 affiggerebbero	avrebbero affisso	affiggano

SUBJUNTIVO

PRESENTE	PRET. IMPERFECTO	PRET. PLUSCUAMPERFECTO
1 affigga	affiggessi	avessi affisso
2 affigga	affiggessi	avessi affisso
3 affigga	affiggesse	avesse affisso
1 affiggiamo	affiggessimo	avessimo affisso
2 affiggiate	affiggeste	aveste affisso
3 affiggano	affiggessero	avessero affisso

PRET. PERFECTO
abbia affisso etc.

INFINITIVO SIMPLE	GERUNDIO	PARTICIPIO PASADO
affiggere	affiggendo	affisso
INFINITIVO COMPUESTO		
aver(e) affisso		

INDICATIVO

PRESENTE	PRET. IMPERFECTO	PRET. PLUSCUAMPERFECTO
1 affitto	affittavo	avevo affittato
2 affitti	affittavi	avevi affittato
3 affitta	affittava	aveva affittato
1 affittiamo	affittavamo	avevamo affittato
2 affittate	affittavate	avevate affittato
3 affittano	affittavano	avevano affittato

PRET. PERF. SIMPLE	PRET. PERF. COMPUESTO	FUTURO IMPERFECTO
1 affittai	ho affittato	affitterò
2 affittasti	hai affittato	affitterai
3 affittò	ha affittato	affitterà
1 affittammo	abbiamo affittato	affitteremo
2 affittaste	avete affittato	affitterete
3 affittarono	hanno affittato	affitteranno

PRETÉRITO ANTERIOR		FUTURO PERFECTO
ebbi affittato etc.		avrò affittato etc.

CONDICIONAL

SIMPLE	COMPUESTO
1 affitterei	avrei affittato
2 affitteresti	avresti affittato
3 affitterebbe	avrebbe affittato
1 affitteremmo	avremmo affittato
2 affittereste	avreste affittato
3 affitterebbero	avrebbero affittato

IMPERATIVO

affitta
affitti
affittiamo
affittate
affittino

SUBJUNTIVO

PRESENTE	PRET. IMPERFECTO	PRET. PLUSCUAMPERFECTO
1 affitti	affittassi	avessi affittato
2 affitti	affittassi	avessi affittato
3 affitti	affittasse	avesse affittato
1 affittiamo	affittassimo	avessimo affittato
2 affittiate	affittaste	aveste affittato
3 affittino	affittassero	avessero affittato

PRET. PERFECTO
abbia affittato etc.

INFINITIVO SIMPLE	GERUNDIO	PARTICIPIO PASADO
affittare	affittando	affittato

INFINITIVO COMPUESTO
aver(e) affittato

AFFLIGGERE

10 *afligir*

INDICATIVO

PRESENTE	PRET. IMPERFECTO	PRET. PLUSCUAMPERFECTO
1 affliggo	affliggevo	avevo afflitto
2 affliggi	affliggevi	avevi afflitto
3 affligge	affliggeva	aveva afflitto
1 affliggiamo	affliggevamo	avevamo afflitto
2 affliggete	affliggevate	avevate afflitto
3 affliggono	affliggevano	avevano afflitto

PRET. PERF. SIMPLE	PRET. PERF. COMPUESTO	FUTURO IMPERFECTO
1 afflissi	ho afflitto	affliggerò
2 affliggesti	hai afflitto	affliggerai
3 afflisse	ha afflitto	affliggerà
1 affliggemmo	abbiamo afflitto	affliggeremo
2 affliggeste	avete afflitto	affliggerete
3 afflissero	hanno afflitto	affliggeranno

PRETÉRITO ANTERIOR		FUTURO PERFECTO
ebbi afflitto etc.		avrò afflitto etc.

CONDICIONAL

SIMPLE	COMPUESTO
1 affliggerei	avrei afflitto
2 affliggeresti	avresti afflitto
3 affliggerebbe	avrebbe afflitto
1 affliggeremmo	avremmo afflitto
2 affliggereste	avreste afflitto
3 affliggerebbero	avrebbero afflitto

IMPERATIVO

affliggi
affligga
affliggiamo
affliggete
affliggano

SUBJUNTIVO

PRESENTE	PRET. IMPERFECTO	PRET. PLUSCUAMPERFECTO
1 affligga	affliggessi	avessi afflitto
2 affligga	affliggessi	avessi afflitto
3 affligga	affliggesse	avesse afflitto
1 affliggiamo	affliggessimo	avessimo afflitto
2 affliggiate	affliggeste	aveste afflitto
3 affliggano	affliggessero	avessero afflitto

PRET. PERFECTO
abbia afflitto etc.

INFINITIVO SIMPLE	GERUNDIO	PARTICIPIO PASADO
affliggere	affliggendo	afflitto

INFINITIVO COMPUESTO
aver(e) afflitto

actuar

INDICATIVO

PRESENTE	PRET. IMPERFECTO	PRET. PLUSCUAMPERFECTO
1 agisco	agivo	avevo agito
2 agisci	agivi	avevi agito
3 agisce	agiva	aveva agito
1 agiamo	agivamo	avevamo agito
2 agite	agivate	avevate agito
3 agiscono	agivano	avevano agito

PRET. PERF. SIMPLE	PRET. PERF. COMPUESTO	FUTURO IMPERFECTO
1 agii	ho agito	agirò
2 agisti	hai agito	agirai
3 agì	ha agito	agirà
1 agimmo	abbiamo agito	agiremo
2 agiste	avete agito	agirete
3 agirono	hanno agito	agiranno

PRETÉRITO ANTERIOR		FUTURO PERFECTO
ebbi agito etc.		avrò agito etc.

CONDICIONAL

IMPERATIVO

SIMPLE	COMPUESTO	
1 agirei	avrei agito	
2 agiresti	avresti agito	agisci
3 agirebbe	avrebbe agito	agisca
1 agiremmo	avremmo agito	agiamo
2 agireste	avreste agito	agite
3 agirebbero	avrebbero agito	agiscano

SUBJUNTIVO

PRESENTE	PRET. IMPERFECTO	PRET. PLUSCUAMPERFECTO
1 agisca	agissi	avessi agito
2 agisca	agissi	avessi agito
3 agisca	agisse	avesse agito
1 agiamo	agissimo	avessimo agito
2 agiate	agiste	aveste agito
3 agiscano	agissero	avessero agito

PRET. PERFECTO		
abbia agito etc.		

INFINITIVO SIMPLE	GERUNDIO	PARTICIPIO PASADO
agire	agendo	agito
INFINITIVO COMPUESTO		
aver(e) agito		

AIUTARE
12 *ayudar*

INDICATIVO

PRESENTE	PRET. IMPERFECTO	PRET. PLUSCUAMPERFECTO
1 aiuto	aiutavo	avevo aiutato
2 aiuti	aiutavi	avevi aiutato
3 aiuta	aiutava	aveva aiutato
1 aiutiamo	aiutavamo	avevamo aiutato
2 aiutate	aiutavate	avevate aiutato
3 aiutano	aiutavano	avevano aiutato

PRET. PERF. SIMPLE	PRET. PERF. COMPUESTO	FUTURO IMPERFECTO
1 aiutai	ho aiutato	aiuterò
2 aiutasti	hai aiutato	aiuterai
3 aiutò	ha aiutato	aiuterà
1 aiutammo	abbiamo aiutato	aiuteremo
2 aiutaste	avete aiutato	aiuterete
3 aiutarono	hanno aiutato	aiuteranno

PRETÉRITO ANTERIOR		FUTURO PERFECTO
ebbi aiutato etc.		avrò aiutato etc.

CONDICIONAL

SIMPLE	COMPUESTO
1 aiuterei	avrei aiutato
2 aiuteresti	avresti aiutato
3 aiuterebbe	avrebbe aiutato
1 aiuteremmo	avremmo aiutato
2 aiutereste	avreste aiutato
3 aiuterebbero	avrebbero aiutato

IMPERATIVO

aiuta
aiuti
aiutiamo
aiutate
aiutino

SUBJUNTIVO

PRESENTE	PRET. IMPERFECTO	PRET. PLUSCUAMPERFECTO
1 aiuti	aiutassi	avessi aiutato
2 aiuti	aiutassi	avessi aiutato
3 aiuti	aiutasse	avesse aiutato
1 aiutiamo	aiutassimo	avessimo aiutato
2 aiutiate	aiutaste	aveste aiutato
3 aiutino	aiutassero	avessero aiutato

PRET. PERFECTO
abbia aiutato etc.

INFINITIVO SIMPLE	GERUNDIO	PARTICIPIO PASADO
aiutare	aiutando	aiutato
INFINITIVO COMPUESTO		
aver(e) aiutato		

INDICATIVO

PRESENTE
1 mi alzo
2 ti alzi
3 si alza
1 ci alziamo
2 vi alzate
3 si alzano

PRET. IMPERFECTO
mi alzavo
ti alzavi
si alzava
ci alzavamo
vi alzavate
si alzavano

PRET. PLUSCUAMPERFECTO
mi ero alzato/a
ti eri alzato/a
si era alzato/a
ci eravamo alzati/e
vi eravate alzati/e
si erano alzati/e

PRET. PERF. SIMPLE
1 mi alzai
2 ti alzasti
3 si alzò
1 ci alzammo
2 vi alzaste
3 si alzarono

PRET. PERF. COMPUESTO
mi sono alzato/a
ti sei alzato/a
si è alzato/a
ci siamo alzati/e
vi siete alzati/e
si sono alzati/e

FUTURO IMPERFECTO
mi alzerò
ti alzerai
si alzerà
ci alzeremo
vi alzerete
si alzeranno

PRETÉRITO ANTERIOR
mi fui alzato/a etc.

FUTURO PERFECTO
mi sarò alzato/a etc.

CONDICIONAL

SIMPLE
1 mi alzerei
2 ti alzeresti
3 si alzerebbe
1 ci alzeremmo
2 vi alzereste
3 si alzerebbero

COMPUESTO
mi sarei alzato/a
ti saresti alzato/a
si sarebbe alzato/a
ci saremmo alzati/e
vi sareste alzati/e
si sarebbero alzati/e

IMPERATIVO

alzati
si alzi
alziamoci
alzatevi
si alzino

SUBJUNTIVO

PRESENTE
1 mi alzi
2 ti alzi
3 si alzi
1 ci alziamo
2 vi alziate
3 si alzino

PRET. IMPERFECTO
mi alzassi
ti alzassi
si alzasse
ci alzassimo
vi alzaste
si alzassero

PRET. PLUSCUAMPERFECTO
mi fossi alzato/a
ti fossi alzato/a
si fosse alzato/a
ci fossimo alzati/e
vi foste alzati/e
si fossero alzati/e

PRET. PERFECTO
mi sia alzato/a etc.

INFINITIVO SIMPLE
alzarsi

INFINITIVO COMPUESTO
essersi alzato/a/i/e

GERUNDIO
alzandomi etc.

PARTICIPIO PASADO
alzato/a/i/e

AMARE
14 *amar*

INDICATIVO

PRESENTE	PRET. IMPERFECTO	PRET. PLUSCUAMPERFECTO
1 amo	amavo	avevo amato
2 ami	amavi	avevi amato
3 ama	amava	aveva amato
1 amiamo	amavamo	avevamo amato
2 amate	amavate	avevate amato
3 amano	amavano	avevano amato

PRET. PERF. SIMPLE	PRET. PERF. COMPUESTO	FUTURO IMPERFECTO
1 amai	ho amato	amerò
2 amasti	hai amato	amerai
3 amò	ha amato	amerà
1 amammo	abbiamo amato	ameremo
2 amaste	avete amato	amerete
3 amarono	hanno amato	ameranno

PRETÉRITO ANTERIOR		FUTURO PERFECTO
ebbi amato etc.		avrò amato etc.

CONDICIONAL

SIMPLE	COMPUESTO
1 amerei	avrei amato
2 ameresti	avresti amato
3 amerebbe	avrebbe amato
1 ameremmo	avremmo amato
2 amereste	avreste amato
3 amerebbero	avrebbero amato

IMPERATIVO

ama
ami
amiamo
amate
amino

SUBJUNTIVO

PRESENTE	PRET. IMPERFECTO	PRET. PLUSCUAMPERFECTO
1 ami	amassi	avessi amato
2 ami	amassi	avessi amato
3 ami	amasse	avesse amato
1 amiamo	amassimo	avessimo amato
2 amiate	amaste	aveste amato
3 amino	amassero	avessero amato

PRET. PERFECTO
abbia amato etc.

INFINITIVO SIMPLE	GERUNDIO	PARTICIPIO PASADO
amare	amando	amato

INFINITIVO COMPUESTO
aver(e) amato

INDICATIVO

	PRESENTE	PRET. IMPERFECTO	PRET. PLUSCUAMPERFECTO
1	vado	andavo	ero andato/a
2	vai	andavi	eri andato/a
3	va	andava	era andato/a
1	andiamo	andavamo	eravamo andati/e
2	andate	andavate	eravate andati/e
3	vanno	andavano	erano andati/e

	PRET. PERF. SIMPLE	PRET. PERF. COMPUESTO	FUTURO IMPERFECTO
1	andai	sono andato/a	andrò
2	andasti	sei andato/a	andrai
3	andò	è andato/a	andrà
1	andammo	siamo andati/e	andremo
2	andaste	siete andati/e	andrete
3	andarono	sono andati/e	andranno

PRETÉRITO ANTERIOR	FUTURO PERFECTO
fui andato/a etc.	sarò andato/a etc.

CONDICIONAL

IMPERATIVO

	SIMPLE	COMPUESTO	
1	andrei	sarei andato/a	
2	andresti	saresti andato/a	va/vai/va'
3	andrebbe	sarebbe andato/a	vada
1	andremmo	saremmo andati/e	andiamo
2	andreste	sareste andati/e	andate
3	andrebbero	sarebbero andati/e	vadano

SUBJUNTIVO

	PRESENTE	PRET. IMPERFECTO	PRET. PLUSCUAMPERFECTO
1	vada	andassi	fossi andato/a
2	vada	andassi	fossi andato/a
3	vada	andasse	fosse andato/a
1	andiamo	andassimo	fossimo andati/e
2	andiate	andaste	foste andati/e
3	vadano	andassero	fossero andati/e

PRET. PERFECTO
sia andato/a etc.

INFINITIVO SIMPLE	GERUNDIO	PARTICIPIO PASADO
andare	andando	andato/a/i/e

INFINITIVO COMPUESTO
esser(e) andato/a/i/e

ANNETTERE
16
anexar, incluir, añadir

INDICATIVO

PRESENTE	PRET. IMPERFECTO	PRET. PLUSCUAMPERFECTO
1 annetto	annettevo	avevo annesso
2 annetti	annettevi	avevi annesso
3 annette	annetteva	aveva annesso
1 annettiamo	annettevamo	avevamo annesso
2 annettete	annettevate	avevate annesso
3 annettono	annettevano	avevano annesso

PRET. PERF. SIMPLE	PRET. PERF. COMPUESTO	FUTURO IMPERFECTO
1 annettei/annessi	ho annesso	annetterò
2 annettesti	hai annesso	annetterai
3 annetté/annesse	ha annesso	annetterà
1 annettemmo	abbiamo annesso	annetteremo
2 annetteste	avete annesso	annetterete
3 annetterono/annessero	hanno annesso	annetteranno

PRETÉRITO ANTERIOR	FUTURO PERFECTO
ebbi annesso etc.	avrò annesso etc.

CONDICIONAL

SIMPLE	COMPUESTO
1 annetterei	avrei annesso
2 annetteresti	avresti annesso
3 annetterebbe	avrebbe annesso
1 annetteremmo	avremmo annesso
2 annettereste	avreste annesso
3 annetterebbero	avrebbero annesso

IMPERATIVO

annetti
annetta
annettiamo
annettete
annettano

SUBJUNTIVO

PRESENTE	PRET. IMPERFECTO	PRET. PLUSCUAMPERFECTO
1 annetta	annettessi	avessi annesso
2 annetta	annettessi	avessi annesso
3 annetta	annettesse	avesse annesso
1 annettiamo	annettessimo	avessimo annesso
2 annettiate	annetteste	aveste annesso
3 annettano	annettessero	avessero annesso

PRET. PERFECTO
abbia annesso etc.

INFINITIVO SIMPLE	GERUNDIO	PARTICIPIO PASADO
annettere	annettendo	annesso

INFINITIVO COMPUESTO
aver(e) annesso

INDICATIVO

	PRESENTE	PRET. IMPERFECTO	PRET. PLUSCUAMPERFECTO
1	appendo	appendevo	avevo appeso
2	appendi	appendevi	avevi appeso
3	appende	appendeva	aveva appeso
1	appendiamo	appendevamo	avevamo appeso
2	appendete	appendevate	avevate appeso
3	appendono	appendevano	avevano appeso

	PRET. PERF. SIMPLE	PRET. PERF. COMPUESTO	FUTURO IMPERFECTO
1	appesi	ho appeso	appenderò
2	appendesti	hai appeso	appenderai
3	appese	ha appeso	appenderà
1	appendemmo	abbiamo appeso	appenderemo
2	appendeste	avete appeso	appenderete
3	appesero	hanno appeso	appenderanno

PRETÉRITO ANTERIOR	FUTURO PERFECTO
ebbi appeso etc.	avrò appeso etc.

CONDICIONAL

	SIMPLE	COMPUESTO
1	appenderei	avrei appeso
2	appenderesti	avresti appeso
3	appenderebbe	avrebbe appeso
1	appenderemmo	avremmo appeso
2	appendereste	avreste appeso
3	appenderebbero	avrebbero appeso

IMPERATIVO

appendi
appenda
appendiamo
appendete
appendano

SUBJUNTIVO

	PRESENTE	PRET. IMPERFECTO	PRET. PLUSCUAMPERFECTO
1	appenda	appendessi	avessi appeso
2	appenda	appendessi	avessi appeso
3	appenda	appendesse	avesse appeso
1	appendiamo	appendessimo	avessimo appeso
2	appendiate	appendeste	aveste appeso
3	appendano	appendessero	avessero appeso

PRET. PERFECTO
abbia appeso etc.

INFINITIVO SIMPLE	GERUNDIO	PARTICIPIO PASADO
appendere	appendendo	appeso

INFINITIVO COMPUESTO
aver(e) appeso

INDICATIVO

PRESENTE	PRET. IMPERFECTO	PRET. PLUSCUAMPERFECTO
1 apro	aprivo	avevo aperto
2 apri	aprivi	avevi aperto
3 apre	apriva	aveva aperto
1 apriamo	aprivamo	avevamo aperto
2 aprite	aprivate	avevate aperto
3 aprono	aprivano	avevano aperto

PRET. PERF. SIMPLE	PRET. PERF. COMPUESTO	FUTURO IMPERFECTO
1 aprii / apersi	ho aperto	aprirò
2 apristi	hai aperto	aprirai
3 aprì	ha aperto	aprirà
1 aprimmo	abbiamo aperto	apriremo
2 apriste	avete aperto	aprirete
3 aprirono	hanno aperto	apriranno

PRETÉRITO ANTERIOR		FUTURO PERFECTO
ebbi aperto etc.		avrò aperto etc.

CONDICIONAL

SIMPLE	COMPUESTO
1 aprirei	avrei aperto
2 apriresti	avresti aperto
3 aprirebbe	avrebbe aperto
1 apriremmo	avremmo aperto
2 aprireste	avreste aperto
3 aprirebbero	avrebbero aperto

IMPERATIVO

apri
apra
apriamo
aprite
aprano

SUBJUNTIVO

PRESENTE	PRET. IMPERFECTO	PRET. PLUSCUAMPERFECTO
1 apra	aprissi	avessi aperto
2 apra	aprissi	avessi aperto
3 apra	aprisse	avesse aperto
1 apriamo	aprissimo	avessimo aperto
2 apriate	apriste	aveste aperto
3 aprano	aprissero	avessero aperto

PRET. PERFECTO
abbia aperto etc.

INFINITIVO SIMPLE	GERUNDIO	PARTICIPIO PASADO
aprire	aprendo	aperto
INFINITIVO COMPUESTO		
aver(e) aperto		

INDICATIVO

PRESENTE	PRET. IMPERFECTO	PRET. PLUSCUAMPERFECTO
1 ardo	ardevo	avevo arso
2 ardi	ardevi	avevi arso
3 arde	ardeva	aveva arso
1 ardiamo	ardevamo	avevamo arso
2 ardete	ardevate	avevate arso
3 ardono	ardevano	avevano arso

PRET. PERF. SIMPLE	PRET. PERF. COMPUESTO	FUTURO IMPERFECTO
1 arsi	ho arso	arderò
2 ardesti	hai arso	arderai
3 arse	ha arso	arderà
1 ardemmo	abbiamo arso	arderemo
2 ardeste	avete arso	arderete
3 arsero	hanno arso	arderanno

PRETÉRITO ANTERIOR		FUTURO PERFECTO
ebbi arso etc.		avrò arso etc.

CONDICIONAL

SIMPLE	COMPUESTO
1 arderei	avrei arso
2 arderesti	avresti arso
3 arderebbe	avrebbe arso
1 arderemmo	avremmo arso
2 ardereste	avreste arso
3 arderebbero	avrebbero arso

IMPERATIVO

ardi
arda
ardiamo
ardete
ardano

SUBJUNTIVO

PRESENTE	PRET. IMPERFECTO	PRET. PLUSCUAMPERFECTO
1 arda	ardessi	avessi arso
2 arda	ardessi	avessi arso
3 arda	ardesse	avesse arso
1 ardiamo	ardessimo	avessimo arso
2 ardiate	ardeste	aveste arso
3 ardano	ardessero	avessero arso

PRET. PERFECTO
abbia arso etc.

INFINITIVO SIMPLE	GERUNDIO	PARTICIPIO PASADO
ardere	ardendo	arso

INFINITIVO COMPUESTO
aver(e) arso

NOTA: Cuando **ardere** lleva objeto directo se conjuga con el auxiliar *avere* y, cuando no lleva objeto directo, el auxiliar puede ser tanto *avere* como *essere*.

ASCIUGARE
20 *secar*

INDICATIVO

	PRESENTE	PRET. IMPERFECTO	PRET. PLUSCUAMPERFECTO
1	asciugo	asciugavo	avevo asciugato
2	asciughi	asciugavi	avevi asciugato
3	asciuga	asciugava	aveva asciugato
1	asciughiamo	asciugavamo	avevamo asciugato
2	asciugate	asciugavate	avevate asciugato
3	asciugano	asciugavano	avevano asciugato

	PRET. PERF. SIMPLE	PRET. PERF. COMPUESTO	FUTURO IMPERFECTO
1	asciugai	ho asciugato	asciugherò
2	asciugasti	hai asciugato	asciugherai
3	asciugò	ha asciugato	asciugherà
1	asciugammo	abbiamo asciugato	asciugheremo
2	asciugaste	avete asciugato	asciugherete
3	asciugarono	hanno asciugato	asciugheranno

PRETÉRITO ANTERIOR
ebbi asciugato etc.

FUTURO PERFECTO
avrò asciugato etc.

CONDICIONAL

	SIMPLE	COMPUESTO
1	asciugherei	avrei asciugato
2	asciugheresti	avresti asciugato
3	asciugherebbe	avrebbe asciugato
1	asciugheremmo	avremmo asciugato
2	asciughereste	avreste asciugato
3	asciugherebbero	avrebbero asciugato

IMPERATIVO

asciuga
asciughi
asciughiamo
asciugate
asciughino

SUBJUNTIVO

	PRESENTE	PRET. IMPERFECTO	PRET. PLUSCUAMPERFECTO
1	asciughi	asciugassi	avessi asciugato
2	asciughi	asciugassi	avessi asciugato
3	asciughi	asciugasse	avesse asciugato
1	asciughiamo	asciugassimo	avessimo asciugato
2	asciughiate	asciugaste	aveste asciugato
3	asciughino	asciugassero	avessero asciugato

PRET. PERFECTO
abbia asciugato etc.

INFINITIVO SIMPLE	GERUNDIO	PARTICIPIO PASADO
asciugare	asciugando	asciugato

INFINITIVO COMPUESTO
aver(e) asciugato

INDICATIVO

PRESENTE	PRET. IMPERFECTO	PRET. PLUSCUAMPERFECTO
1 ascolto	ascoltavo	avevo ascoltato
2 ascolti	ascoltavi	avevi ascoltato
3 ascolta	ascoltava	aveva ascoltato
1 ascoltiamo	ascoltavamo	avevamo ascoltato
2 ascoltate	ascoltavate	avevate ascoltato
3 ascoltano	ascoltavano	avevano ascoltato

PRET. PERF. SIMPLE	PRET. PERF. COMPUESTO	FUTURO IMPERFECTO
1 ascoltai	ho ascoltato	ascolterò
2 ascoltasti	hai ascoltato	ascolterai
3 ascoltò	ha ascoltato	ascolterà
1 ascoltammo	abbiamo ascoltato	ascolteremo
2 ascoltaste	avete ascoltato	ascolterete
3 ascoltarono	hanno ascoltato	ascolteranno

PRETÉRITO ANTERIOR		FUTURO PERFECTO
ebbi ascoltato etc.		avrò ascoltato etc.

CONDICIONAL

SIMPLE	COMPUESTO	IMPERATIVO
1 ascolterei	avrei ascoltato	
2 ascolteresti	avresti ascoltato	ascolta
3 ascolterebbe	avrebbe ascoltato	ascolti
1 ascolteremmo	avremmo ascoltato	ascoltiamo
2 ascoltereste	avreste ascoltato	ascoltate
3 ascolterebbero	avrebbero ascoltato	ascoltino

SUBJUNTIVO

PRESENTE	PRET. IMPERFECTO	PRET. PLUSCUAMPERFECTO
1 ascolti	ascoltassi	avessi ascoltato
2 ascolti	ascoltassi	avessi ascoltato
3 ascolti	ascoltasse	avesse ascoltato
1 ascoltiamo	ascoltassimo	avessimo ascoltato
2 ascoltiate	ascoltaste	aveste ascoltato
3 ascoltino	ascoltassero	avessero ascoltato

PRET. PERFECTO
abbia ascoltato etc.

INFINITIVO SIMPLE	GERUNDIO	PARTICIPIO PASADO
ascoltare	ascoltando	ascoltato

INFINITIVO COMPUESTO
aver(e) ascoltato

ASPETTARE

esperar

INDICATIVO

PRESENTE	PRET. IMPERFECTO	PRET. PLUSCUAMPERFECTO
1 aspetto	aspettavo	avevo aspettato
2 aspetti	aspettavi	avevi aspettato
3 aspetta	aspettava	aveva aspettato
1 aspettiamo	aspettavamo	avevamo aspettato
2 aspettate	aspettavate	avevate aspettato
3 aspettano	aspettavano	avevano aspettato

PRET. PERF. SIMPLE	PRET. PERF. COMPUESTO	FUTURO IMPERFECTO
1 aspettai	ho aspettato	aspetterò
2 aspettasti	hai aspettato	aspetterai
3 aspettò	ha aspettato	aspetterà
1 aspettammo	abbiamo aspettato	aspetteremo
2 aspettaste	avete aspettato	aspetterete
3 aspettarono	hanno aspettato	aspetteranno

PRETÉRITO ANTERIOR
ebbi aspettato etc.

FUTURO PERFECTO
avrò aspettato etc.

CONDICIONAL

SIMPLE	COMPUESTO
1 aspetterei	avrei aspettato
2 aspetteresti	avresti aspettato
3 aspetterebbe	avrebbe aspettato
1 aspetteremmo	avremmo aspettato
2 aspettereste	avreste aspettato
3 aspetterebbero	avrebbero aspettato

IMPERATIVO

aspetta
aspetti
aspettiamo
aspettate
aspettino

SUBJUNTIVO

PRESENTE	PRET. IMPERFECTO	PRET. PLUSCUAMPERFECTO
1 aspetti	aspettassi	avessi aspettato
2 aspetti	aspettassi	avessi aspettato
3 aspetti	aspettasse	avesse aspettato
1 aspettiamo	aspettassimo	avessimo aspettato
2 aspettiate	aspettaste	aveste aspettato
3 aspettino	aspettassero	avessero aspettato

PRET. PERFECTO
abbia aspettato etc.

INFINITIVO SIMPLE	GERUNDIO	PARTICIPIO PASADO
aspettare	aspettando	aspettato

INFINITIVO COMPUESTO
aver(e) aspettato

INDICATIVO

	PRESENTE	PRET. IMPERFECTO	PRET. PLUSCUAMPERFECTO
1	assumo	assumevo	avevo assunto
2	assumi	assumevi	avevi assunto
3	assume	assumeva	aveva assunto
1	assumiamo	assumevamo	avevamo assunto
2	assumete	assumevate	avevate assunto
3	assumono	assumevano	avevano assunto

	PRET. PERF. SIMPLE	PRET. PERF. COMPUESTO	FUTURO IMPERFECTO
1	assunsi	ho assunto	assumerò
2	assumesti	hai assunto	assumerai
3	assunse	ha assunto	assumerà
1	assumemmo	abbiamo assunto	assumeremo
2	assumeste	avete assunto	assumerete
3	assunsero	hanno assunto	assumeranno

PRETÉRITO ANTERIOR
ebbi assunto etc.

FUTURO PERFECTO
avrò assunto etc.

CONDICIONAL

	SIMPLE	COMPUESTO
1	assumerei	avrei assunto
2	assumeresti	avresti assunto
3	assumerebbe	avrebbe assunto
1	assumeremmo	avremmo assunto
2	assumereste	avreste assunto
3	assumerebbero	avrebbero assunto

IMPERATIVO

assumi
assuma
assumiamo
assumete
assumano

SUBJUNTIVO

	PRESENTE	PRET. IMPERFECTO	PRET. PLUSCUAMPERFECTO
1	assuma	assumessi	avessi assunto
2	assuma	assumessi	avessi assunto
3	assuma	assumesse	avesse assunto
1	assumiamo	assumessimo	avessimo assunto
2	assumiate	assumeste	aveste assunto
3	assumano	assumessero	avessero assunto

PRET. PERFECTO
abbia assunto etc.

INFINITIVO SIMPLE	GERUNDIO	PARTICIPIO PASADO
assumere	assumendo	assunto

INFINITIVO COMPUESTO
aver(e) assunto

ATTENDERE
24 *esperar*

INDICATIVO

	PRESENTE	PRET. IMPERFECTO	PRET. PLUSCUAMPERFECTO
1	attendo	attendevo	avevo atteso
2	attendi	attendevi	avevi atteso
3	attende	attendeva	aveva atteso
1	attendiamo	attendevamo	avevamo atteso
2	attendete	attendevate	avevate atteso
3	attendono	attendevano	avevano atteso

	PRET. PERF. SIMPLE	PRET. PERF. COMPUESTO	FUTURO IMPERFECTO
1	attesi	ho atteso	attenderò
2	attendesti	hai atteso	attenderai
3	attese	ha atteso	attenderà
1	attendemmo	abbiamo atteso	attenderemo
2	attendeste	avete atteso	attenderete
3	attesero	hanno atteso	attenderanno

	PRETÉRITO ANTERIOR		FUTURO PERFECTO
	ebbi atteso etc.		avrò atteso etc.

CONDICIONAL

	SIMPLE	COMPUESTO
1	attenderei	avrei atteso
2	attenderesti	avresti atteso
3	attenderebbe	avrebbe atteso
1	attenderemmo	avremmo atteso
2	attendereste	avreste atteso
3	attenderebbero	avrebbero atteso

IMPERATIVO

attendi
attenda
attendiamo
attendete
attendano

SUBJUNTIVO

	PRESENTE	PRET. IMPERFECTO	PRET. PLUSCUAMPERFECTO
1	attenda	attendessi	avessi atteso
2	attenda	attendessi	avessi atteso
3	attenda	attendesse	avesse atteso
1	attendiamo	attendessimo	avessimo atteso
2	attendiate	attendeste	aveste atteso
3	attendano	attendessero	avessero atteso

PRET. PERFECTO
abbia atteso etc.

INFINITIVO SIMPLE	GERUNDIO	PARTICIPIO PASADO
attendere	attendendo	atteso

INFINITIVO COMPUESTO
aver(e) atteso

cruzar, atravesar

INDICATIVO

PRESENTE	PRET. IMPERFECTO	PRET. PLUSCUAMPERFECTO
1 attraverso	attraversavo	avevo attraversato
2 attraversi	attraversavi	avevi attraversato
3 attraversa	attraversava	aveva attraversato
1 attraversiamo	attraversavamo	avevamo attraversato
2 attraversate	attraversavate	avevate attraversato
3 attraversano	attraversavano	avevano attraversato

PRET. PERF. SIMPLE	PRET. PERF. COMPUESTO	FUTURO IMPERFECTO
1 attraversai	ho attraversato	attraverserò
2 attraversasti	hai attraversato	attraverserai
3 attraversò	ha attraversato	attraverserà
1 attraversammo	abbiamo attraversato	attraverseremo
2 attraversaste	avete attraversato	attraverserete
3 attraversarono	hanno attraversato	attraverseranno

PRETÉRITO ANTERIOR		FUTURO PERFECTO
ebbi attraversato etc.		avrò attraversato etc.

CONDICIONAL

SIMPLE	COMPUESTO
1 attraverserei	avrei attraversato
2 attraverseresti	avresti attraversato
3 attraverserebbe	avrebbe attraversato
1 attraverseremmo	avremmo attraversato
2 attraversereste	avreste attraversato
3 attraverserebbero	avrebbero attraversato

IMPERATIVO

attraversa
attraversi
attraversiamo
attraversate
attraversino

SUBJUNTIVO

PRESENTE	PRET. IMPERFECTO	PRET. PLUSCUAMPERFECTO
1 attraversi	attraversassi	avessi attraversato
2 attraversi	attraversassi	avessi attraversato
3 attraversi	attraversasse	avesse attraversato
1 attraversiamo	attraversassimo	avessimo attraversato
2 attraversiate	attraversaste	aveste attraversato
3 attraversino	attraversassero	avessero attraversato

PRET. PERFECTO
abbia attraversato etc.

INFINITIVO SIMPLE	GERUNDIO	PARTICIPIO PASADO
attraversare	attraversando	attraversato

INFINITIVO COMPUESTO
aver(e) attraversato

AUMENTARE
26
aumentar

INDICATIVO

PRESENTE	PRET. IMPERFECTO	PRET. PLUSCUAMPERFECTO
1 aumento	aumentavo	avevo aumentato
2 aumenti	aumentavi	avevi aumentato
3 aumenta	aumentava	aveva aumentato
1 aumentiamo	aumentavamo	avevamo aumentato
2 aumentate	aumentavate	avevate aumentato
3 aumentano	aumentavano	avevano aumentato

PRET. PERF. SIMPLE	PRET. PERF. COMPUESTO	FUTURO IMPERFECTO
1 aumentai	ho aumentato	aumenterò
2 aumentasti	hai aumentato	aumenterai
3 aumentò	ha aumentato	aumenterà
1 aumentammo	abbiamo aumentato	aumenteremo
2 aumentaste	avete aumentato	aumenterete
3 aumentarono	hanno aumentato	aumenteranno

PRETÉRITO ANTERIOR
ebbi aumentato etc.

FUTURO PERFECTO
avrò aumentato etc.

CONDICIONAL

SIMPLE	COMPUESTO
1 aumenterei	avrei aumentato
2 aumenteresti	avresti aumentato
3 aumenterebbe	avrebbe aumentato
1 aumenteremmo	avremmo aumentato
2 aumentereste	avreste aumentato
3 aumenterebbero	avrebbero aumentato

IMPERATIVO

aumenta
aumenti
aumentiamo
aumentate
aumentino

SUBJUNTIVO

PRESENTE	PRET. IMPERFECTO	PRET. PLUSCUAMPERFECTO
1 aumenti	aumentassi	avessi aumentato
2 aumenti	aumentassi	avessi aumentato
3 aumenti	aumentasse	avesse aumentato
1 aumentiamo	aumentassimo	avessimo aumentato
2 aumentiate	aumentaste	aveste aumentato
3 aumentino	aumentassero	avessero aumentato

PRET. PERFECTO
abbia aumentato etc.

INFINITIVO SIMPLE	GERUNDIO	PARTICIPIO PASADO
aumentare	aumentando	aumentato

INFINITIVO COMPUESTO
aver(e) aumentato

INDICATIVO

	PRESENTE	PRET. IMPERFECTO	PRET. PLUSCUAMPERFECTO
1	ho	avevo	avevo avuto
2	hai	avevi	avevi avuto
3	ha	aveva	aveva avuto
1	abbiamo	avevamo	avevamo avuto
2	avete	avevate	avevate avuto
3	hanno	avevano	avevano avuto

	PRET. PERF. SIMPLE	PRET. PERF. COMPUESTO	FUTURO IMPERFECTO
1	ebbi	ho avuto	avrò
2	avesti	hai avuto	avrai
3	ebbe	ha avuto	avrà
1	avemmo	abbiamo avuto	avremo
2	aveste	avete avuto	avrete
3	ebbero	hanno avuto	avranno

PRETÉRITO ANTERIOR
ebbi avuto etc.

FUTURO PERFECTO
avrò avuto etc.

CONDICIONAL

	SIMPLE	COMPUESTO
1	avrei	avrei avuto
2	avresti	avresti avuto
3	avrebbe	avrebbe avuto
1	avremmo	avremmo avuto
2	avreste	avreste avuto
3	avrebbero	avrebbero avuto

IMPERATIVO

abbi
abbia
abbiamo
abbiate
abbiano

SUBJUNTIVO

	PRESENTE	PRET. IMPERFECTO	PRET. PLUSCUAMPERFECTO
1	abbia	avessi	avessi avuto
2	abbia	avessi	avessi avuto
3	abbia	avesse	avesse avuto
1	abbiamo	avessimo	avessimo avuto
2	abbiate	aveste	aveste avuto
3	abbiano	avessero	avessero avuto

PRET. PERFECTO
abbia avuto etc.

INFINITIVO SIMPLE	GERUNDIO	PARTICIPIO PASADO
avere	avendo	avuto

INFINITIVO COMPUESTO
aver(e) avuto

BACIARE
28
besar

INDICATIVO

PRESENTE	PRET. IMPERFECTO	PRET. PLUSCUAMPERFECTO
1 bacio	baciavo	avevo baciato
2 baci	baciavi	avevi baciato
3 bacia	baciava	aveva baciato
1 baciamo	baciavamo	avevamo baciato
2 baciate	baciavate	avevate baciato
3 baciano	baciavano	avevano baciato

PRET. PERF. SIMPLE	PRET. PERF. COMPUESTO	FUTURO IMPERFECTO
1 baciai	ho baciato	bacerò
2 baciasti	hai baciato	bacerai
3 baciò	ha baciato	bacerà
1 baciammo	abbiamo baciato	baceremo
2 baciaste	avete baciato	bacerete
3 baciarono	hanno baciato	baceranno

PRETÉRITO ANTERIOR		FUTURO PERFECTO
ebbi baciato etc.		avrò baciato etc.

CONDICIONAL

SIMPLE	COMPUESTO
1 bacerei	avrei baciato
2 baceresti	avresti baciato
3 bacerebbe	avrebbe baciato
1 baceremmo	avremmo baciato
2 bacereste	avreste baciato
3 bacerebbero	avrebbero baciato

IMPERATIVO

bacia
baci
baciamo
baciate
bacino

SUBJUNTIVO

PRESENTE	PRET. IMPERFECTO	PRET. PLUSCUAMPERFECTO
1 baci	baciassi	avessi baciato
2 baci	baciassi	avessi baciato
3 baci	baciasse	avesse baciato
1 baciamo	baciassimo	avessimo baciato
2 baciate	baciaste	aveste baciato
3 bacino	baciassero	avessero baciato

PRET. PERFECTO
abbia baciato etc.

INFINITIVO SIMPLE	GERUNDIO	PARTICIPIO PASADO
baciare	baciando	baciato

INFINITIVO COMPUESTO
aver(e) baciato

INDICATIVO

PRESENTE	PRET. IMPERFECTO	PRET. PLUSCUAMPERFECTO
1 bado	badavo	avevo badato
2 badi	badavi	avevi badato
3 bada	badava	aveva badato
1 badiamo	badavamo	avevamo badato
2 badate	badavate	avevate badato
3 badano	badavano	avevano badato

PRET. PERF. SIMPLE	PRET. PERF. COMPUESTO	FUTURO IMPERFECTO
1 badai	ho badato	baderò
2 badasti	hai badato	baderai
3 badò	ha badato	baderà
1 badammo	abbiamo badato	baderemo
2 badaste	avete badato	baderete
3 badarono	hanno badato	baderanno

PRETÉRITO ANTERIOR		FUTURO PERFECTO
ebbi badato etc.		avrò badato etc.

CONDICIONAL

SIMPLE	COMPUESTO
1 baderei	avrei badato
2 baderesti	avresti badato
3 baderebbe	avrebbe badato
1 baderemmo	avremmo badato
2 badereste	avreste badato
3 baderebbero	avrebbero badato

IMPERATIVO

bada
badi
badiamo
badate
badino

SUBJUNTIVO

PRESENTE	PRET. IMPERFECTO	PRET. PLUSCUAMPERFECTO
1 badi	badassi	avessi badato
2 badi	badassi	avessi badato
3 badi	badasse	avesse badato
1 badiamo	badassimo	avessimo badato
2 badiate	badaste	aveste badato
3 badino	badassero	avessero badato

PRET. PERFECTO
abbia badato etc.

INFINITIVO SIMPLE	GERUNDIO	PARTICIPIO PASADO
badare	badando	badato

INFINITIVO COMPUESTO
aver(e) badato

BERE
30   *beber*

INDICATIVO

PRESENTE	PRET. IMPERFECTO	PRET. PLUSCUAMPERFECTO
1 bevo	bevevo	avevo bevuto
2 bevi	bevevi	avevi bevuto
3 beve	beveva	aveva bevuto
1 beviamo	bevevamo	avevamo bevuto
2 bevete	bevevate	avevate bevuto
3 bevono	bevevano	avevano bevuto

PRET. PERF. SIMPLE	PRET. PERF. COMPUESTO	FUTURO IMPERFECTO
1 bevvi/bevetti	ho bevuto	berrò
2 bevesti	hai bevuto	berrai
3 bevve/bevette	ha bevuto	berrà
1 bevemmo	abbiamo bevuto	berremo
2 beveste	avete bevuto	berrete
3 bevvero/bevettero	hanno bevuto	berranno

PRETÉRITO ANTERIOR		FUTURO PERFECTO
ebbi bevuto etc.		avrò bevuto etc.

CONDICIONAL

SIMPLE	COMPUESTO
1 berrei	avrei bevuto
2 berresti	avresti bevuto
3 berrebbe	avrebbe bevuto
1 berremmo	avremmo bevuto
2 berreste	avreste bevuto
3 berrebbero	avrebbero bevuto

IMPERATIVO

bevi
beva
beviamo
bevete
bevano

SUBJUNTIVO

PRESENTE	PRET. IMPERFECTO	PRET. PLUSCUAMPERFECTO
1 beva	bevessi	avessi bevuto
2 beva	bevessi	avessi bevuto
3 beva	bevesse	avesse bevuto
1 beviamo	bevessimo	avessimo bevuto
2 beviate	beveste	aveste bevuto
3 bevano	bevessero	avessero bevuto

PRET. PERFECTO
abbia bevuto etc.

INFINITIVO SIMPLE	GERUNDIO	PARTICIPIO PASADO
bere	bevendo	bevuto

INFINITIVO COMPUESTO
aver(e) bevuto

INDICATIVO

	PRESENTE	PRET. IMPERFECTO	PRET. PLUSCUAMPERFECTO
1	bollo	bollivo	avevo bollito
2	bolli	bollivi	avevi bollito
3	bolle	bolliva	aveva bollito
1	bolliamo	bollivamo	avevamo bollito
2	bollite	bollivate	avevate bollito
3	bollono	bollivano	avevano bollito

	PRET. PERF. SIMPLE	PRET. PERF. COMPUESTO	FUTURO IMPERFECTO
1	bollii	ho bollito	bollirò
2	bollisti	hai bollito	bollirai
3	bollì	ha bollito	bollirà
1	bollimmo	abbiamo bollito	bolliremo
2	bolliste	avete bollito	bollirete
3	bollirono	hanno bollito	bolliranno

	PRETÉRITO ANTERIOR		FUTURO PERFECTO
	ebbi bollito etc.		avrò bollito etc.

CONDICIONAL

	SIMPLE	COMPUESTO
1	bollirei	avrei bollito
2	bolliresti	avresti bollito
3	bollirebbe	avrebbe bollito
1	bolliremmo	avremmo bollito
2	bollireste	avreste bollito
3	bollirebbero	avrebbero bollito

IMPERATIVO

bolli	
bolla	
bolliamo	
bollite	
bollano	

SUBJUNTIVO

	PRESENTE	PRET. IMPERFECTO	PRET. PLUSCUAMPERFECTO
1	bolla	bollissi	avessi bollito
2	bolla	bollissi	avessi bollito
3	bolla	bollisse	avesse bollito
1	bolliamo	bollissimo	avessimo bollito
2	bolliate	bolliste	aveste bollito
3	bollano	bollissero	avessero bollito

PRET. PERFECTO
abbia bollito etc.

INFINITIVO SIMPLE	GERUNDIO	PARTICIPIO PASADO
bollire	bollendo	bollito

INFINITIVO COMPUESTO
aver(e) bollito

BRUCIARE
32 *quemar*

INDICATIVO

PRESENTE	PRET. IMPERFECTO	PRET. PLUSCUAMPERFECTO
1 brucio	bruciavo	avevo bruciato
2 bruci	bruciavi	avevi bruciato
3 brucia	bruciava	aveva bruciato
1 bruciamo	bruciavamo	avevamo bruciato
2 bruciate	bruciavate	avevate bruciato
3 bruciano	bruciavano	avevano bruciato

PRET. PERF. SIMPLE	PRET. PERF. COMPUESTO	FUTURO IMPERFECTO
1 bruciai	ho bruciato	brucerò
2 bruciasti	hai bruciato	brucerai
3 bruciò	ha bruciato	brucerà
1 bruciammo	abbiamo bruciato	bruceremo
2 bruciaste	avete bruciato	brucerete
3 bruciarono	hanno bruciato	bruceranno

PRETÉRITO ANTERIOR		FUTURO PERFECTO
ebbi bruciato etc.		avrò bruciato etc.

CONDICIONAL

SIMPLE	COMPUESTO
1 brucerei	avrei bruciato
2 bruceresti	avresti bruciato
3 brucerebbe	avrebbe bruciato
1 bruceremmo	avremmo bruciato
2 brucereste	avreste bruciato
3 brucerebbero	avrebbero bruciato

IMPERATIVO

brucia
bruci
bruciamo
bruciate
brucino

SUBJUNTIVO

PRESENTE	PRET. IMPERFECTO	PRET. PLUSCUAMPERFECTO
1 bruci	bruciassi	avessi bruciato
2 bruci	bruciassi	avessi bruciato
3 bruci	bruciasse	avesse bruciato
1 bruciamo	bruciassimo	avessimo bruciato
2 bruciate	bruciaste	aveste bruciato
3 brucino	bruciassero	avessero bruciato

PRET. PERFECTO
abbia bruciato etc.

INFINITIVO SIMPLE	GERUNDIO	PARTICIPIO PASADO
bruciare	bruciando	bruciato

INFINITIVO COMPUESTO
aver(e) bruciato

INDICATIVO

PRESENTE	PRET. IMPERFECTO	PRET. PLUSCUAMPERFECTO
1 cado	cadevo	ero caduto/a
2 cadi	cadevi	eri caduto/a
3 cade	cadeva	era caduto/a
1 cadiamo	cadevamo	eravamo caduti/e
2 cadete	cadevate	eravate caduti/e
3 cadono	cadevano	erano caduti/e

PRET. PERF. SIMPLE	PRET. PERF. COMPUESTO	FUTURO IMPERFECTO
1 caddi	sono caduto/a	cadrò
2 cadesti	sei caduto/a	cadrai
3 cadde	è caduto/a	cadrà
1 cademmo	siamo caduti/e	cadremo
2 cadeste	siete caduti/e	cadrete
3 caddero	sono caduti/e	cadranno

PRETÉRITO ANTERIOR	FUTURO PERFECTO
fui caduto/a etc.	sarò caduto/a etc.

CONDICIONAL

SIMPLE	COMPUESTO
1 cadrei	sarei caduto/a
2 cadresti	saresti caduto/a
3 cadrebbe	sarebbe caduto/a
1 cadremmo	saremmo caduti/e
2 cadreste	sareste caduti/e
3 cadrebbero	sarebbero caduti/e

IMPERATIVO

cadi
cada
cadiamo
cadete
cadano

SUBJUNTIVO

PRESENTE	PRET. IMPERFECTO	PRET. PLUSCUAMPERFECTO
1 cada	cadessi	fossi caduto/a
2 cada	cadessi	fossi caduto/a
3 cada	cadesse	fosse caduto/a
1 cadiamo	cadessimo	fossimo caduti/e
2 cadiate	cadeste	foste caduti/e
3 cadano	cadessero	fossero caduti/e

PRET. PERFECTO
sia caduto/a etc.

INFINITIVO SIMPLE	GERUNDIO	PARTICIPIO PASADO
cadere	cadendo	caduto/a/i/e

INFINITIVO COMPUESTO
esser(e) caduto/a/i/e

CAMBIARE
34 *cambiar*

INDICATIVO

PRESENTE	PRET. IMPERFECTO	PRET. PLUSCUAMPERFECTO
1 cambio	cambiavo	avevo cambiato
2 cambi	cambiavi	avevi cambiato
3 cambia	cambiava	aveva cambiato
1 cambiamo	cambiavamo	avevamo cambiato
2 cambiate	cambiavate	avevate cambiato
3 cambiano	cambiavano	avevano cambiato

PRET. PERF. SIMPLE	PRET. PERF. COMPUESTO	FUTURO IMPERFECTO
1 cambiai	ho cambiato	cambierò
2 cambiasti	hai cambiato	cambierai
3 cambiò	ha cambiato	cambierà
1 cambiammo	abbiamo cambiato	cambieremo
2 cambiaste	avete cambiato	cambierete
3 cambiarono	hanno cambiato	cambieranno

PRETÉRITO ANTERIOR		FUTURO PERFECTO
ebbi cambiato etc.		avrò cambiato etc.

CONDICIONAL

IMPERATIVO

SIMPLE	COMPUESTO	
1 cambierei	avrei cambiato	
2 cambieresti	avresti cambiato	cambia
3 cambierebbe	avrebbe cambiato	cambi
1 cambieremmo	avremmo cambiato	cambiamo
2 cambiereste	avreste cambiato	cambiate
3 cambierebbero	avrebbero cambiato	cambino

SUBJUNTIVO

PRESENTE	PRET. IMPERFECTO	PRET. PLUSCUAMPERFECTO
1 cambi	cambiassi	avessi cambiato
2 cambi	cambiassi	avessi cambiato
3 cambi	cambiasse	avesse cambiato
1 cambiamo	cambiassimo	avessimo cambiato
2 cambiate	cambiaste	aveste cambiato
3 cambino	cambiassero	avessero cambiato

PRET. PERFECTO
abbia cambiato etc.

INFINITIVO SIMPLE	GERUNDIO	PARTICIPIO PASADO
cambiare	cambiando	cambiato
INFINITIVO COMPUESTO		
aver(e) cambiato		

INDICATIVO

	PRESENTE	**PRET. IMPERFECTO**	**PRET. PLUSCUAMPERFECTO**
1	cammino	camminavo	avevo camminato
2	cammini	camminavi	avevi camminato
3	cammina	camminava	aveva camminato
1	camminiamo	camminavamo	avevamo camminato
2	camminate	camminavate	avevate camminato
3	camminano	camminavano	avevano camminato

	PRET. PERF. SIMPLE	**PRET. PERF. COMPUESTO**	**FUTURO IMPERFECTO**
1	camminai	ho camminato	camminerò
2	camminasti	hai camminato	camminerai
3	camminò	ha camminato	camminerà
1	camminammo	abbiamo camminato	cammineremo
2	camminaste	avete camminato	camminerete
3	camminarono	hanno camminato	cammineranno

PRETÉRITO ANTERIOR
ebbi camminato etc.

FUTURO PERFECTO
avrò camminato etc.

CONDICIONAL

	SIMPLE	**COMPUESTO**
1	camminerei	avrei camminato
2	cammineresti	avresti camminato
3	camminerebbe	avrebbe camminato
1	cammineremmo	avremmo camminato
2	camminereste	avreste camminato
3	camminerebbero	avrebbero camminato

IMPERATIVO

cammina
cammini
camminiamo
camminate
camminino

SUBJUNTIVO

	PRESENTE	**PRET. IMPERFECTO**	**PRET. PLUSCUAMPERFECTO**
1	cammini	camminassi	avessi camminato
2	cammini	camminassi	avessi camminato
3	cammini	camminasse	avesse camminato
1	camminiamo	camminassimo	avessimo camminato
2	camminiate	camminaste	aveste camminato
3	camminino	camminassero	avessero camminato

PRET. PERFECTO
abbia camminato etc.

INFINITIVO SIMPLE	**GERUNDIO**	**PARTICIPIO PASADO**
camminare	camminando	camminato

INFINITIVO COMPUESTO
aver(e) camminato

CAPIRE
36
comprender, entender

INDICATIVO

PRESENTE	PRET. IMPERFECTO	PRET. PLUSCUAMPERFECTO
1 capisco	capivo	avevo capito
2 capisci	capivi	avevi capito
3 capisce	capiva	aveva capito
1 capiamo	capivamo	avevamo capito
2 capite	capivate	avevate capito
3 capiscono	capivano	avevano capito

PRET. PERF. SIMPLE	PRET. PERF. COMPUESTO	FUTURO IMPERFECTO
1 capii	ho capito	capirò
2 capisti	hai capito	capirai
3 capì	ha capito	capirà
1 capimmo	abbiamo capito	capiremo
2 capiste	avete capito	capirete
3 capirono	hanno capito	capiranno

PRETÉRITO ANTERIOR	FUTURO PERFECTO
ebbi capito etc.	avrò capito etc.

CONDICIONAL

IMPERATIVO

SIMPLE	COMPUESTO	
1 capirei	avrei capito	
2 capiresti	avresti capito	capisci
3 capirebbe	avrebbe capito	capisca
1 capiremmo	avremmo capito	capiamo
2 capireste	avreste capito	capite
3 capirebbero	avrebbero capito	capiscano

SUBJUNTIVO

PRESENTE	PRET. IMPERFECTO	PRET. PLUSCUAMPERFECTO
1 capisca	capissi	avessi capito
2 capisca	capissi	avessi capito
3 capisca	capisse	avesse capito
1 capiamo	capissimo	avessimo capito
2 capiate	capiste	aveste capito
3 capiscano	capissero	avessero capito

PRET. PERFECTO
abbia capito etc.

INFINITIVO SIMPLE	GERUNDIO	PARTICIPIO PASADO
capire1	capendo	capito
INFINITIVO COMPUESTO		
aver(e) capito		

INDICATIVO

PRESENTE	PRET. IMPERFECTO	PRET. PLUSCUAMPERFECTO
1 ceno	cenavo	avevo cenato
2 ceni	cenavi	avevi cenato
3 cena	cenava	aveva cenato
1 ceniamo	cenavamo	avevamo cenato
2 cenate	cenavate	avevate cenato
3 cenano	cenavano	avevano cenato

PRET. PERF. SIMPLE	PRET. PERF. COMPUESTO	FUTURO IMPERFECTO
1 cenai	ho cenato	cenerò
2 cenasti	hai cenato	cenerai
3 cenò	ha cenato	cenerà
1 cenammo	abbiamo cenato	ceneremo
2 cenaste	avete cenato	cenerete
3 cenarono	hanno cenato	ceneranno

PRETÉRITO ANTERIOR		FUTURO PERFECTO
ebbi cenato etc.		avrò cenato etc.

CONDICIONAL

SIMPLE	COMPUESTO
1 cenerei	avrei cenato
2 ceneresti	avresti cenato
3 cenerebbe	avrebbe cenato
1 ceneremmo	avremmo cenato
2 cenereste	avreste cenato
3 cenerebbero	avrebbero cenato

IMPERATIVO

cena
ceni
ceniamo
cenate
cenino

SUBJUNTIVO

PRESENTE	PRET. IMPERFECTO	PRET. PLUSCUAMPERFECTO
1 ceni	cenassi	avessi cenato
2 ceni	cenassi	avessi cenato
3 ceni	cenasse	avesse cenato
1 ceniamo	cenassimo	avessimo cenato
2 ceniate	cenaste	aveste cenato
3 cenino	cenassero	avessero cenato

PRET. PERFECTO
abbia cenato etc.

INFINITIVO SIMPLE	GERUNDIO	PARTICIPIO PASADO
cenare	cenando	cenato

INFINITIVO COMPUESTO
aver(e) cenato

CERCARE
38
buscar

INDICATIVO

PRESENTE	PRET. IMPERFECTO	PRET. PLUSCUAMPERFECTO
1 cerco	cercavo	avevo cercato
2 cerchi	cercavi	avevi cercato
3 cerca	cercava	aveva cercato
1 cerchiamo	cercavamo	avevamo cercato
2 cercate	cercavate	avevate cercato
3 cercano	cercavano	avevano cercato

PRET. PERF. SIMPLE	PRET. PERF. COMPUESTO	FUTURO IMPERFECTO
1 cercai	ho cercato	cercherò
2 cercasti	hai cercato	cercherai
3 cercò	ha cercato	cercherà
1 cercammo	abbiamo cercato	cercheremo
2 cercaste	avete cercato	cercherete
3 cercarono	hanno cercato	cercheranno

PRETÉRITO ANTERIOR		FUTURO PERFECTO
ebbi cercato etc.		avrò cercato etc.

CONDICIONAL

IMPERATIVO

SIMPLE	COMPUESTO	
1 cercherei	avrei cercato	
2 cercheresti	avresti cercato	cerca
3 cercherebbe	avrebbe cercato	cerchi
1 cercheremmo	avremmo cercato	cerchiamo
2 cerchereste	avreste cercato	cercate
3 cercherebbero	avrebbero cercato	cerchino

SUBJUNTIVO

PRESENTE	PRET. IMPERFECTO	PRET. PLUSCUAMPERFECTO
1 cerchi	cercassi	avessi cercato
2 cerchi	cercassi	avessi cercato
3 cerchi	cercasse	avesse cercato
1 cerchiamo	cercassimo	avessimo cercato
2 cerchiate	cercaste	aveste cercato
3 cerchino	cercassero	avessero cercato

PRET. PERFECTO
abbia cercato etc.

INFINITIVO SIMPLE	GERUNDIO	PARTICIPIO PASADO
cercare	cercando	cercato
INFINITIVO COMPUESTO		
aver(e) cercato		

INDICATIVO

PRESENTE	PRET. IMPERFECTO	PRET. PLUSCUAMPERFECTO
1 chiamo	chiamavo	avevo chiamato
2 chiami	chiamavi	avevi chiamato
3 chiama	chiamava	aveva chiamato
1 chiamiamo	chiamavamo	avevamo chiamato
2 chiamate	chiamavate	avevate chiamato
3 chiamano	chiamavano	avevano chiamato

PRET. PERF. SIMPLE	PRET. PERF. COMPUESTO	FUTURO IMPERFECTO
1 chiamai	ho chiamato	chiamerò
2 chiamasti	hai chiamato	chiamerai
3 chiamò	ha chiamato	chiamerà
1 chiamammo	abbiamo chiamato	chiameremo
2 chiamaste	avete chiamato	chiamerete
3 chiamarono	hanno chiamato	chiameranno

PRETÉRITO ANTERIOR	FUTURO PERFECTO
ebbi chiamato etc.	avrò chiamato etc.

CONDICIONAL

IMPERATIVO

SIMPLE	COMPUESTO	
1 chiamerei	avrei chiamato	
2 chiameresti	avresti chiamato	chiama
3 chiamerebbe	avrebbe chiamato	chiami
1 chiameremmo	avremmo chiamato	chiamiamo
2 chiamereste	avreste chiamato	chiamate
3 chiamerebbero	avrebbero chiamato	chiamino

SUBJUNTIVO

PRESENTE	PRET. IMPERFECTO	PRET. PLUSCUAMPERFECTO
1 chiami	chiamassi	avessi chiamato
2 chiami	chiamassi	avessi chiamato
3 chiami	chiamasse	avesse chiamato
1 chiamiamo	chiamassimo	avessimo chiamato
2 chiamiate	chiamaste	aveste chiamato
3 chiamino	chiamassero	avessero chiamato

PRET. PERFECTO
abbia chiamato etc.

INFINITIVO SIMPLE	GERUNDIO	PARTICIPIO PASADO
chiamare	chiamando	chiamato
INFINITIVO COMPUESTO		
aver(e) chiamato		

CHIEDERE
40
preguntar

INDICATIVO

	PRESENTE	PRET. IMPERFECTO	PRET. PLUSCUAMPERFECTO
1	chiedo	chiedevo	avevo chiesto
2	chiedi	chiedevi	avevi chiesto
3	chiede	chiedeva	aveva chiesto
1	chiediamo	chiedevamo	avevamo chiesto
2	chiedete	chiedevate	avevate chiesto
3	chiedono	chiedevano	avevano chiesto

	PRET. PERF. SIMPLE	PRET. PERF. COMPUESTO	FUTURO IMPERFECTO
1	chiesi	ho chiesto	chiederò
2	chiedesti	hai chiesto	chiederai
3	chiese	ha chiesto	chiederà
1	chiedemmo	abbiamo chiesto	chiederemo
2	chiedeste	avete chiesto	chiederete
3	chiesero	hanno chiesto	chiederanno

PRETÉRITO ANTERIOR	FUTURO PERFECTO
ebbi chiesto etc.	avrò chiesto etc.

CONDICIONAL

	SIMPLE	COMPUESTO
1	chiederei	avrei chiesto
2	chiederesti	avresti chiesto
3	chiederebbe	avrebbe chiesto
1	chiederemmo	avremmo chiesto
2	chiedereste	avreste chiesto
3	chiederebbero	avrebbero chiesto

IMPERATIVO

chiedi
chieda
chiediamo
chiedete
chiedano

SUBJUNTIVO

	PRESENTE	PRET. IMPERFECTO	PRET. PLUSCUAMPERFECTO
1	chieda	chiedessi	avessi chiesto
2	chieda	chiedessi	avessi chiesto
3	chieda	chiedesse	avesse chiesto
1	chiediamo	chiedessimo	avessimo chiesto
2	chiediate	chiedeste	aveste chiesto
3	chiedano	chiedessero	avessero chiesto

PRET. PERFECTO
abbia chiesto etc.

INFINITIVO SIMPLE	GERUNDIO	PARTICIPIO PASADO
chiedere	chiedendo	chiesto

INFINITIVO COMPUESTO
aver(e) chiesto

INDICATIVO

	PRESENTE	PRET. IMPERFECTO	PRET. PLUSCUAMPERFECTO
1	chiudo	chiudevo	avevo chiuso
2	chiudi	chiudevi	avevi chiuso
3	chiude	chiudeva	aveva chiuso
1	chiudiamo	chiudevamo	avevamo chiuso
2	chiudete	chiudevate	avevate chiuso
3	chiudono	chiudevano	avevano chiuso

	PRET. PERF. SIMPLE	PRET. PERF. COMPUESTO	FUTURO IMPERFECTO
1	chiusi	ho chiuso	chiuderò
2	chiudesti	hai chiuso	chiuderai
3	chiuse	ha chiuso	chiuderà
1	chiudemmo	abbiamo chiuso	chiuderemo
2	chiudeste	avete chiuso	chiuderete
3	chiusero	hanno chiuso	chiuderanno

PRETÉRITO ANTERIOR	FUTURO PERFECTO
ebbi chiuso etc.	avrò chiuso etc.

CONDICIONAL

	SIMPLE	COMPUESTO
1	chiuderei	avrei chiuso
2	chiuderesti	avresti chiuso
3	chiuderebbe	avrebbe chiuso
1	chiuderemmo	avremmo chiuso
2	chiudereste	avreste chiuso
3	chiuderebbero	avrebbero chiuso

IMPERATIVO

chiudi
chiuda
chiudiamo
chiudete
chiudano

SUBJUNTIVO

	PRESENTE	PRET. IMPERFECTO	PRET. PLUSCUAMPERFECTO
1	chiuda	chiudessi	avessi chiuso
2	chiuda	chiudessi	avessi chiuso
3	chiuda	chiudesse	avesse chiuso
1	chiudiamo	chiudessimo	avessimo chiuso
2	chiudiate	chiudeste	aveste chiuso
3	chiudano	chiudessero	avessero chiuso

PRET. PERFECTO
abbia chiuso etc.

INFINITIVO SIMPLE	GERUNDIO	PARTICIPIO PASADO
chiudere	chiudendo	chiuso

INFINITIVO COMPUESTO
aver(e) chiuso

COGLIERE
42 *coger*

INDICATIVO

PRESENTE	PRET. IMPERFECTO	PRET. PLUSCUAMPERFECTO
1 colgo	coglievo	avevo colto
2 cogli	coglievi	avevi colto
3 coglie	coglieva	aveva colto
1 cogliamo	coglievamo	avevamo colto
2 cogliete	coglievate	avevate colto
3 colgono	coglievano	avevano colto

PRET. PERF. SIMPLE	PRET. PERF. COMPUESTO	FUTURO IMPERFECTO
1 colsi	ho colto	coglierò
2 cogliesti	hai colto	coglierai
3 colse	ha colto	coglierà
1 cogliemmo	abbiamo colto	coglieremo
2 coglieste	avete colto	coglierete
3 colsero	hanno colto	coglieranno

PRETÉRITO ANTERIOR		FUTURO PERFECTO
ebbi colto etc.		avrò colto etc.

CONDICIONAL

SIMPLE	COMPUESTO
1 coglierei	avrei colto
2 coglieresti	avresti colto
3 coglierebbe	avrebbe colto
1 coglieremmo	avremmo colto
2 consiglieste	avreste colto
3 coglierebbero	avrebbero colto

IMPERATIVO

cogli
colga
cogliamo
cogliete
colgano

SUBJUNTIVO

PRESENTE	PRET. IMPERFECTO	PRET. PLUSCUAMPERFECTO
1 colga	cogliessi	avessi colto
2 colga	cogliessi	avessi colto
3 colga	cogliesse	avesse colto
1 cogliamo	cogliessimo	avessimo colto
2 cogliate	coglieste	aveste colto
3 colgano	cogliessero	avessero colto

PRET. PERFECTO
abbia colto etc.

INFINITIVO SIMPLE	GERUNDIO	PARTICIPIO PASADO
cogliere	cogliendo	colto
INFINITIVO COMPUESTO		
aver(e) colto		

INDICATIVO

	PRESENTE	PRET. IMPERFECTO	PRET. PLUSCUAMPERFECTO
1	coincido	coincidevo	avevo coinciso
2	coincidi	coincidevi	avevi coinciso
3	coincide	coincideva	aveva coinciso
1	coincidiamo	coincidevamo	avevamo coinciso
2	coincidete	coincidevate	avevate coinciso
3	coincidono	coincidevano	avevano coinciso

	PRET. PERF. SIMPLE	PRET. PERF. COMPUESTO	FUTURO IMPERFECTO
1	coincisi	ho coinciso	coinciderò
2	coincidesti	hai coinciso	coinciderai
3	coincise	ha coinciso	coinciderà
1	coincidemmo	abbiamo coinciso	coincideremo
2	coincideste	avete coinciso	coinciderete
3	coincisero	hanno coinciso	coincideranno

PRETÉRITO ANTERIOR
ebbi coinciso etc.

FUTURO PERFECTO
avrò coinciso etc.

CONDICIONAL

	SIMPLE	COMPUESTO
1	coinciderei	avrei coinciso
2	coincideresti	avresti coinciso
3	coinciderebbe	avrebbe coinciso
1	coincideremmo	avremmo coinciso
2	coincidereste	avreste coinciso
3	coinciderebbero	avrebbero coinciso

IMPERATIVO

coincidi
coincida
coincidiamo
coincidete
coincidano

SUBJUNTIVO

	PRESENTE	PRET. IMPERFECTO	PRET. PLUSCUAMPERFECTO
1	coincida	coincidessi	avessi coinciso
2	coincida	coincidessi	avessi coinciso
3	coincida	coincidesse	avesse coinciso
1	coincidiamo	coincidessimo	avessimo coinciso
2	coincidiate	coincideste	aveste coinciso
3	coincidano	coincidessero	avessero coinciso

PRET. PERFECTO
abbia coinciso etc.

INFINITIVO SIMPLE
coincidere

GERUNDIO
coincidendo

PARTICIPIO PASADO
coinciso

INFINITIVO COMPUESTO
aver(e) coinciso

COLPIRE
44
golpear, impresionar, afectar

INDICATIVO

	PRESENTE	PRET. IMPERFECTO	PRET. PLUSCUAMPERFECTO
1	colpisco	colpivo	avevo colpito
2	colpisci	colpivi	avevi colpito
3	colpisce	colpiva	aveva colpito
1	colpiamo	colpivamo	avevamo colpito
2	colpite	colpivate	avevate colpito
3	colpiscono	colpivano	avevano colpito

	PRET. PERF. SIMPLE	PRET. PERF. COMPUESTO	FUTURO IMPERFECTO
1	colpii	ho colpito	colpirò
2	colpisti	hai colpito	colpirai
3	colpì	ha colpito	colpirà
1	colpimmo	abbiamo colpito	colpiremo
2	colpiste	avete colpito	colpirete
3	colpirono	hanno colpito	colpiranno

PRETÉRITO ANTERIOR
ebbi colpito etc.

FUTURO PERFECTO
avrò colpito etc.

CONDICIONAL

	SIMPLE	COMPUESTO
1	colpirei	avrei colpito
2	colpiresti	avresti colpito
3	colpirebbe	avrebbe colpito
1	colpiremmo	avremmo colpito
2	colpireste	avreste colpito
3	colpirebbero	avrebbero colpito

IMPERATIVO

colpisci
colpisca
colpiamo
colpite
colpiscano

SUBJUNTIVO

	PRESENTE	PRET. IMPERFECTO	PRET. PLUSCUAMPERFECTO
1	colpisca	colpissi	avessi colpito
2	colpisca	colpissi	avessi colpito
3	colpisca	colpisse	avesse colpito
1	colpiamo	colpissimo	avessimo colpito
2	colpiate	colpiste	aveste colpito
3	colpiscano	colpissero	avessero colpito

PRET. PERFECTO
abbia colpito etc.

INFINITIVO SIMPLE	GERUNDIO	PARTICIPIO PASADO
colpire	colpendo	colpito

INFINITIVO COMPUESTO
aver(e) colpito

INDICATIVO

	PRESENTE	PRET. IMPERFECTO	PRET. PLUSCUAMPERFECTO
1	comincio	cominciavo	avevo cominciato
2	cominci	cominciavi	avevi cominciato
3	comincia	cominciava	aveva cominciato
1	cominciamo	cominciavamo	avevamo cominciato
2	cominciate	cominciavate	avevate cominciato
3	cominciano	cominciavano	avevano cominciato

	PRET. PERF. SIMPLE	PRET. PERF. COMPUESTO	FUTURO IMPERFECTO
1	cominciai	ho cominciato	comincerò
2	cominciasti	hai cominciato	comincerai
3	cominciò	ha cominciato	comincerà
1	cominciammo	abbiamo cominciato	cominceremo
2	cominciaste	avete cominciato	comincerete
3	cominciarono	hanno cominciato	cominceranno

PRETÉRITO ANTERIOR
ebbi cominciato etc.

FUTURO PERFECTO
avrò cominciato etc.

CONDICIONAL

	SIMPLE	COMPUESTO
1	comincerei	avrei cominciato
2	cominceresti	avresti cominciato
3	comincerebbe	avrebbe cominciato
1	cominceremmo	avremmo cominciato
2	comincereste	avreste cominciato
3	comincerebbero	avrebbero cominciato

IMPERATIVO

comincia
cominci
cominciamo
cominciate
comincino

SUBJUNTIVO

	PRESENTE	PRET. IMPERFECTO	PRET. PLUSCUAMPERFECTO
1	cominci	cominciassi	avessi cominciato
2	cominci	cominciassi	avessi cominciato
3	cominci	cominciasse	avesse cominciato
1	cominciamo	cominciassimo	avessimo cominciato
2	cominciate	cominciaste	aveste cominciato
3	comincino	cominciassero	avessero cominciato

PRET. PERFECTO
abbia cominciato etc.

INFINITIVO SIMPLE
cominciare

INFINITIVO COMPUESTO
aver(e) cominciato

GERUNDIO
cominciando

PARTICIPIO PASADO
cominciato

COMPARIRE
46
aparecer, presentarse

INDICATIVO

PRESENTE	PRET. IMPERFECTO	PRET. PLUSCUAMPERFECTO
1 compaio/comparisco	comparivo	ero comparso/a
2 compari/comparisci	comparivi	eri comparso/a
3 compare/comparisce	compariva	era comparso/a
1 compariamo	comparivamo	eravamo comparsi/e
2 comparite	comparivate	eravate comparsi/e
3 compaiono/compariscono	comparivano	erano comparsi/e

PRET. PERF. SIMPLE	PRET. PERF. COMPUESTO	FUTURO IMPERFECTO
1 comparvi/comparii	sono comparso/a	comparirò
2 comparisti	sei comparso/a	comparirai
3 comparve/comparì	è comparso/a	comparirà
1 comparimmo	siamo comparsi/e	compariremo
2 compariste	siete comparsi/e	comparirete
3 comparvero/comparirono	sono comparsi/e	compariranno

PRETÉRITO ANTERIOR		FUTURO PERFECTO
fui comparso/a etc.		sarò comparso/a etc.

CONDICIONAL

SIMPLE	COMPUESTO
1 comparirei	sarei comparso/a
2 compariresti	saresti comparso/a
3 comparirebbe	sarebbe comparso/a
1 compariremmo	saremmo comparsi/e
2 comparireste	sareste comparsi/e
3 comparirebbero	sarebbero comparsi/e

IMPERATIVO

compari/comparisci
compaia/comparisca
compariamo
comparite
compaiano/compariscano

SUBJUNTIVO

PRESENTE	PRET. IMPERFECTO	PRET. PLUSCUAMPERFECTO
1 compaia/comparisca	comparissi	fossi comparso/a
2 compaia/comparisca	comparissi	fossi comparso/a
3 compaia/comparisca	comparisse	fosse comparso/a
1 compariamo	comparissimo	fossimo comparsi/e
2 compariate	compariste	foste comparsi/e
3 compaiano/compariscano	comparissero	fossero comparsi/e

PRET. PERFECTO
sia comparso/a etc.

INFINITIVO SIMPLE	GERUNDIO	PARTICIPIO PASADO
comparire	comparendo	comparso/a/i/e

INFINITIVO COMPUESTO
esser(e) comparso/a/i/e

NOTA: La primera y tercera persona del singular y la tercera del plural del pretérito perfecto simple tienen una forma alternativa más, que es comparsi, comparse y comparsero respectivamente.

acabar, completar, cumplir

INDICATIVO

PRESENTE	PRET. IMPERFECTO	PRET. PLUSCUAMPERFECTO
1 compio	compivo	avevo compiuto
2 compi	compivi	avevi compiuto
3 compie	compiva	aveva compiuto
1 compiamo	compivamo	avevamo compiuto
2 compite	compivate	avevate compiuto
3 compiono	compivano	avevano compiuto

PRET. PERF. SIMPLE	PRET. PERF. COMPUESTO	FUTURO IMPERFECTO
1 compii/compiei	ho compiuto	compirò
2 compisti	hai compiuto	compirai
3 compì	ha compiuto	compirà
1 compimmo	abbiamo compiuto	compiremo
2 compiste	avete compiuto	compirete
3 compirono	hanno compiuto	compiranno

PRETÉRITO ANTERIOR		FUTURO PERFECTO
ebbi compiuto etc.		avrò compiuto etc.

CONDICIONAL

IMPERATIVO

SIMPLE	COMPUESTO	
1 compirei	avrei compiuto	
2 compiresti	avresti compiuto	compi
3 compirebbe	avrebbe compiuto	compia
1 compiremmo	avremmo compiuto	compiamo
2 compireste	avreste compiuto	compite
3 compirebbero	avrebbero compiuto	compiano

SUBJUNTIVO

PRESENTE	PRET. IMPERFECTO	PRET. PLUSCUAMPERFECTO
1 compia	compissi	avessi compiuto
2 compia	compissi	avessi compiuto
3 compia	compisse	avesse compiuto
1 compiamo	compissimo	avessimo compiuto
2 compiate	compiste	aveste compiuto
3 compiano	compissero	avessero compiuto

PRET. PERFECTO		
abbia compiuto etc.		

INFINITIVO SIMPLE	GERUNDIO	PARTICIPIO PASADO
compiere	compiendo	compiuto
INFINITIVO COMPUESTO		
aver(e) compiuto		

COMPRARE
48 *comprar*

INDICATIVO

	PRESENTE	PRET. IMPERFECTO	PRET. PLUSCUAMPERFECTO
1	compro	compravo	avevo comprato
2	compri	compravi	avevi comprato
3	compra	comprava	aveva comprato
1	compriamo	compravamo	avevamo comprato
2	comprate	compravate	avevate comprato
3	comprano	compravano	avevano comprato

	PRET. PERF. SIMPLE	PRET. PERF. COMPUESTO	FUTURO IMPERFECTO
1	comprai	ho comprato	comprerò
2	comprasti	hai comprato	comprerai
3	comprò	ha comprato	comprerà
1	comprammo	abbiamo comprato	compreremo
2	compraste	avete comprato	comprerete
3	comprarono	hanno comprato	compreranno

PRETÉRITO ANTERIOR
ebbi comprato etc.

FUTURO PERFECTO
avrò comprato etc.

CONDICIONAL

	SIMPLE	COMPUESTO
1	comprerei	avrei comprato
2	compreresti	avresti comprato
3	comprerebbe	avrebbe comprato
1	compreremmo	avremmo comprato
2	comprereste	avreste comprato
3	comprerebbero	avrebbero comprato

IMPERATIVO

2	compra
3	compri
1	compriamo
2	comprate
3	comprino

SUBJUNTIVO

	PRESENTE	PRET. IMPERFECTO	PRET. PLUSCUAMPERFECTO
1	compri	comprassi	avessi comprato
2	compri	comprassi	avessi comprato
3	compri	comprasse	avesse comprato
1	compriamo	comprassimo	avessimo comprato
2	compriate	compraste	aveste comprato
3	comprino	comprassero	avessero comprato

PRET. PERFECTO
abbia comprato etc.

INFINITIVO SIMPLE	GERUNDIO	PARTICIPIO PASADO
comprare	comprando	comprato

INFINITIVO COMPUESTO
aver(e) comprato

INDICATIVO

PRESENTE	PRET. IMPERFECTO	PRET. PLUSCUAMPERFECTO
1 concedo	concedevo	avevo concesso
2 concedi	concedevi	avevi concesso
3 concede	concedeva	aveva concesso
1 concediamo	concedevamo	avevamo concesso
2 concedete	concedevate	avevate concesso
3 concedono	concedevano	avevano concesso

PRET. PERF. SIMPLE	PRET. PERF. COMPUESTO	FUTURO IMPERFECTO
1 concessi/concedei[1]	ho concesso	concederò
2 concedesti	hai concesso	concederai
3 concesse/concedé[2]	ha concesso	concederà
1 concedemmo	abbiamo concesso	concederemo
2 concedeste	avete concesso	concederete
3 concessero[3]	hanno concesso	concederanno

PRETÉRITO ANTERIOR
ebbi concesso etc.

FUTURO PERFECTO
avrò concesso etc.

CONDICIONAL

SIMPLE	COMPUESTO
1 concederei	avrei concesso
2 concederesti	avresti concesso
3 concederebbe	avrebbe concesso
1 concederemmo	avremmo concesso
2 concedereste	avreste concesso
3 concederebbero	avrebbero concesso

IMPERATIVO

concedi
conceda
concediamo
concedete
concedano

SUBJUNTIVO

PRESENTE	PRET. IMPERFECTO	PRET. PLUSCUAMPERFECTO
1 conceda	concedessi	avessi concesso
2 conceda	concedessi	avessi concesso
3 conceda	concedesse	avesse concesso
1 concediamo	concedessimo	avessimo concesso
2 concediate	concedeste	aveste concesso
3 concedano	concedessero	avessero concesso

PRET. PERFECTO
abbia concesso etc.

INFINITIVO SIMPLE	GERUNDIO	PARTICIPIO PASADO
concedere	concedendo	concesso

INFINITIVO COMPUESTO
aver(e) concesso

NOTA: existen otras variantes más, que son: 1 concedetti; 2 concedette; 3 concederono o concedettero.

CONFONDERE
50
confundir

INDICATIVO

PRESENTE	PRET. IMPERFECTO	PRET. PLUSCUAMPERFECTO
1 confondo	confondevo	avevo confuso
2 confondi	confondevi	avevi confuso
3 confonde	confondeva	aveva confuso
1 confondiamo	confondevamo	avevamo confuso
2 confondete	confondevate	avevate confuso
3 confondono	confondevano	avevano confuso

PRET. PERF. SIMPLE	PRET. PERF. COMPUESTO	FUTURO IMPERFECTO
1 confusi	ho confuso	confonderò
2 confondesti	hai confuso	confonderai
3 confuse	ha confuso	confonderà
1 confondemmo	abbiamo confuso	confonderemo
2 confondeste	avete confuso	confonderete
3 confusero	hanno confuso	confonderanno

PRETÉRITO ANTERIOR		FUTURO PERFECTO
ebbi confuso etc.		avrò confuso etc.

CONDICIONAL

SIMPLE	COMPUESTO
1 confonderei	avrei confuso
2 confonderesti	avresti confuso
3 confonderebbe	avrebbe confuso
1 confonderemmo	avremmo confuso
2 confondereste	avreste confuso
3 confonderebbero	avrebbero confuso

IMPERATIVO

confondi
confonda
confondiamo
confondete
confondano

SUBJUNTIVO

PRESENTE	PRET. IMPERFECTO	PRET. PLUSCUAMPERFECTO
1 confonda	confondessi	avessi confuso
2 confonda	confondessi	avessi confuso
3 confonda	confondesse	avesse confuso
1 confondiamo	confondessimo	avessimo confuso
2 confondiate	confondeste	aveste confuso
3 confondano	confondessero	avessero confuso

PRET. PERFECTO
abbia confuso etc.

INFINITIVO SIMPLE	GERUNDIO	PARTICIPIO PASADO
confondere	confondendo	confuso

INFINITIVO COMPUESTO
aver(e) confuso

INDICATIVO

	PRESENTE	PRET. IMPERFECTO	PRET. PLUSCUAMPERFECTO
1	conosco	conoscevo	avevo conosciuto
2	conosci	conoscevi	avevi conosciuto
3	conosce	conosceva	aveva conosciuto
1	conosciamo	conoscevamo	avevamo conosciuto
2	conoscete	conoscevate	avevate conosciuto
3	conoscono	conoscevano	avevano conosciuto

	PRET. PERF. SIMPLE	PRET. PERF. COMPUESTO	FUTURO IMPERFECTO
1	conobbi	ho conosciuto	conoscerò
2	conoscesti	hai conosciuto	conoscerai
3	conobbe	ha conosciuto	conoscerà
1	conoscemmo	abbiamo conosciuto	conosceremo
2	conosceste	avete conosciuto	conoscerete
3	conobbero	hanno conosciuto	conosceranno

PRETÉRITO ANTERIOR
ebbi conosciuto etc.

FUTURO PERFECTO
avrò conosciuto etc.

CONDICIONAL

	SIMPLE	COMPUESTO
1	conoscerei	avrei conosciuto
2	conosceresti	avresti conosciuto
3	conoscerebbe	avrebbe conosciuto
1	conosceremmo	avremmo conosciuto
2	conoscereste	avreste conosciuto
3	conoscerebbero	avrebbero conosciuto

IMPERATIVO

conosci
conosca
conosciamo
conoscete
conoscano

SUBJUNTIVO

	PRESENTE	PRET. IMPERFECTO	PRET. PLUSCUAMPERFECTO
1	conosca	conoscessi	avessi conosciuto
2	conosca	conoscessi	avessi conosciuto
3	conosca	conoscesse	avesse conosciuto
1	conosciamo	conoscessimo	avessimo conosciuto
2	conosciate	conosceste	aveste conosciuto
3	conoscano	conoscessero	avessero conosciuto

PRET. PERFECTO
abbia conosciuto etc.

INFINITIVO SIMPLE
conoscere

INFINITIVO COMPUESTO
aver(e) conosciuto

GERUNDIO
conoscendo

PARTICIPIO PASADO
conosciuto

CONSIGLIARE
52 *aconsejar*

INDICATIVO

PRESENTE	PRET. IMPERFECTO	PRET. PLUSCUAMPERFECTO
1 consiglio	consigliavo	avevo consigliato
2 consigli	consigliavi	avevi consigliato
3 consiglia	consigliava	aveva consigliato
1 consigliamo	consigliavamo	avevamo consigliato
2 consigliate	consigliavate	avevate consigliato
3 consigliano	consigliavano	avevano consigliato

PRET. PERF. SIMPLE	PRET. PERF. COMPUESTO	FUTURO IMPERFECTO
1 consigliai	ho consigliato	consiglierò
2 consigliasti	hai consigliato	consiglierai
3 consigliò	ha consigliato	consiglierà
1 consigliammo	abbiamo consigliato	consiglieremo
2 consigliaste	avete consigliato	consiglierete
3 consigliarono	hanno consigliato	consiglieranno

PRETÉRITO ANTERIOR
ebbi consigliato etc.

FUTURO PERFECTO
avrò consigliato etc.

CONDICIONAL

SIMPLE	COMPUESTO
1 consiglierei	avrei consigliato
2 consiglieresti	avresti consigliato
3 consiglierebbe	avrebbe consigliato
1 consiglieremmo	avremmo consigliato
2 consigliereste	avreste consigliato
3 consiglierebbero	avrebbero consigliato

IMPERATIVO

consiglia
consigli
consigliamo
consigliate
consiglino

SUBJUNTIVO

PRESENTE	PRET. IMPERFECTO	PRET. PLUSCUAMPERFECTO
1 consigli	consigliassi	avessi consigliato
2 consigli	consigliassi	avessi consigliato
3 consigli	consigliasse	avesse consigliato
1 consigliamo	consigliassimo	avessimo consigliato
2 consigliate	consigliaste	aveste consigliato
3 consiglino	consigliassero	avessero consigliato

PRET. PERFECTO
abbia consigliato etc.

INFINITIVO SIMPLE	GERUNDIO	PARTICIPIO PASADO
consigliare	consigliando	consigliato

INFINITIVO COMPUESTO
aver(e) consigliato

INDICATIVO

PRESENTE	PRET. IMPERFECTO	PRET. PLUSCUAMPERFECTO
1		
2		
3 consiste	consisteva	era consistito/a
1		
2		
3 consistono	consistevano	erano consistiti/e

PRET. PERF. SIMPLE	PRET. PERF. COMPUESTO	FUTURO IMPERFECTO
1		
2		
3 consisté/consistette	è consistito/a	consisterà
1		
2		
3 consisterono/consistettero	sono consistiti/e	consisteranno

PRETÉRITO ANTERIOR
fu consistito/a etc.

FUTURO PERFECTO
sarà consistito/a etc.

CONDICIONAL

SIMPLE	COMPUESTO
1	
2	
3 consisterebbe	sarebbe consistito/a
1	
2	
3 consisterebbero	sarebbero consistiti/e

IMPERATIVO

SUBJUNTIVO

PRESENTE	PRET. IMPERFECTO	PRET. PLUSCUAMPERFECTO
1		
2		
3 consista	consistesse	fosse consistito/a
1		
2		
3 consistano	consistessero	fossero consistiti/e

PRET. PERFECTO
sia consistito/a etc.

INFINITIVO SIMPLE
consistere

GERUNDIO
consistendo

PARTICIPIO PASADO
consistito/a/i/e

INFINITIVO COMPUESTO
esser(e) consistito/a/i/e

CONTINUARE
54 *continuar, seguir*

INDICATIVO

	PRESENTE	**PRET. IMPERFECTO**	**PRET. PLUSCUAMPERFECTO**
1	continuo	continuavo	avevo continuato
2	continui	continuavi	avevi continuato
3	continua	continuava	aveva continuato
1	continuiamo	continuavamo	avevamo continuato
2	continuate	continuavate	avevate continuato
3	continuano	continuavano	avevano continuato

	PRET. PERF. SIMPLE	**PRET. PERF. COMPUESTO**	**FUTURO IMPERFECTO**
1	continuai	ho continuato	continuerò
2	continuasti	hai continuato	continuerai
3	continuò	ha continuato	continuerà
1	continuammo	abbiamo continuato	continueremo
2	continuaste	avete continuato	continuerete
3	continuarono	hanno continuato	continueranno

PRETÉRITO ANTERIOR
ebbi continuato etc.

FUTURO PERFECTO
avrò continuato etc.

CONDICIONAL

	SIMPLE	**COMPUESTO**
1	continuerei	avrei continuato
2	continueresti	avresti continuato
3	continuerebbe	avrebbe continuato
1	continueremmo	avremmo continuato
2	continuereste	avreste continuato
3	continuerebbero	avrebbero continuato

IMPERATIVO

continua
continui
continuiamo
continuate
continuino

SUBJUNTIVO

	PRESENTE	**PRET. IMPERFECTO**	**PRET. PLUSCUAMPERFECTO**
1	continui	continuassi	avessi continuato
2	continui	continuassi	avessi continuato
3	continui	continuasse	avesse continuato
1	continuiamo	continuassimo	avessimo continuato
2	continuiate	continuaste	aveste continuato
3	continuino	continuassero	avessero continuato

PRET. PERFECTO
abbia continuato etc.

INFINITIVO SIMPLE	**GERUNDIO**	**PARTICIPIO PASADO**
continuare	continuando	continuato
INFINITIVO COMPUESTO		
aver(e) continuato		

INDICATIVO

	PRESENTE	PRET. IMPERFECTO	PRET. PLUSCUAMPERFECTO
1	convinco	convincevo	avevo convinto
2	convinci	convincevi	avevi convinto
3	convince	convinceva	aveva convinto
1	convinciamo	convincevamo	avevamo convinto
2	convincete	convincevate	avevate convinto
3	convincono	convincevano	avevano convinto

	PRET. PERF. SIMPLE	PRET. PERF. COMPUESTO	FUTURO IMPERFECTO
1	convinsi	ho convinto	convincerò
2	convincesti	hai convinto	convincerai
3	convinse	ha convinto	convincerà
1	convincemmo	abbiamo convinto	convinceremo
2	convinceste	avete convinto	convincerete
3	convinsero	hanno convinto	convinceranno

PRETÉRITO ANTERIOR
ebbi convinto etc.

FUTURO PERFECTO
avrò convinto etc.

CONDICIONAL

	SIMPLE	COMPUESTO
1	convincerei	avrei convinto
2	convinceresti	avresti convinto
3	convincerebbe	avrebbe convinto
1	convinceremmo	avremmo convinto
2	convincereste	avreste convinto
3	convincerebbero	avrebbero convinto

IMPERATIVO

convinci
convinca
convinciamo
convincete
convincano

SUBJUNTIVO

	PRESENTE	PRET. IMPERFECTO	PRET. PLUSCUAMPERFECTO
1	convinca	convincessi	avessi convinto
2	convinca	convincessi	avessi convinto
3	convinca	convincesse	avesse convinto
1	convinciamo	convincessimo	avessimo convinto
2	convinciate	convinceste	aveste convinto
3	convincano	convincessero	avessero convinto

PRET. PERFECTO
abbia convinto etc.

INFINITIVO SIMPLE
convincere
INFINITIVO COMPUESTO
aver(e) convinto

GERUNDIO
convincendo

PARTICIPIO PASADO
convinto

COPRIRE
56
cubrir

INDICATIVO

PRESENTE	PRET. IMPERFECTO	PRET. PLUSCUAMPERFECTO
1 copro	coprivo	avevo coperto
2 copri	coprivi	avevi coperto
3 copre	copriva	aveva coperto
1 copriamo	coprivamo	avevamo coperto
2 coprite	coprivate	avevate coperto
3 coprono	coprivano	avevano coperto

PRET. PERF. SIMPLE	PRET. PERF. COMPUESTO	FUTURO IMPERFECTO
1 coprii/copersi	ho coperto	coprirò
2 copristi	hai coperto	coprirai
3 coprì/coperse	ha coperto	coprirà
1 coprimmo	abbiamo coperto	copriremo
2 copriste	avete coperto	coprirete
3 coprirono/copersero	hanno coperto	copriranno

PRETÉRITO ANTERIOR	FUTURO PERFECTO
ebbi coperto etc.	avrò coperto etc.

CONDICIONAL

SIMPLE	COMPUESTO
1 coprirei	avrei coperto
2 copriresti	avresti coperto
3 coprirebbe	avrebbe coperto
1 copriremmo	avremmo coperto
2 coprireste	avreste coperto
3 coprirebbero	avrebbero coperto

IMPERATIVO

copri
copra
copriamo
coprite
coprano

SUBJUNTIVO

PRESENTE	PRET. IMPERFECTO	PRET. PLUSCUAMPERFECTO
1 copra	coprissi	avessi coperto
2 copra	coprissi	avessi coperto
3 copra	coprisse	avesse coperto
1 copriamo	coprissimo	avessimo coperto
2 copriate	copriste	aveste coperto
3 coprano	coprissero	avessero coperto

PRET. PERFECTO
abbia coperto etc.

INFINITIVO SIMPLE	GERUNDIO	PARTICIPIO PASADO
coprire	coprendo	coperto

INFINITIVO COMPUESTO
aver(e) coperto

INDICATIVO

PRESENTE	PRET. IMPERFECTO	PRET. PLUSCUAMPERFECTO
1 correggo	correggevo	avevo corretto
2 correggi	correggevi	avevi corretto
3 corregge	correggeva	aveva corretto
1 correggiamo	correggevamo	avevamo corretto
2 correggete	correggevate	avevate corretto
3 correggono	correggevano	avevano corretto

PRET. PERF. SIMPLE	PRET. PERF. COMPUESTO	FUTURO IMPERFECTO
1 corressi	ho corretto	correggerò
2 correggesti	hai corretto	correggerai
3 corresse	ha corretto	correggerà
1 correggemmo	abbiamo corretto	correggeremo
2 correggeste	avete corretto	correggerete
3 corressero	hanno corretto	correggeranno

PRETÉRITO ANTERIOR		FUTURO PERFECTO
ebbi corretto etc.		avrò corretto etc.

CONDICIONAL

IMPERATIVO

SIMPLE	COMPUESTO	
1 correggerei	avrei corretto	
2 correggeresti	avresti corretto	correggi
3 correggerebbe	avrebbe corretto	corregga
1 correggeremmo	avremmo corretto	correggiamo
2 correggereste	avreste corretto	correggete
3 correggerebbero	avrebbero corretto	correggano

SUBJUNTIVO

PRESENTE	PRET. IMPERFECTO	PRET. PLUSCUAMPERFECTO
1 corregga	correggessi	avessi corretto
2 corregga	correggessi	avessi corretto
3 corregga	correggesse	avesse corretto
1 correggiamo	correggessimo	avessimo corretto
2 correggiate	correggeste	aveste corretto
3 correggano	correggessero	avessero corretto

PRET. PERFECTO
abbia corretto etc.

INFINITIVO SIMPLE	GERUNDIO	PARTICIPIO PASADO
correggere	correggendo	corretto
INFINITIVO COMPUESTO		
aver(e) corretto		

CORRERE
58
correr

INDICATIVO

PRESENTE	PRET. IMPERFECTO	PRET. PLUSCUAMPERFECTO
1 corro	correvo	ero corso/a
2 corri	correvi	eri corso/a
3 corre	correva	era corso/a
1 corriamo	correvamo	eravamo corsi/e
2 correte	correvate	eravate corsi/e
3 corrono	correvano	erano corsi/e

PRET. PERF. SIMPLE	PRET. PERF. COMPUESTO	FUTURO IMPERFECTO
1 corsi	sono corso/a	correrò
2 corresti	sei corso/a	correrai
3 corse	è corso/a	correrà
1 corremmo	siamo corsi/e	correremo
2 correste	siete corsi/e	correrete
3 corsero	sono corsi/e	correranno

PRETÉRITO ANTERIOR	FUTURO PERFECTO
fui corso/a etc.	sarò corso/a etc.

CONDICIONAL

SIMPLE	COMPUESTO	IMPERATIVO
1 correrei	sarei corso/a	
2 correresti	saresti corso/a	corri
3 correrebbe	sarebbe corso/a	corra
1 correremmo	saremmo corsi/e	corriamo
2 correreste	sareste corsi/e	correte
3 correrebbero	sarebbero corsi/e	corrano

SUBJUNTIVO

PRESENTE	PRET. IMPERFECTO	PRET. PLUSCUAMPERFECTO
1 corra	corressi	fossi corso/a
2 corra	corressi	fossi corso/a
3 corra	corresse	fosse corso/a
1 corriamo	corressimo	fossimo corsi/e
2 corriate	correste	foste corsi/e
3 corrano	corressero	fossero corsi/e

PRET. PERFECTO
sia corso/a etc.

INFINITIVO SIMPLE	GERUNDIO	PARTICIPIO PASADO
correre	correndo	corso/a/i/e

INFINITIVO COMPUESTO
esser(e) corso/a/i/e

NOTA: **correre** se conjuga con *avere* cuando se usa en sentido transitivo, p. ej.: he corrido un riesgo = *ho corso un rischio*.

INDICATIVO

	PRESENTE	PRET. IMPERFECTO	PRET. PLUSCUAMPERFECTO
1	costo	costavo	ero costato/a
2	costi	costavi	eri costato/a
3	costa	costava	era costato/a
1	costiamo	costavamo	eravamo costati/e
2	costate	costavate	eravate costati/e
3	costano	costavano	erano costati/e

	PRET. PERF. SIMPLE	PRET. PERF. COMPUESTO	FUTURO IMPERFECTO
1	costai	sono costato/a	costerò
2	costasti	sei costato/a	costerai
3	costò	è costato/a	costerà
1	costammo	siamo costati/e	costeremo
2	costaste	siete costati/e	costerete
3	costarono	sono costati/e	costeranno

PRETÉRITO ANTERIOR	FUTURO PERFECTO
fui costato/a etc.	sarò costato/a etc.

CONDICIONAL

	SIMPLE	COMPUESTO
1	costerei	sarei costato/a
2	costeresti	saresti costato/a
3	costerebbe	sarebbe costato/a
1	costeremmo	saremmo costati/e
2	costereste	sareste costati/e
3	costerebbero	sarebbero costati/e

IMPERATIVO

costa
costi
costiamo
costate
costino

SUBJUNTIVO

	PRESENTE	PRET. IMPERFECTO	PRET. PLUSCUAMPERFECTO
1	costi	costassi	fossi costato/a
2	costi	costassi	fossi costato/a
3	costi	costasse	fosse costato/a
1	costiamo	costassimo	fossimo costati/e
2	costiate	costaste	foste costati/e
3	costino	costassero	fossero costati/e

PRET. PERFECTO
sia costato/a etc.

INFINITIVO SIMPLE	GERUNDIO	PARTICIPIO PASADO
costare	costando	costato/a/i/e

INFINITIVO COMPUESTO
esser(e) costato/a/i/e

COSTRUIRE
60
construir

INDICATIVO

PRESENTE	PRET. IMPERFECTO	PRET. PLUSCUAMPERFECTO
1 costruisco	costruivo	avevo costruito
2 costruisci	costruivi	avevi costruito
3 costruisce	costruiva	aveva costruito
1 costruiamo	costruivamo	avevamo costruito
2 costruite	costruivate	avevate costruito
3 costruiscono	costruivano	avevano costruito

PRET. PERF. SIMPLE	PRET. PERF. COMPUESTO	FUTURO IMPERFECTO
1 costruii/costrussi	ho costruito	costruirò
2 costruisti	hai costruito	costruirai
3 costruì/costrusse	ha costruito	costruirà
1 costruimmo	abbiamo costruito	costruiremo
2 costruiste	avete costruito	costruirete
3 costruirono/costrussero	hanno costruito	costruiranno

PRETÉRITO ANTERIOR		FUTURO PERFECTO
ebbi costruito etc.		avrò costruito etc.

CONDICIONAL

IMPERATIVO

SIMPLE	COMPUESTO	
1 costruirei	avrei costruito	
2 costruiresti	avresti costruito	costruisci
3 costruirebbe	avrebbe costruito	costruisca
1 costruiremmo	avremmo costruito	costruiamo
2 costruireste	avreste costruito	costruite
3 costruirebbero	avrebbero costruito	costruiscano

SUBJUNTIVO

PRESENTE	PRET. IMPERFECTO	PRET. PLUSCUAMPERFECTO
1 costruisca	costruissi	avessi costruito
2 costruisca	costruissi	avessi costruito
3 costruisca	costruisse	avesse costruito
1 costruiamo	costruissimo	avessimo costruito
2 costruiate	costruiste	aveste costruito
3 costruiscano	costruissero	avessero costruito

PRET. PERFECTO
abbia costruito etc.

INFINITIVO SIMPLE	GERUNDIO	PARTICIPIO PASADO
costruire	costruendo	costruito
INFINITIVO COMPUESTO		
aver(e) costruito		

INDICATIVO

	PRESENTE	PRET. IMPERFECTO	PRET. PLUSCUAMPERFECTO
1	credo	credevo	avevo creduto
2	credi	credevi	avevi creduto
3	crede	credeva	aveva creduto
1	crediamo	credevamo	avevamo creduto
2	credete	credevate	avevate creduto
3	credono	credevano	avevano creduto

	PRET. PERF. SIMPLE	PRET. PERF. COMPUESTO	FUTURO IMPERFECTO
1	credei/credetti	ho creduto	crederò
2	credesti	hai creduto	crederai
3	credé/credette	ha creduto	crederà
1	credemmo	abbiamo creduto	crederemo
2	credeste	avete creduto	crederete
3	crederono/credettero	hanno creduto	crederanno

PRETÉRITO ANTERIOR
ebbi creduto etc.

FUTURO PERFECTO
avrò creduto etc.

CONDICIONAL

	SIMPLE	COMPUESTO
1	crederei	avrei creduto
2	crederesti	avresti creduto
3	crederebbe	avrebbe creduto
1	crederemmo	avremmo creduto
2	credereste	avreste creduto
3	crederebbero	avrebbero creduto

IMPERATIVO

credi
creda
crediamo
credete
credano

SUBJUNTIVO

	PRESENTE	PRET. IMPERFECTO	PRET. PLUSCUAMPERFECTO
1	creda	credessi	avessi creduto
2	creda	credessi	avessi creduto
3	creda	credesse	avesse creduto
1	crediamo	credessimo	avessimo creduto
2	crediate	credeste	aveste creduto
3	credano	credessero	avessero creduto

PRET. PERFECTO
abbia creduto etc.

INFINITIVO SIMPLE	GERUNDIO	PARTICIPIO PASADO
credere	credendo	creduto

INFINITIVO COMPUESTO
aver(e) creduto

CRESCERE
62
crecer

INDICATIVO

PRESENTE
1 cresco
2 cresci
3 cresce
1 cresciamo
2 crescete
3 crescono

PRET. IMPERFECTO
crescevo
crescevi
cresceva
crescevamo
crescevate
crescevano

PRET. PLUSCUAMPERFECTO
ero cresciuto/a
eri cresciuto/a
era cresciuto/a
eravamo cresciuti/e
eravate cresciuti/e
erano cresciuti/e

PRET. PERF. SIMPLE
1 crebbi
2 crescesti
3 crebbe
1 crescemmo
2 cresceste
3 crebbero

PRET. PERF. COMPUESTO
sono cresciuto/a
sei cresciuto/a
è cresciuto/a
siamo cresciuti/e
siete cresciuti/e
sono cresciuti/e

FUTURO IMPERFECTO
crescerò
crescerai
crescerà
cresceremo
crescerete
cresceranno

PRETÉRITO ANTERIOR
fui cresciuto/a etc.

FUTURO PERFECTO
sarò cresciuto/a etc.

CONDICIONAL

SIMPLE
1 crescerei
2 cresceresti
3 crescerebbe
1 cresceremmo
2 crescereste
3 crescerebbero

COMPUESTO
sarei cresciuto/a
saresti cresciuto/a
sarebbe cresciuto/a
saremmo cresciuti/e
sareste cresciuti/e
sarebbero cresciuti/e

IMPERATIVO

cresci
cresca
cresciamo
crescete
crescano

SUBJUNTIVO

PRESENTE
1 cresca
2 cresca
3 cresca
1 cresciamo
2 cresciate
3 crescano

PRET. IMPERFECTO
crescessi
crescessi
crescesse
crescessimo
cresceste
crescessero

PRET. PLUSCUAMPERFECTO
fossi cresciuto/a
fossi cresciuto/a
fosse cresciuto/a
fossimo cresciuti/e
foste cresciuti/e
fossero cresciuti/e

PRET. PERFECTO
sia cresciuto/a etc.

INFINITIVO SIMPLE
crescere

INFINITIVO COMPUESTO
esser(e) cresciuto/a/i/e

GERUNDIO
crescendo

PARTICIPIO PASADO
cresciuto/a/i/e

INDICATIVO

PRESENTE	PRET. IMPERFECTO	PRET. PLUSCUAMPERFECTO
1 cucio	cucivo	avevo cucito
2 cuci	cucivi	avevi cucito
3 cuce	cuciva	aveva cucito
1 cuciamo	cucivamo	avevamo cucito
2 cucite	cucivate	avevate cucito
3 cuciono	cucivano	avevano cucito

PRET. PERF. SIMPLE	PRET. PERF. COMPUESTO	FUTURO IMPERFECTO
1 cucii	ho cucito	cucirò
2 cucisti	hai cucito	cucirai
3 cucì	ha cucito	cucirà
1 cucimmo	abbiamo cucito	cuciremo
2 cuciste	avete cucito	cucirete
3 cucirono	hanno cucito	cuciranno

PRETÉRITO ANTERIOR		FUTURO PERFECTO
ebbi cucito etc.		avrò cucito etc.

CONDICIONAL

SIMPLE	COMPUESTO
1 cucirei	avrei cucito
2 cuciresti	avresti cucito
3 cucirebbe	avrebbe cucito
1 cuciremmo	avremmo cucito
2 cucireste	avreste cucito
3 cucirebbero	avrebbero cucito

IMPERATIVO

cuci
cucia
cuciamo
cucite
cuciano

SUBJUNTIVO

PRESENTE	PRET. IMPERFECTO	PRET. PLUSCUAMPERFECTO
1 cucia	cucissi	avessi cucito
2 cucia	cucissi	avessi cucito
3 cucia	cucisse	avesse cucito
1 cuciamo	cucissimo	avessimo cucito
2 cuciate	cuciste	aveste cucito
3 cuciano	cucissero	avessero cucito

PRET. PERFECTO
abbia cucito etc.

INFINITIVO SIMPLE	GERUNDIO	PARTICIPIO PASADO
cucire	cucendo	cucito

INFINITIVO COMPUESTO
aver(e) cucito

CUOCERE
64
cocer, escocer (una ofensa)

INDICATIVO

PRESENTE	PRET. IMPERFECTO	PRET. PLUSCUAMPERFECTO
1 cuocio	cocevo	avevo cotto
2 cuoci	cocevi	avevi cotto
3 cuoce	coceva	aveva cotto
1 cociamo	cocevamo	avevamo cotto
2 cocete	cocevate	avevate cotto
3 cuociono	cocevano	avevano cotto

PRET. PERF. SIMPLE	PRET. PERF. COMPUESTO	FUTURO IMPERFECTO
1 cossi	ho cotto	cocerò
2 cocesti	hai cotto	cocerai
3 cosse	ha cotto	cocerà
1 cocemmo	abbiamo cotto	coceremo
2 coceste	avete cotto	cocerete
3 cossero	hanno cotto	coceranno

PRETÉRITO ANTERIOR	FUTURO PERFECTO
ebbi cotto etc.	avrò cotto etc.

CONDICIONAL

SIMPLE	COMPUESTO
1 cocerei	avrei cotto
2 coceresti	avresti cotto
3 cocerebbe	avrebbe cotto
1 coceremmo	avremmo cotto
2 cocereste	avreste cotto
3 cocerebbero	avrebbero cotto

IMPERATIVO

cuoci
cuocia
cociamo
cocete
cuociano

SUBJUNTIVO

PRESENTE	PRET. IMPERFECTO	PRET. PLUSCUAMPERFECTO
1 cuocia	cocessi	avessi cotto
2 cuocia	cocessi	avessi cotto
3 cuocia	cocesse	avesse cotto
1 cociamo	cocessimo	avessimo cotto
2 cociate	coceste	aveste cotto
3 cuociano	cocessero	avessero cotto

PRET. PERFECTO
abbia cotto etc.

INFINITIVO SIMPLE	GERUNDIO	PARTICIPIO PASADO
cuocere	cocendo	cotto/cociuto

INFINITIVO COMPUESTO
aver(e) cotto/cociuto

NOTA: el participio pasado cociuto sólo se utiliza cuando **cuocere** significa «escocer» (una ofensa).

INDICATIVO

PRESENTE	PRET. IMPERFECTO	PRET. PLUSCUAMPERFECTO
1 do	davo	avevo dato
2 dai	davi	avevi dato
3 dà	dava	aveva dato
1 diamo	davamo	avevamo dato
2 date	davate	avevate dato
3 danno	davano	avevano dato

PRET. PERF. SIMPLE	PRET. PERF. COMPUESTO	FUTURO IMPERFECTO
1 diedi/detti	ho dato	darò
2 desti	hai dato	darai
3 diede/dette	ha dato	darà
1 demmo	abbiamo dato	daremo
2 deste	avete dato	darete
3 diedero/dettero	hanno dato	daranno

PRETÉRITO ANTERIOR	FUTURO PERFECTO
ebbi dato etc.	avrò dato etc.

CONDICIONAL

SIMPLE	COMPUESTO
1 darei	avrei dato
2 daresti	avresti dato
3 darebbe	avrebbe dato
1 daremmo	avremmo dato
2 dareste	avreste dato
3 darebbero	avrebbero dato

IMPERATIVO

dà/dai/da'
dia
diamo
date
diano

SUBJUNTIVO

PRESENTE	PRET. IMPERFECTO	PRET. PLUSCUAMPERFECTO
1 dia	dessi	avessi dato
2 dia	dessi	avessi dato
3 dia	desse	avesse dato
1 diamo	dessimo	avessimo dato
2 diate	deste	aveste dato
3 diano	dessero	avessero dato

PRET. PERFECTO
abbia dato etc.

INFINITIVO SIMPLE	GERUNDIO	PARTICIPIO PASADO
dare	dando	dato

INFINITIVO COMPUESTO
aver(e) dato

DECIDERE
66 *decidir*

INDICATIVO

PRESENTE	PRET. IMPERFECTO	PRET. PLUSCUAMPERFECTO
1 decido	decidevo	avevo deciso
2 decidi	decidevi	avevi deciso
3 decide	decideva	aveva deciso
1 decidiamo	decidevamo	avevamo deciso
2 decidete	decidevate	avevate deciso
3 decidono	decidevano	avevano deciso

PRET. PERF. SIMPLE	PRET. PERF. COMPUESTO	FUTURO IMPERFECTO
1 decisi	ho deciso	deciderò
2 decidesti	hai deciso	deciderai
3 decise	ha deciso	deciderà
1 decidemmo	abbiamo deciso	decideremo
2 decideste	avete deciso	deciderete
3 decisero	hanno deciso	decideranno

PRETÉRITO ANTERIOR		FUTURO PERFECTO
ebbi deciso etc.		avrò deciso etc.

CONDICIONAL

SIMPLE	COMPUESTO
1 deciderei	avrei deciso
2 decideresti	avresti deciso
3 deciderebbe	avrebbe deciso
1 decideremmo	avremmo deciso
2 decidereste	avreste deciso
3 deciderebbero	avrebbero deciso

IMPERATIVO

decidi
decida
decidiamo
decidete
decidano

SUBJUNTIVO

PRESENTE	PRET. IMPERFECTO	PRET. PLUSCUAMPERFECTO
1 decida	decidessi	avessi deciso
2 decida	decidessi	avessi deciso
3 decida	decidesse	avesse deciso
1 decidiamo	decidessimo	avessimo deciso
2 decidiate	decideste	aveste deciso
3 decidano	decidessero	avessero deciso

PRET. PERFECTO
abbia deciso etc.

INFINITIVO SIMPLE	GERUNDIO	PARTICIPIO PASADO
decidere	decidendo	deciso

INFINITIVO COMPUESTO
aver(e) deciso

INDICATIVO

	PRESENTE	PRET. IMPERFECTO	PRET. PLUSCUAMPERFECTO
1	definisco	definivo	avevo definito
2	definisci	definivi	avevi definito
3	definisce	definiva	aveva definito
1	definiamo	definivamo	avevamo definito
2	definite	definivate	avevate definito
3	definiscono	definivano	avevano definito

	PRET. PERF. SIMPLE	PRET. PERF. COMPUESTO	FUTURO IMPERFECTO
1	definii	ho definito	definirò
2	definisti	hai definito	definirai
3	finì	ha definito	definirà
1	definimmo	abbiamo definito	definiremo
2	definiste	avete definito	definirete
3	definirono	hanno definito	definiranno

PRETÉRITO ANTERIOR
ebbi definito etc.

FUTURO PERFECTO
avrò definito etc.

CONDICIONAL

	SIMPLE	COMPUESTO
1	definirei	avrei definito
2	definiresti	avresti definito
3	definirebbe	avrebbe definito
1	definiremmo	avremmo definito
2	definireste	avreste definito
3	definirebbero	avrebbero definito

IMPERATIVO

definisci
definisca
definiamo
definite
definiscano

SUBJUNTIVO

	PRESENTE	PRET. IMPERFECTO	PRET. PLUSCUAMPERFECTO
1	definisca	definissi	avessi definito
2	definisca	definissi	avessi definito
3	definisca	definisse	avesse definito
1	definiamo	definissimo	avessimo definito
2	definiate	definiste	aveste definito
3	definiscano	definissero	avessero definito

PRET. PERFECTO
abbia definito etc.

INFINITIVO SIMPLE	GERUNDIO	PARTICIPIO PASADO
definire	definendo	definito

INFINITIVO COMPUESTO
aver(e) definito

DESCRIVERE
68
describir

INDICATIVO

PRESENTE	PRET. IMPERFECTO	PRET. PLUSCUAMPERFECTO
1 descrivo	descrivevo	avevo descritto
2 descrivi	descrivevi	avevi descritto
3 descrive	descriveva	aveva descritto
1 descriviamo	descrivevamo	avevamo descritto
2 descrivete	descrivevate	avevate descritto
3 descrivono	descrivevano	avevano descritto

PRET. PERF. SIMPLE	PRET. PERF. COMPUESTO	FUTURO IMPERFECTO
1 descrissi	ho descritto	descriverò
2 descrivesti	hai descritto	descriverai
3 descrisse	ha descritto	descriverà
1 descrivemmo	abbiamo descritto	descriveremo
2 descriveste	avete descritto	descriverete
3 descrissero	hanno descritto	descriveranno

PRETÉRITO ANTERIOR		FUTURO PERFECTO
ebbi descritto etc.		avrò descritto etc.

CONDICIONAL

SIMPLE	COMPUESTO
1 descriverei	avrei descritto
2 descriveresti	avresti descritto
3 descriverebbe	avrebbe descritto
1 descriveremmo	avremmo descritto
2 descrivereste	avreste descritto
3 descriverebbero	avrebbero descritto

IMPERATIVO

descrivi
descriva
descriviamo
descrivete
descrivano

SUBJUNTIVO

PRESENTE	PRET. IMPERFECTO	PRET. PLUSCUAMPERFECTO
1 descriva	descrivessi	avessi descritto
2 descriva	descrivessi	avessi descritto
3 descriva	descrivesse	avesse descritto
1 descriviamo	descrivessimo	avessimo descritto
2 descriviate	descriveste	aveste descritto
3 descrivano	descrivessero	avessero descritto

PRET. PERFECTO
abbia descritto etc.

INFINITIVO SIMPLE	GERUNDIO	PARTICIPIO PASADO
descrivere	descrivendo	descritto
INFINITIVO COMPUESTO		
aver(e) descritto		

INDICATIVO

	PRESENTE	PRET. IMPERFECTO	PRET. PLUSCUAMPERFECTO
1	desidero	desideravo	avevo desiderato
2	desideri	desideravi	avevi desiderato
3	desidera	desiderava	aveva desiderato
1	desideriamo	desideravamo	avevamo desiderato
2	desiderate	desideravate	avevate desiderato
3	desiderano	desideravano	avevano desiderato

	PRET. PERF. SIMPLE	PRET. PERF. COMPUESTO	FUTURO IMPERFECTO
1	desiderai	ho desiderato	desidererò
2	desiderasti	hai desiderato	desidererai
3	desiderò	ha desiderato	desidererà
1	desiderammo	abbiamo desiderato	desidereremo
2	desideraste	avete desiderato	desidererete
3	desiderarono	hanno desiderato	desidereranno

PRETÉRITO ANTERIOR
ebbi desiderato etc.

FUTURO PERFECTO
avrò desiderato etc.

CONDICIONAL

	SIMPLE	COMPUESTO
1	desidererei	avrei desiderato
2	desidereresti	avresti desiderato
3	desidererebbe	avrebbe desiderato
1	desidereremmo	avremmo desiderato
2	desiderereste	avreste desiderato
3	desidererebbero	avrebbero desiderato

IMPERATIVO

desidera
desideri
desideriamo
desiderate
desiderino

SUBJUNTIVO

	PRESENTE	PRET. IMPERFECTO	PRET. PLUSCUAMPERFECTO
1	desideri	desiderassi	avessi desiderato
2	desideri	desiderassi	avessi desiderato
3	desideri	desiderasse	avesse desiderato
1	desideriamo	desiderassimo	avessimo desiderato
2	desideriate	desideraste	aveste desiderato
3	desiderino	desiderassero	avessero desiderato

PRET. PERFECTO
abbia desiderato etc.

INFINITIVO SIMPLE	GERUNDIO	PARTICIPIO PASADO
desiderare	desiderando	desiderato

INFINITIVO COMPUESTO
aver(e) desiderato

DIFENDERE
70 *defender*

INDICATIVO

	PRESENTE	PRET. IMPERFECTO	PRET. PLUSCUAMPERFECTO
1	difendo	difendevo	avevo difeso
2	difendi	difendevi	avevi difeso
3	difende	difendeva	aveva difeso
1	difendiamo	difendevamo	avevamo difeso
2	difendete	difendevate	avevate difeso
3	difendono	difendevano	avevano difeso

	PRET. PERF. SIMPLE	PRET. PERF. COMPUESTO	FUTURO IMPERFECTO
1	difesi	ho difeso	difenderò
2	difendesti	hai difeso	difenderai
3	difese	ha difeso	difenderà
1	difendemmo	abbiamo difeso	difenderemo
2	difendeste	avete difeso	difenderete
3	difesero	hanno difeso	difenderanno

PRETÉRITO ANTERIOR
ebbi difeso etc.

FUTURO PERFECTO
avrò difeso etc.

CONDICIONAL

	SIMPLE	COMPUESTO
1	difenderei	avrei difeso
2	difenderesti	avresti difeso
3	difenderebbe	avrebbe difeso
1	difenderemmo	avremmo difeso
2	difendereste	avreste difeso
3	difenderebbero	avrebbero difeso

IMPERATIVO

difendi
difenda
difendiamo
difendete
difendano

SUBJUNTIVO

	PRESENTE	PRET. IMPERFECTO	PRET. PLUSCUAMPERFECTO
1	difenda	difendessi	avessi difeso
2	difenda	difendessi	avessi difeso
3	difenda	difendesse	avesse difeso
1	difendiamo	difendessimo	avessimo difeso
2	difendiate	difendeste	aveste difeso
3	difendano	difendessero	avessero difeso

PRET. PERFECTO
abbia difeso etc.

INFINITIVO SIMPLE	GERUNDIO	PARTICIPIO PASADO
difendere	difendendo	difeso

INFINITIVO COMPUESTO
aver(e) difeso

DIFFONDERE
71
difundir, divulgar

INDICATIVO

PRESENTE	PRET. IMPERFECTO	PRET. PLUSCUAMPERFECTO
1 diffondo	diffondevo	avevo diffuso
2 diffondi	diffondevi	avevi diffuso
3 diffonde	diffondeva	aveva diffuso
1 diffondiamo	diffondevamo	avevamo diffuso
2 diffondete	diffondevate	avevate diffuso
3 diffondono	diffondevano	avevano diffuso

PRET. PERF. SIMPLE	PRET. PERF. COMPUESTO	FUTURO IMPERFECTO
1 diffusi	ho diffuso	diffonderò
2 diffondesti	hai diffuso	diffonderai
3 diffuse	ha diffuso	diffonderà
1 diffondemmo	abbiamo diffuso	diffonderemo
2 diffondeste	avete diffuso	diffonderete
3 diffusero	hanno diffuso	diffonderanno

PRETÉRITO ANTERIOR
ebbi diffuso etc.

FUTURO PERFECTO
avrò diffuso etc.

CONDICIONAL

SIMPLE	COMPUESTO
1 diffonderei	avrei diffuso
2 diffonderesti	avresti diffuso
3 diffonderebbe	avrebbe diffuso
1 diffonderemmo	avremmo diffuso
2 diffondereste	avreste diffuso
3 diffonderebbero	avrebbero diffuso

IMPERATIVO

diffondi
diffonda
diffondiamo
diffondete
diffondano

SUBJUNTIVO

PRESENTE	PRET. IMPERFECTO	PRET. PLUSCUAMPERFECTO
1 diffonda	diffondessi	avessi diffuso
2 diffonda	diffondessi	avessi diffuso
3 diffonda	diffondesse	avesse diffuso
1 diffondiamo	diffondessimo	avessimo diffuso
2 diffondiate	diffondeste	aveste diffuso
3 diffondano	diffondessero	avessero diffuso

PRET. PERFECTO
abbia diffuso etc.

INFINITIVO SIMPLE
diffondere
INFINITIVO COMPUESTO
aver(e) diffuso

GERUNDIO
diffondendo

PARTICIPIO PASADO
diffuso

DIMENTICARE
72 *olvidar*

INDICATIVO

	PRESENTE	PRET. IMPERFECTO	PRET. PLUSCUAMPERFECTO
1	dimentico	dimenticavo	avevo dimenticato
2	dimentichi	dimenticavi	avevi dimenticato
3	dimentica	dimenticava	aveva dimenticato
1	dimentichiamo	dimenticavamo	avevamo dimenticato
2	dimenticate	dimenticavate	avevate dimenticato
3	dimenticano	dimenticavano	avevano dimenticato

	PRET. PERF. SIMPLE	PRET. PERF. COMPUESTO	FUTURO IMPERFECTO
1	dimenticai	ho dimenticato	dimenticherò
2	dimenticasti	hai dimenticato	dimenticherai
3	dimenticò	ha dimenticato	dimenticherà
1	dimenticammo	abbiamo dimenticato	dimenticheremo
2	dimenticaste	avete dimenticato	dimenticherete
3	dimenticarono	hanno dimenticato	dimenticheranno

PRETÉRITO ANTERIOR
ebbi dimenticato etc.

FUTURO PERFECTO
avrò dimenticato etc.

CONDICIONAL

	SIMPLE	COMPUESTO
1	dimenticherei	avrei dimenticato
2	dimenticheresti	avresti dimenticato
3	dimenticherebbe	avrebbe dimenticato
1	dimenticheremmo	avremmo dimenticato
2	dimentichereste	avreste dimenticato
3	dimenticherebbero	avrebbero dimenticato

IMPERATIVO

dimentica
dimentichi
dimentichiamo
dimenticate
dimentichino

SUBJUNTIVO

	PRESENTE	PRET. IMPERFECTO	PRET. PLUSCUAMPERFECTO
1	dimentichi	dimenticassi	avessi dimenticato
2	dimentichi	dimenticassi	avessi dimenticato
3	dimentichi	dimenticasse	avesse dimenticato
1	dimentichiamo	dimenticassimo	avessimo dimenticato
2	dimentichiate	dimenticaste	aveste dimenticato
3	dimentichino	dimenticassero	avessero dimenticato

PRET. PERFECTO
abbia dimenticato etc.

INFINITIVO SIMPLE	GERUNDIO	PARTICIPIO PASADO
dimenticare	dimenticando	dimenticato

INFINITIVO COMPUESTO
aver(e) dimenticato

INDICATIVO

	PRESENTE	PRET. IMPERFECTO	PRET. PLUSCUAMPERFECTO
1	dipendo	dipendevo	ero dipeso/a
2	dipendi	dipendevi	eri dipeso/a
3	dipende	dipendeva	era dipeso/a
1	dipendiamo	dipendevamo	eravamo dipesi/e
2	dipendete	dipendevate	eravate dipesi/e
3	dipendono	dipendevano	erano dipesi/e

	PRET. PERF. SIMPLE	PRET. PERF. COMPUESTO	FUTURO IMPERFECTO
1	dipesi	sono dipeso/a	dipenderò
2	dipendesti	sei dipeso/a	dipenderai
3	dipese	è dipeso/a	dipenderà
1	dipendemmo	siamo dipesi/e	dipenderemo
2	dipendeste	siete dipesi/e	dipenderete
3	dipesero	sono dipesi/e	dipenderanno

PRETÉRITO ANTERIOR
fui dipeso/a etc.

FUTURO PERFECTO
sarò dipeso/a etc.

CONDICIONAL

	SIMPLE	COMPUESTO
1	dipenderei	sarei dipeso/a
2	dipenderesti	saresti dipeso/a
3	dipenderebbe	sarebbe dipeso/a
1	dipenderemmo	saremmo dipesi/e
2	dipendereste	sareste dipesi/e
3	dipenderebbero	sarebbero dipesi/e

IMPERATIVO

dipendi
dipenda
dipendiamo
dipendete
dipendano

SUBJUNTIVO

	PRESENTE	PRET. IMPERFECTO	PRET. PLUSCUAMPERFECTO
1	dipenda	dipendessi	fossi dipeso/a
2	dipenda	dipendessi	fossi dipeso/a
3	dipenda	dipendesse	fosse dipeso/a
1	dipendiamo	dipendessimo	fossimo dipesi/e
2	dipendiate	dipendeste	foste dipesi/e
3	dipendano	dipendessero	fossero dipesi/e

PRET. PERFECTO
sia dipeso/a etc.

INFINITIVO SIMPLE	**GERUNDIO**	**PARTICIPIO PASADO**
dipendere	dipendendo	dipeso/a/i/e

INFINITIVO COMPUESTO
esser(e) dipeso/a/i/e

DIPINGERE
74 *pintar*

INDICATIVO

PRESENTE	PRET. IMPERFECTO	PRET. PLUSCUAMPERFECTO
1 dipingo	dipingevo	avevo dipinto
2 dipingi	dipingevi	avevi dipinto
3 dipinge	dipingeva	aveva dipinto
1 dipingiamo	dipingevamo	avevamo dipinto
2 dipingete	dipingevate	avevate dipinto
3 dipingono	dipingevano	avevano dipinto

PRET. PERF. SIMPLE	PRET. PERF. COMPUESTO	FUTURO IMPERFECTO
1 dipinsi	ho dipinto	dipingerò
2 dipingesti	hai dipinto	dipingerai
3 dipinse	ha dipinto	dipingerà
1 dipingemmo	abbiamo dipinto	dipingeremo
2 dipingeste	avete dipinto	dipingerete
3 dipinsero	hanno dipinto	dipingeranno

PRETÉRITO ANTERIOR	FUTURO PERFECTO
ebbi dipinto etc.	avrò dipinto etc.

CONDICIONAL   IMPERATIVO

SIMPLE	COMPUESTO	
1 dipingerei	avrei dipinto	
2 dipingeresti	avresti dipinto	dipingi
3 dipingerebbe	avrebbe dipinto	dipinga
1 dipingeremmo	avremmo dipinto	dipingiamo
2 dipingereste	avreste dipinto	dipingete
3 dipingerebbero	avrebbero dipinto	dipingano

SUBJUNTIVO

PRESENTE	PRET. IMPERFECTO	PRET. PLUSCUAMPERFECTO
1 dipinga	dipingessi	avessi dipinto
2 dipinga	dipingessi	avessi dipinto
3 dipinga	dipingesse	avesse dipinto
1 dipingiamo	dipingessimo	avessimo dipinto
2 dipingiate	dipingeste	aveste dipinto
3 dipingano	dipingessero	avessero dipinto

PRET. PERFECTO
abbia dipinto etc.

INFINITIVO SIMPLE	GERUNDIO	PARTICIPIO PASADO
dipingere	dipingendo	dipinto

INFINITIVO COMPUESTO
aver(e) dipinto

INDICATIVO

PRESENTE	PRET. IMPERFECTO	PRET. PLUSCUAMPERFECTO
1 dico	dicevo	avevo detto
2 dici	dicevi	avevi detto
3 dice	diceva	aveva detto
1 diciamo	dicevamo	avevamo detto
2 dite	dicevate	avevate detto
3 dicono	dicevano	avevano detto

PRET. PERF. SIMPLE	PRET. PERF. COMPUESTO	FUTURO IMPERFECTO
1 dissi	ho detto	dirò
2 dicesti	hai detto	dirai
3 disse	ha detto	dirà
1 dicemmo	abbiamo detto	diremo
2 diceste	avete detto	direte
3 dissero	hanno detto	diranno

PRETÉRITO ANTERIOR		FUTURO PERFECTO
ebbi detto etc.		avrò detto etc.

CONDICIONAL

SIMPLE	COMPUESTO
1 direi	avrei detto
2 diresti	avresti detto
3 direbbe	avrebbe detto
1 diremmo	avremmo detto
2 direste	avreste detto
3 direbbero	avrebbero detto

IMPERATIVO

di' o dì
dica
diciamo
dite
dicano

SUBJUNTIVO

PRESENTE	PRET. IMPERFECTO	PRET. PLUSCUAMPERFECTO
1 dica	dicessi	avessi detto
2 dica	dicessi	avessi detto
3 dica	dicesse	avesse detto
1 diciamo	dicessimo	avessimo detto
2 diciate	diceste	aveste detto
3 dicano	dicessero	avessero detto

PRET. PERFECTO
abbia detto etc.

INFINITIVO SIMPLE	GERUNDIO	PARTICIPIO PASADO
dire	dicendo	detto

INFINITIVO COMPUESTO
aver(e) detto

DIRIGERE
76 *dirigir*

INDICATIVO

	PRESENTE	PRET. IMPERFECTO	PRET. PLUSCUAMPERFECTO
1	dirigo	dirigevo	avevo diretto
2	dirigi	dirigevi	avevi diretto
3	dirige	dirigeva	aveva diretto
1	dirigiamo	dirigevamo	avevamo diretto
2	dirigete	dirigevate	avevate diretto
3	dirigono	dirigevano	avevano diretto

	PRET. PERF. SIMPLE	PRET. PERF. COMPUESTO	FUTURO IMPERFECTO
1	diressi	ho diretto	dirigerò
2	dirigesti	hai diretto	dirigerai
3	diresse	ha diretto	dirigerà
1	dirigemmo	abbiamo diretto	dirigeremo
2	dirigeste	avete diretto	dirigerete
3	diressero	hanno diretto	dirigeranno

PRETÉRITO ANTERIOR	FUTURO PERFECTO
ebbi diretto etc.	avrò diretto etc.

CONDICIONAL

	SIMPLE	COMPUESTO
1	dirigerei	avrei diretto
2	dirigeresti	avresti diretto
3	dirigerebbe	avrebbe diretto
1	dirigeremmo	avremmo diretto
2	dirigereste	avreste diretto
3	dirigerebbero	avrebbero diretto

IMPERATIVO

2	dirigi
3	diriga
1	dirigiamo
2	dirigete
3	dirigano

SUBJUNTIVO

	PRESENTE	PRET. IMPERFECTO	PRET. PLUSCUAMPERFECTO
1	diriga	dirigessi	avessi diretto
2	diriga	dirigessi	avessi diretto
3	diriga	dirigesse	avesse diretto
1	dirigiamo	dirigessimo	avessimo diretto
2	dirigiate	dirigeste	aveste diretto
3	dirigano	dirigessero	avessero diretto

PRET. PERFECTO
abbia diretto etc.

INFINITIVO SIMPLE	GERUNDIO	PARTICIPIO PASADO
dirigere	dirigendo	diretto
INFINITIVO COMPUESTO		
aver(e) diretto		

INDICATIVO

PRESENTE	PRET. IMPERFECTO	PRET. PLUSCUAMPERFECTO
1 discuto	discutevo	avevo discusso
2 discuti	discutevi	avevi discusso
3 discute	discuteva	aveva discusso
1 discutiamo	discutevamo	avevamo discusso
2 discutete	discutevate	avevate discusso
3 discutono	discutevano	avevano discusso

PRET. PERF. SIMPLE	PRET. PERF. COMPUESTO	FUTURO IMPERFECTO
1 discussi	ho discusso	discuterò
2 discutesti	hai discusso	discuterai
3 discusse	ha discusso	discuterà
1 discutemmo	abbiamo discusso	discuteremo
2 discuteste	avete discusso	discuterete
3 discussero	hanno discusso	discuteranno

PRETÉRITO ANTERIOR		FUTURO PERFECTO
ebbi discusso etc.		avrò discusso etc.

CONDICIONAL

SIMPLE	COMPUESTO
1 discuterei	avrei discusso
2 discuteresti	avresti discusso
3 discuterebbe	avrebbe discusso
1 discuteremmo	avremmo discusso
2 discutereste	avreste discusso
3 discuterebbero	avrebbero discusso

IMPERATIVO

discuti
discuta
discutiamo
discutete
discutano

SUBJUNTIVO

PRESENTE	PRET. IMPERFECTO	PRET. PLUSCUAMPERFECTO
1 discuta	discutessi	avessi discusso
2 discuta	discutessi	avessi discusso
3 discuta	discutesse	avesse discusso
1 discutiamo	discutessimo	avessimo discusso
2 discutiate	discuteste	aveste discusso
3 discutano	discutessero	avessero discusso

PRET. PERFECTO
abbia discusso etc.

INFINITIVO SIMPLE	GERUNDIO	PARTICIPIO PASADO
discutere	discutendo	discusso

INFINITIVO COMPUESTO
aver(e) discusso

DISTINGUERE
78 *distinguir*

INDICATIVO

	PRESENTE	PRET. IMPERFECTO	PRET. PLUSCUAMPERFECTO
1	distinguo	distinguevo	avevo distinto
2	distingui	distinguevi	avevi distinto
3	distingue	distingueva	aveva distinto
1	distinguiamo	distinguevamo	avevamo distinto
2	distinguete	distinguevate	avevate distinto
3	distinguono	distinguevano	avevano distinto

	PRET. PERF. SIMPLE	PRET. PERF. COMPUESTO	FUTURO IMPERFECTO
1	distinsi	ho distinto	distinguerò
2	distinguesti	hai distinto	distinguerai
3	distinse	ha distinto	distinguerà
1	distinguemmo	abbiamo distinto	distingueremo
2	distingueste	avete distinto	distinguerete
3	distinsero	hanno distinto	distingueranno

PRETÉRITO ANTERIOR	FUTURO PERFECTO
ebbi distinto etc.	avrò distinto etc.

CONDICIONAL

	SIMPLE	COMPUESTO
1	distinguerei	avrei distinto
2	distingueresti	avresti distinto
3	distinguerebbe	avrebbe distinto
1	distingueremmo	avremmo distinto
2	distinguereste	avreste distinto
3	distinguerebbero	avrebbero distinto

IMPERATIVO

distingui
distingua
distinguiamo
distinguete
distinguano

SUBJUNTIVO

	PRESENTE	PRET. IMPERFECTO	PRET. PLUSCUAMPERFECTO
1	distingua	distinguessi	avessi distinto
2	distingua	distinguessi	avessi distinto
3	distingua	distinguesse	avesse distinto
1	distinguiamo	distinguessimo	avessimo distinto
2	distinguiate	distingueste	aveste distinto
3	distinguano	distinguessero	avessero distinto

PRET. PERFECTO
abbia distinto etc.

INFINITIVO SIMPLE	GERUNDIO	PARTICIPIO PASADO
distinguere	distinguendo	distinto
INFINITIVO COMPUESTO		
aver(e) distinto		

INDICATIVO

	PRESENTE	**PRET. IMPERFECTO**	**PRET. PLUSCUAMPERFECTO**
1	distruggo	distruggevo	avevo distrutto
2	distruggi	distruggevi	avevi distrutto
3	distrugge	distruggeva	aveva distrutto
1	distruggiamo	distruggevamo	avevamo distrutto
2	distruggete	distruggevate	avevate distrutto
3	distruggono	distruggevano	avevano distrutto

	PRET. PERF. SIMPLE	**PRET. PERF. COMPUESTO**	**FUTURO IMPERFECTO**
1	distrussi	ho distrutto	distruggerò
2	distruggesti	hai distrutto	distruggerai
3	distrusse	ha distrutto	distruggerà
1	distruggemmo	abbiamo distrutto	distruggeremo
2	distruggeste	avete distrutto	distruggerete
3	distrussero	hanno distrutto	distruggeranno

PRETÉRITO ANTERIOR
ebbi distrutto etc.

FUTURO PERFECTO
avrò distrutto etc.

CONDICIONAL

	SIMPLE	**COMPUESTO**
1	distruggerei	avrei distrutto
2	distruggeresti	avresti distrutto
3	distruggerebbe	avrebbe distrutto
1	distruggeremmo	avremmo distrutto
2	distruggereste	avreste distrutto
3	distruggerebbero	avrebbero distrutto

IMPERATIVO

distruggi
distrugga
distruggiamo
distruggete
distruggano

SUBJUNTIVO

	PRESENTE	**PRET. IMPERFECTO**	**PRET. PLUSCUAMPERFECTO**
1	distrugga	distruggessi	avessi distrutto
2	distrugga	distruggessi	avessi distrutto
3	distrugga	distruggesse	avesse distrutto
1	distruggiamo	distruggessimo	avessimo distrutto
2	distruggiate	distruggeste	aveste distrutto
3	distruggano	distruggessero	avessero distrutto

PRET. PERFECTO
abbia distrutto etc.

INFINITIVO SIMPLE	**GERUNDIO**	**PARTICIPIO PASADO**
distruggere	distruggendo	distrutto

INFINITIVO COMPUESTO
aver(e) distrutto

DIVENTARE
80
ponerse, volverse, convertirse

INDICATIVO

PRESENTE	PRET. IMPERFECTO	PRET. PLUSCUAMPERFECTO
1 divento	diventavo	ero diventato/a
2 diventi	diventavi	eri diventato/a
3 diventa	diventava	era diventato/a
1 diventiamo	diventavamo	eravamo diventati/e
2 diventate	diventavate	eravate diventati/e
3 diventano	diventavano	erano diventati/e

PRET. PERF. SIMPLE	PRET. PERF. COMPUESTO	FUTURO IMPERFECTO
1 diventai	sono diventato/a	diventerò
2 diventasti	sei diventato/a	diventerai
3 diventò	è diventato/a	diventerà
1 diventammo	siamo diventati/e	diventeremo
2 diventaste	siete diventati/e	diventerete
3 diventarono	sono diventati/e	diventeranno

PRETÉRITO ANTERIOR		FUTURO PERFECTO
fui diventato/a etc.		sarò diventato/a etc.

CONDICIONAL

SIMPLE	COMPUESTO	IMPERATIVO
1 diventerei	sarei diventato/a	
2 diventeresti	saresti diventato/a	diventa
3 diventerebbe	sarebbe diventato/a	diventi
1 diventeremmo	saremmo diventati/e	diventiamo
2 diventereste	sareste diventati/e	diventate
3 diventerebbero	sarebbero diventati/e	diventino

SUBJUNTIVO

PRESENTE	PRET. IMPERFECTO	PRET. PLUSCUAMPERFECTO
1 diventi	diventassi	fossi diventato/a
2 diventi	diventassi	fossi diventato/a
3 diventi	diventasse	fosse diventato/a
1 diventiamo	diventassimo	fossimo diventati/e
2 diventiate	diventaste	foste diventati/e
3 diventino	diventassero	fossero diventati/e

PRET. PERFECTO
sia diventato/a etc.

INFINITIVO SIMPLE	GERUNDIO	PARTICIPIO PASADO
diventare	diventando	diventato/a/i/e

INFINITIVO COMPUESTO
esser(e) diventato/a/i/e

INDICATIVO

	PRESENTE	**PRET. IMPERFECTO**	**PRET. PLUSCUAMPERFECTO**
1	mi diverto	mi divertivo	mi ero divertito/a
2	ti diverti	ti divertivi	ti eri divertito/a
3	si diverte	si divertiva	si era divertito/a
1	ci divertiamo	ci divertivamo	ci eravamo divertiti/e
2	vi divertite	vi divertivate	vi eravate divertiti/e
3	si divertono	si divertivano	si erano divertiti/e

	PRET. PERF. SIMPLE	**PRET. PERF. COMPUESTO**	**FUTURO IMPERFECTO**
1	mi divertii	mi sono divertito/a	mi divertirò
2	ti divertisti	ti sei divertito/a	ti divertirai
3	si divertì	si è divertito/a	si divertirà
1	ci divertimmo	ci siamo divertiti/e	ci divertiremo
2	vi divertiste	vi siete divertiti/e	vi divertirete
3	si divertirono	si sono divertiti/e	si divertiranno

PRETÉRITO ANTERIOR	**FUTURO PERFECTO**
mi fui divertito/a etc.	mi sarò divertito/a etc.

CONDICIONAL

	SIMPLE	**COMPUESTO**
1	mi divertirei	mi sarei divertito/a
2	ti divertiresti	ti saresti divertito/a
3	si divertirebbe	si sarebbe divertito/a
1	ci divertiremmo	ci saremmo divertiti/e
2	vi divertireste	vi sareste divertiti/e
3	si divertirebbero	si sarebbero divertiti/e

IMPERATIVO

divertiti
si diverta
divertiamoci
divertitevi
si divertano

SUBJUNTIVO

	PRESENTE	**PRET. IMPERFECTO**	**PRET. PLUSCUAMPERFECTO**
1	mi diverta	mi divertissi	mi fossi divertito/a
2	ti diverta	ti divertissi	ti fossi divertito/a
3	si diverta	si divertisse	si fosse divertito/a
1	ci divertiamo	ci divertissimo	ci fossimo divertiti/e
2	vi divertiate	vi divertiste	vi foste divertiti/e
3	si divertano	si divertissero	si fossero divertiti/e

PRET. PERFECTO
mi sia divertito/a etc.

INFINITIVO SIMPLE	**GERUNDIO**	**PARTICIPIO PASADO**
divertirsi	divertendomi etc.	divertito/a/i/e

INFINITIVO COMPUESTO
essersi divertito/a/i/e

DIVIDERE
82
dividir, repartir

INDICATIVO

PRESENTE	PRET. IMPERFECTO	PRET. PLUSCUAMPERFECTO
1 divido	dividevo	avevo diviso
2 dividi	dividevi	avevi diviso
3 divide	divideva	aveva diviso
1 dividiamo	dividevamo	avevamo diviso
2 dividete	dividevate	avevate diviso
3 dividono	dividevano	avevano diviso

PRET. PERF. SIMPLE	PRET. PERF. COMPUESTO	FUTURO IMPERFECTO
1 divisi	ho diviso	dividerò
2 dividesti	hai diviso	dividerai
3 divise	ha diviso	dividerà
1 dividemmo	abbiamo diviso	divideremo
2 divideste	avete diviso	dividerete
3 divisero	hanno diviso	divideranno

PRETÉRITO ANTERIOR		FUTURO PERFECTO
ebbi diviso etc.		avrò diviso etc.

CONDICIONAL

SIMPLE	COMPUESTO
1 dividerei	avrei diviso
2 divideresti	avresti diviso
3 dividerebbe	avrebbe diviso
1 divideremmo	avremmo diviso
2 dividereste	avreste diviso
3 dividerebbero	avrebbero diviso

IMPERATIVO

dividi
divida
dividiamo
dividete
dividano

SUBJUNTIVO

PRESENTE	PRET. IMPERFECTO	PRET. PLUSCUAMPERFECTO
1 divida	dividessi	avessi diviso
2 divida	dividessi	avessi diviso
3 divida	dividesse	avesse diviso
1 dividiamo	dividessimo	avessimo diviso
2 dividiate	divideste	aveste diviso
3 dividano	dividessero	avessero diviso

PRET. PERFECTO
abbia diviso etc.

INFINITIVO SIMPLE	GERUNDIO	PARTICIPIO PASADO
dividere	dividendo	diviso

INFINITIVO COMPUESTO
aver(e) diviso

INDICATIVO

PRESENTE	PRET. IMPERFECTO	PRET. PLUSCUAMPERFECTO
1 dolgo	dolevo	ero doluto/a
2 duoli	dolevi	eri doluto/a
3 duole	doleva	era doluto/a
1 doliamo/dogliamo	dolevamo	eravamo doluti/e
2 dolete	dolevate	eravate doluti/e
3 dolgono	dolevano	erano doluti/e

PRET. PERF. SIMPLE	PRET. PERF. COMPUESTO	FUTURO IMPERFECTO
1 dolsi	sono doluto/a	dorrò
2 dolesti	sei doluto/a	dorrai
3 dolse	è doluto/a	dorrà
1 dolemmo	siamo doluti/e	dorremo
2 doleste	siete doluti/e	dorrete
3 dolsero	sono doluti/e	dorranno

PRETÉRITO ANTERIOR	FUTURO PERFECTO
fui doluto/a etc.	sarò doluto/a etc.

CONDICIONAL

SIMPLE	COMPUESTO
1 dorrei	sarei doluto/a
2 dorresti	saresti doluto/a
3 dorrebbe	sarebbe doluto/a
1 dorremmo	saremmo doluti/e
2 dorreste	sareste doluti/e
3 dorrebbero	sarebbero doluti/e

IMPERATIVO

duoli
dolga
doliamo/dogliamo
dolete
dolgano

SUBJUNTIVO

PRESENTE	PRET. IMPERFECTO	PRET. PLUSCUAMPERFECTO
1 dolga	dolessi	fossi doluto/a
2 dolga	dolessi	fossi doluto/a
3 dolga	dolesse	fosse doluto/a
1 doliamo/dogliamo	dolessimo	fossimo doluti/e
2 doliate/dogliate	doleste	foste doluti/e
3 dolgano	dolessero	fossero doluti/e

PRET. PERFECTO
sia doluto/a etc.

INFINITIVO SIMPLE	GERUNDIO	PARTICIPIO PASADO
dolere	dolendo	doluto/a/i/e

INFINITIVO COMPUESTO
esser(e) doluto/a/i/e

NOTA: **dolere** también se conjuga con el auxiliar *avere*.

DOMANDARE
84 *pedir*

INDICATIVO

PRESENTE	PRET. IMPERFECTO	PRET. PLUSCUAMPERFECTO
1 domando	domandavo	avevo domandato
2 domandi	domandavi	avevi domandato
3 domanda	domandava	aveva domandato
1 domandiamo	domandavamo	avevamo domandato
2 domandate	domandavate	avevate domandato
3 domandano	domandavano	avevano domandato

PRET. PERF. SIMPLE	PRET. PERF. COMPUESTO	FUTURO IMPERFECTO
1 domandai	ho domandato	domanderò
2 domandasti	hai domandato	domanderai
3 domandò	ha domandato	domanderà
1 domandammo	abbiamo domandato	domanderemo
2 domandaste	avete domandato	domanderete
3 domandarono	hanno domandato	domanderanno

PRETÉRITO ANTERIOR		FUTURO PERFECTO
ebbi domandato etc.		avrò domandato etc.

CONDICIONAL

IMPERATIVO

SIMPLE	COMPUESTO	
1 domanderei	avrei domandato	
2 domanderesti	avresti domandato	domanda
3 domanderebbe	avrebbe domandato	domandi
1 domanderemmo	avremmo domandato	domandiamo
2 domandereste	avreste domandato	domandate
3 domanderebbero	avrebbero domandato	domandino

SUBJUNTIVO

PRESENTE	PRET. IMPERFECTO	PRET. PLUSCUAMPERFECTO
1 domandi	domandassi	avessi domandato
2 domandi	domandassi	avessi domandato
3 domandi	domandasse	avesse domandato
1 domandiamo	domandassimo	avessimo domandato
2 domandiate	domandaste	aveste domandato
3 domandino	domandassero	avessero domandato

PRET. PERFECTO		
abbia domandato etc.		

INFINITIVO SIMPLE	GERUNDIO	PARTICIPIO PASADO
domandare	domandando	domandato
INFINITIVO COMPUESTO		
aver(e) domandatoo		

INDICATIVO

PRESENTE	PRET. IMPERFECTO	PRET. PLUSCUAMPERFECTO
1 dormo	dormivo	avevo dormito
2 dormi	dormivi	avevi dormito
3 dorme	dormiva	aveva dormito
1 dormiamo	dormivamo	avevamo dormito
2 dormite	dormivate	avevate dormito
3 dormono	dormivano	avevano dormito

PRET. PERF. SIMPLE	PRET. PERF. COMPUESTO	FUTURO IMPERFECTO
1 dormii	ho dormito	dormirò
2 dormisti	hai dormito	dormirai
3 dormì	ha dormito	dormirà
1 dormimmo	abbiamo dormito	dormiremo
2 dormiste	avete dormito	dormirete
3 dormirono	hanno dormito	dormiranno

PRETÉRITO ANTERIOR		FUTURO PERFECTO
ebbi dormito etc.		avrò dormito etc.

CONDICIONAL

IMPERATIVO

SIMPLE	COMPUESTO	
1 dormirei	avrei dormito	
2 dormiresti	avresti dormito	dormi
3 dormirebbe	avrebbe dormito	dorma
1 dormiremmo	avremmo dormito	dormiamo
2 dormireste	avreste dormito	dormite
3 dormirebbero	avrebbero dormito	dormano

SUBJUNTIVO

PRESENTE	PRET. IMPERFECTO	PRET. PLUSCUAMPERFECTO
1 dorma	dormissi	avessi dormito
2 dorma	dormissi	avessi dormito
3 dorma	dormisse	avesse dormito
1 dormiamo	dormissimo	avessimo dormito
2 dormiate	dormiste	aveste dormito
3 dormano	dormissero	avessero dormito

PRET. PERFECTO
abbia dormito etc.

INFINITIVO SIMPLE	GERUNDIO	PARTICIPIO PASADO
dormire	dormendo	dormito

INFINITIVO COMPUESTO
aver(e) dormito

DOVERE
86
tener que, deber

INDICATIVO

PRESENTE	PRET. IMPERFECTO	PRET. PLUSCUAMPERFECTO
1 devo/debbo	dovevo	avevo dovuto
2 devi	dovevi	avevi dovuto
3 deve	doveva	aveva dovuto
1 dobbiamo	dovevamo	avevamo dovuto
2 dovete	dovevate	avevate dovuto
3 devono/debbono	dovevano	avevano dovuto

PRET. PERF. SIMPLE	PRET. PERF. COMPUESTO	FUTURO IMPERFECTO
1 dovei/dovetti	ho dovuto	dovrò
2 dovesti	hai dovuto	dovrai
3 dové/dovette	ha dovuto	dovrà
1 dovemmo	abbiamo dovuto	dovremo
2 doveste	avete dovuto	dovrete
3 doverono/dovettero	hanno dovuto	dovranno

PRETÉRITO ANTERIOR
ebbi dovuto etc.

FUTURO PERFECTO
avrò dovuto etc.

CONDICIONAL

SIMPLE	COMPUESTO
1 dovrei	avrei dovuto
2 dovresti	avresti dovuto
3 dovrebbe	avrebbe dovuto
1 dovremmo	avremmo dovuto
2 dovreste	avreste dovuto
3 dovrebbero	avrebbero dovuto

IMPERATIVO

SUBJUNTIVO

PRESENTE	PRET. IMPERFECTO	PRET. PLUSCUAMPERFECTO
1 deva/debba	dovessi	avessi dovuto
2 deva/debba	dovessi	avessi dovuto
3 deva/debba	dovesse	avesse dovuto
1 dobbiamo	dovessimo	avessimo dovuto
2 dobbiate	doveste	aveste dovuto
3 devano/debbano	dovessero	avessero dovuto

PRET. PERFECTO
abbia dovuto etc.

INFINITIVO SIMPLE	GERUNDIO	PARTICIPIO PASADO
dovere	dovendo	dovuto

INFINITIVO COMPUESTO
aver(e) dovuto

NOTA: en los tiempos compuestos, **dovere** se conjuga según el auxiliar del verbo al que complementa, p. ej.: me tuve que ir = *sono dovuto/a andare*; tuve que leer = *ho dovuto leggere*.

durar, resistir

INDICATIVO

PRESENTE	PRET. IMPERFECTO	PRET. PLUSCUAMPERFECTO
1 duro	duravo	ero durato/a
2 duri	duravi	eri durato/a
3 dura	durava	era durato/a
1 duriamo	duravamo	eravamo durati/e
2 durate	duravate	eravate durati/e
3 durano	duravano	erano durati/e

PRET. PERF. SIMPLE	PRET. PERF. COMPUESTO	FUTURO IMPERFECTO
1 durai	sono durato/a	durerò
2 durasti	sei durato/a	durerai
3 durò	è durato/a	durerà
1 durammo	siamo durati/e	dureremo
2 duraste	siete durati/e	durerete
3 durarono	sono durati/e	dureranno

PRETÉRITO ANTERIOR		FUTURO PERFECTO
fui durato/a etc.		sarò durato/a etc.

CONDICIONAL

IMPERATIVO

SIMPLE	COMPUESTO	
1 durerei	sarei durato/a	
2 dureresti	saresti durato/a	dura
3 durerebbe	sarebbe durato/a	duri
1 dureremmo	saremmo durati/e	duriamo
2 durereste	sareste durati/e	durate
3 durerebbero	sarebbero durati/e	durano

SUBJUNTIVO

PRESENTE	PRET. IMPERFECTO	PRET. PLUSCUAMPERFECTO
1 duri	durassi	fossi durato/a
2 duri	durassi	fossi durato/a
3 duri	durasse	fosse durato/a
1 duriamo	durassimo	fossimo durati/e
2 duriate	duraste	foste durati/e
3 durino	durassero	fossero durati/e

PRET. PERFECTO
sia durato/a etc.

INFINITIVO SIMPLE	GERUNDIO	PARTICIPIO PASADO
durare	durando	durato/a/i/e

INFINITIVO COMPUESTO
esser(e) durato/a/i/e

NOTA: cuando **durare** significa «resistir» y lleva objeto directo,
se conjuga con el auxiliar *avere*.

EMERGERE
88

emerger, destacar

INDICATIVO

PRESENTE	PRET. IMPERFECTO	PRET. PLUSCUAMPERFECTO
1 emergo	emergevo	ero emerso/a
2 emergi	emergevi	eri emerso/a
3 emerge	emergeva	era emerso/a
1 emergiamo	emergevamo	eravamo emersi/e
2 emergete	emergevate	eravate emersi/e
3 emergono	emergevano	erano emersi/e

PRET. PERF. SIMPLE	PRET. PERF. COMPUESTO	FUTURO IMPERFECTO
1 emersi	sono emerso/a	emergerò
2 emergesti	sei emerso/a	emergerai
3 emerse	è emerso/a	emergerà
1 emergemmo	siamo emersi/e	emergeremo
2 emergeste	siete emersi/e	emergerete
3 emersero	sono emersi/e	emergeranno

PRETÉRITO ANTERIOR		FUTURO PERFECTO
fui emerso/a etc.		sarò emerso/a etc.

CONDICIONAL

IMPERATIVO

SIMPLE	COMPUESTO	
1 emergerei	sarei emerso/a	
2 emergeresti	saresti emerso/a	emergi
3 emergerebbe	sarebbe emerso/a	emerga
1 emergeremmo	saremmo emersi/e	emergiamo
2 emergereste	sareste emersi/e	emergete
3 emergerebbero	sarebbero emersi/e	emergano

SUBJUNTIVO

PRESENTE	PRET. IMPERFECTO	PRET. PLUSCUAMPERFECTO
1 emerga	emergessi	fossi emerso/a
2 emerga	emergessi	fossi emerso/a
3 emerga	emergesse	fosse emerso/a
1 emergiamo	emergessimo	fossimo emersi/e
2 emergiate	emergeste	foste emersi/e
3 emergano	emergessero	fossero emersi/e

PRET. PERFECTO
sia emerso/a etc.

INFINITIVO SIMPLE	GERUNDIO	PARTICIPIO PASADO
emergere	emergendo	emerso/a/i/e

INFINITIVO COMPUESTO
esser(e) emerso/a/i/e

INDICATIVO

PRESENTE	PRET. IMPERFECTO	PRET. PLUSCUAMPERFECTO
1 entro	entravo	ero entrato/a
2 entri	entravi	eri entrato/a
3 entra	entrava	era entrato/a
1 entriamo	entravamo	eravamo entrati/e
2 entrate	entravate	eravate entrati/e
3 entrano	entravano	erano entrati/e

PRET. PERF. SIMPLE	PRET. PERF. COMPUESTO	FUTURO IMPERFECTO
1 entrai	sono entrato/a	entrerò
2 entrasti	sei entrato/a	entrerai
3 entrò	è entrato/a	entrerà
1 entrammo	siamo entrati/e	entreremo
2 entraste	siete entrati/e	entrerete
3 entrarono	sono entrati/e	entreranno

PRETÉRITO ANTERIOR		FUTURO PERFECTO
fui entrato/a etc.		sarò entrato/a etc.

CONDICIONAL

SIMPLE	COMPUESTO
1 entrerei	sarei entrato/a
2 entreresti	saresti entrato/a
3 entrerebbe	sarebbe entrato/a
1 entreremmo	saremmo entrati/e
2 entrereste	sareste entrati/e
3 entrerebbero	sarebbero entrati/e

IMPERATIVO

entra
entri
entriamo
entrate
entrino

SUBJUNTIVO

PRESENTE	PRET. IMPERFECTO	PRET. PLUSCUAMPERFECTO
1 entri	entrassi	fossi entrato/a
2 entri	entrassi	fossi entrato/a
3 entri	entrasse	fosse entrato/a
1 entriamo	entrassimo	fossimo entrati/e
2 entriate	entraste	foste entrati/e
3 entrino	entrassero	fossero entrati/e

PRET. PERFECTO
sia entrato/a etc.

INFINITIVO SIMPLE	GERUNDIO	PARTICIPIO PASADO
entrare	entrando	entrato/a/i/e
INFINITIVO COMPUESTO		
esser(e) entrato/a/i/e		

ESCLUDERE
90
excluir

INDICATIVO

	PRESENTE	PRET. IMPERFECTO	PRET. PLUSCUAMPERFECTO
1	escludo	escludevo	avevo escluso
2	escludi	escludevi	avevi escluso
3	esclude	escludeva	aveva escluso
1	escludiamo	escludevamo	avevamo escluso
2	escludete	escludevate	avevate escluso
3	escludono	escludevano	avevano escluso

	PRET. PERF. SIMPLE	PRET. PERF. COMPUESTO	FUTURO IMPERFECTO
1	esclusi	ho escluso	escluderò
2	escludesti	hai escluso	escluderai
3	escluse	ha escluso	escluderà
1	escludemmo	abbiamo escluso	escluderemo
2	escludeste	avete escluso	escluderete
3	esclusero	hanno escluso	escluderanno

PRETÉRITO ANTERIOR
ebbi escluso etc.

FUTURO PERFECTO
avrò escluso etc.

CONDICIONAL

	SIMPLE	COMPUESTO
1	escluderei	avrei escluso
2	escluderesti	avresti escluso
3	escluderebbe	avrebbe escluso
1	escluderemmo	avremmo escluso
2	escludereste	avreste escluso
3	escluderebbero	avrebbero escluso

IMPERATIVO

escludi
escluda
escludiamo
escludete
escludano

SUBJUNTIVO

	PRESENTE	PRET. IMPERFECTO	PRET. PLUSCUAMPERFECTO
1	escluda	escludessi	avessi escluso
2	escluda	escludessi	avessi escluso
3	escluda	escludesse	avesse escluso
1	escludiamo	escludessimo	avessimo escluso
2	escludiate	escludeste	aveste escluso
3	escludano	escludessero	avessero escluso

PRET. PERFECTO
abbia escluso etc.

INFINITIVO SIMPLE
escludere

GERUNDIO
escludendo

PARTICIPIO PASADO
escluso

INFINITIVO COMPUESTO
aver(e) escluso

INDICATIVO

	PRESENTE	PRET. IMPERFECTO	PRET. PLUSCUAMPERFECTO
1	espello	espellevo	avevo espulso
2	espelli	espellevi	avevi espulso
3	espelle	espelleva	aveva espulso
1	espelliamo	espellevamo	avevamo espulso
2	espellete	espellevate	avevate espulso
3	espellono	espellevano	avevano espulso

	PRET. PERF. SIMPLE	PRET. PERF. COMPUESTO	FUTURO IMPERFECTO
1	espulsi	ho espulso	espellerò
2	espellesti	hai espulso	espellerai
3	espulse	ha espulso	espellerà
1	espellemmo	abbiamo espulso	espelleremo
2	espelleste	avete espulso	espellerete
3	espulsero	hanno espulso	espelleranno

PRETÉRITO ANTERIOR
ebbi espulso etc.

FUTURO PERFECTO
avrò espulso etc.

CONDICIONAL

	SIMPLE	COMPUESTO
1	espellerei	avrei espulso
2	espelleresti	avresti espulso
3	espellerebbe	avrebbe espulso
1	espelleremmo	avremmo espulso
2	espellereste	avreste espulso
3	espellerebbero	avrebbero espulso

IMPERATIVO

espelli
espella
espelliamo
espellete
espellano

SUBJUNTIVO

	PRESENTE	PRET. IMPERFECTO	PRET. PLUSCUAMPERFECTO
1	espella	espellessi	avessi espulso
2	espella	espellessi	avessi espulso
3	espella	espellesse	avesse espulso
1	espelliamo	espellessimo	avessimo espulso
2	espelliate	espelleste	aveste espulso
3	espellano	espellessero	avessero espulso

PRET. PERFECTO
abbia espulso etc.

INFINITIVO SIMPLE	GERUNDIO	PARTICIPIO PASADO
espellere	espellendo	espulso

INFINITIVO COMPUESTO
aver(e) espulso

ESPRIMERE
92 *expresar*

INDICATIVO

PRESENTE	PRET. IMPERFECTO	PRET. PLUSCUAMPERFECTO
1 esprimo	esprimevo	avevo espresso
2 esprimi	esprimevi	avevi espresso
3 esprime	esprimeva	aveva espresso
1 esprimiamo	esprimevamo	avevamo espresso
2 esprimete	esprimevate	avevate espresso
3 esprimono	esprimevano	avevano espresso

PRET. PERF. SIMPLE	PRET. PERF. COMPUESTO	FUTURO IMPERFECTO
1 espressi	ho espresso	esprimerò
2 esprimesti	hai espresso	esprimerai
3 espresse	ha espresso	esprimerà
1 esprimemmo	abbiamo espresso	esprimeremo
2 esprimeste	avete espresso	esprimerete
3 espressero	hanno espresso	esprimeranno

PRETÉRITO ANTERIOR		FUTURO PERFECTO
ebbi espresso etc.		avrò espresso etc.

CONDICIONAL

SIMPLE	COMPUESTO
1 esprimerei	avrei espresso
2 esprimeresti	avresti espresso
3 esprimerebbe	avrebbe espresso
1 esprimeremmo	avremmo espresso
2 esprimereste	avreste espresso
3 esprimerebbero	avrebbero espresso

IMPERATIVO

esprimi
esprima
esprimiamo
esprimete
esprimano

SUBJUNTIVO

PRESENTE	PRET. IMPERFECTO	PRET. PLUSCUAMPERFECTO
1 esprima	esprimessi	avessi espresso
2 esprima	esprimessi	avessi espresso
3 esprima	esprimesse	avesse espresso
1 esprimiamo	esprimessimo	avessimo espresso
2 esprimiate	esprimeste	aveste espresso
3 esprimano	esprimessero	avessero espresso

PRET. PERFECTO
abbia espresso etc.

INFINITIVO SIMPLE	GERUNDIO	PARTICIPIO PASADO
esprimere	esprimendo	espresso
INFINITIVO COMPUESTO		
aver(e) espresso		

INDICATIVO

PRESENTE	PRET. IMPERFECTO	PRET. PLUSCUAMPERFECTO
1 sono	ero	ero stato/a
2 sei	eri	eri stato/a
3 è	era	era stato/a
1 siamo	eravamo	eravamo stati/e
2 siete	eravate	eravate stati/e
3 sono	erano	erano stati/e

PRET. PERF. SIMPLE	PRET. PERF. COMPUESTO	FUTURO IMPERFECTO
1 fui	sono stato/a	sarò
2 fosti	sei stato/a	sarai
3 fu	è stato/a	sarà
1 fummo	siamo stati/e	saremo
2 foste	siete stati/e	sarete
3 furono	sono stati/e	saranno

PRETÉRITO ANTERIOR
fui stato/a etc.

FUTURO PERFECTO
sarò stato/a etc.

CONDICIONAL

SIMPLE	COMPUESTO
1 sarei	sarei stato/a
2 saresti	saresti stato/a
3 sarebbe	sarebbe stato/a
1 saremmo	saremmo stati/e
2 sareste	sareste stati/e
3 sarebbero	sarebbero stati/e

IMPERATIVO

sii
sia
siamo
siate
siano

SUBJUNTIVO

PRESENTE	PRET. IMPERFECTO	PRET. PLUSCUAMPERFECTO
1 sia	fossi	fossi stato/a
2 sia	fossi	fossi stato/a
3 sia	fosse	fosse stato/a
1 siamo	fossimo	fossimo stati/e
2 siate	foste	foste stati/e
3 siano	fossero	fossero stati/e

PRET. PERFECTO
abbia stato/a etc.

INFINITIVO SIMPLE	GERUNDIO	PARTICIPIO PASADO
essere	essendo	stato/a/i/e

INFINITIVO COMPUESTO
esser(e) stato/a/i/e

EVITARE
94 *evitar*

INDICATIVO

PRESENTE	PRET. IMPERFECTO	PRET. PLUSCUAMPERFECTO
1 evito	evitavo	avevo evitato
2 eviti	evitavi	avevi evitato
3 evita	evitava	aveva evitato
1 evitiamo	evitavamo	avevamo evitato
2 evitate	evitavate	avevate evitato
3 evitano	evitavano	avevano evitato

PRET. PERF. SIMPLE	PRET. PERF. COMPUESTO	FUTURO IMPERFECTO
1 evitai	ho evitato	eviterò
2 evitasti	hai evitato	eviterai
3 evitò	ha evitato	eviterà
1 evitammo	abbiamo evitato	eviteremo
2 evitaste	avete evitato	eviterete
3 evitarono	hanno evitato	eviteranno

PRETÉRITO ANTERIOR		FUTURO PERFECTO
ebbi evitato etc.		avrò evitato etc.

CONDICIONAL

SIMPLE	COMPUESTO
1 eviterei	avrei evitato
2 eviteresti	avresti evitato
3 eviterebbe	avrebbe evitato
1 eviteremmo	avremmo evitato
2 evitereste	avreste evitato
3 eviterebbero	avrebbero evitato

IMPERATIVO

evita
eviti
evitiamo
evitate
evitino

SUBJUNTIVO

PRESENTE	PRET. IMPERFECTO	PRET. PLUSCUAMPERFECTO
1 eviti	evitassi	avessi evitato
2 eviti	evitassi	avessi evitato
3 eviti	evitasse	avesse evitato
1 evitiamo	evitassimo	avessimo evitato
2 evitiate	evitaste	aveste evitato
3 evitino	evitassero	avessero evitato

PRET. PERFECTO
abbia evitato etc.

INFINITIVO SIMPLE	GERUNDIO	PARTICIPIO PASADO
evitare	evitando	evitato
INFINITIVO COMPUESTO		
aver(e) evitato		

INDICATIVO

PRESENTE	PRET. IMPERFECTO	PRET. PLUSCUAMPERFECTO
1 faccio	facevo	avevo fatto
2 fai	facevi	avevi fatto
3 fa	faceva	aveva fatto
1 facciamo	facevamo	avevamo fatto
2 fate	facevate	avevate fatto
3 fanno	facevano	avevano fatto

PRET. PERF. SIMPLE	PRET. PERF. COMPUESTO	FUTURO IMPERFECTO
1 feci	ho fatto	farò
2 facesti	hai fatto	farai
3 fece	ha fatto	farà
1 facemmo	abbiamo fatto	faremo
2 faceste	avete fatto	farete
3 fecero	hanno fatto	faranno

PRETÉRITO ANTERIOR		FUTURO PERFECTO
ebbi fatto etc.		avrò fatto etc.

CONDICIONAL

IMPERATIVO

SIMPLE	COMPUESTO	
1 farei	avrei fatto	
2 faresti	avresti fatto	fa/fai/fa'
3 farebbe	avrebbe fatto	faccia
1 faremmo	avremmo fatto	facciamo
2 fareste	avreste fatto	fate
3 farebbero	avrebbero fatto	facciano

SUBJUNTIVO

PRESENTE	PRET. IMPERFECTO	PRET. PLUSCUAMPERFECTO
1 faccia	facessi	avessi fatto
2 faccia	facessi	avessi fatto
3 faccia	facesse	avesse fatto
1 facciamo	facessimo	avessimo fatto
2 facciate	faceste	aveste fatto
3 facciano	facessero	avessero fatto

PRET. PERFECTO
abbia fatto etc.

INFINITIVO SIMPLE	GERUNDIO	PARTICIPIO PASADO
fare	facendo	fatto

INFINITIVO COMPUESTO
aver(e) fatto

FERMARE
96 *parar*

INDICATIVO

	PRESENTE	PRET. IMPERFECTO	PRET. PLUSCUAMPERFECTO
1	fermo	fermavo	avevo fermato
2	fermi	fermavi	avevi fermato
3	ferma	fermava	aveva fermato
1	fermiamo	fermavamo	avevamo fermato
2	fermate	fermavate	avevate fermato
3	fermano	fermavano	avevano fermato

	PRET. PERF. SIMPLE	PRET. PERF. COMPUESTO	FUTURO IMPERFECTO
1	fermai	ho fermato	fermerò
2	fermasti	hai fermato	fermerai
3	fermò	ha fermato	fermerà
1	fermammo	abbiamo fermato	fermeremo
2	fermaste	avete fermato	fermerete
3	fermarono	hanno fermato	fermeranno

PRETÉRITO ANTERIOR	FUTURO PERFECTO
ebbi fermato etc.	avrò fermato etc.

CONDICIONAL

IMPERATIVO

	SIMPLE	COMPUESTO	
1	fermerei	avrei fermato	
2	fermeresti	avresti fermato	ferma
3	fermerebbe	avrebbe fermato	fermi
1	fermeremmo	avremmo fermato	fermiamo
2	fermereste	avreste fermato	fermate
3	fermerebbero	avrebbero fermato	fermino

SUBJUNTIVO

	PRESENTE	PRET. IMPERFECTO	PRET. PLUSCUAMPERFECTO
1	fermi	fermassi	avessi fermato
2	fermi	fermassi	avessi fermato
3	fermi	fermasse	avesse fermato
1	fermiamo	fermassimo	avessimo fermato
2	fermiate	fermaste	aveste fermato
3	fermino	fermassero	avessero fermato

PRET. PERFECTO
abbia fermato etc.

INFINITIVO SIMPLE	GERUNDIO	PARTICIPIO PASADO
fermare	fermando	fermato
INFINITIVO COMPUESTO		
aver(e) fermato		

fingir, simular

INDICATIVO

	PRESENTE	PRET. IMPERFECTO	PRET. PLUSCUAMPERFECTO
1	fingo	fingevo	avevo finto
2	fingi	fingevi	avevi finto
3	finge	fingeva	aveva finto
1	fingiamo	fingevamo	avevamo finto
2	fingete	fingevate	avevate finto
3	fingono	fingevano	avevano finto

	PRET. PERF. SIMPLE	PRET. PERF. COMPUESTO	FUTURO IMPERFECTO
1	finsi	ho finto	fingerò
2	fingesti	hai finto	fingerai
3	finse	ha finto	fingerà
1	fingemmo	abbiamo finto	fingeremo
2	fingeste	avete finto	fingerete
3	finsero	hanno finto	fingeranno

PRETÉRITO ANTERIOR	FUTURO PERFECTO
ebbi finto etc.	avrò finto etc.

CONDICIONAL

IMPERATIVO

	SIMPLE	COMPUESTO	
1	fingerei	avrei finto	
2	fingeresti	avresti finto	fingi
3	fingerebbe	avrebbe finto	finga
1	fingeremmo	avremmo finto	fingiamo
2	fingereste	avreste finto	fingete
3	fingerebbero	avrebbero finto	fingano

SUBJUNTIVO

	PRESENTE	PRET. IMPERFECTO	PRET. PLUSCUAMPERFECTO
1	finga	fingessi	avessi finto
2	finga	fingessi	avessi finto
3	finga	fingesse	avesse finto
1	fingiamo	fingessimo	avessimo finto
2	fingiate	fingeste	aveste finto
3	fingano	fingessero	avessero finto

PRET. PERFECTO
abbia finto etc.

INFINITIVO SIMPLE	GERUNDIO	PARTICIPIO PASADO
fingere	fingendo	finto

INFINITIVO COMPUESTO
aver(e) finto

FINIRE
98
acabar, terminar

INDICATIVO

PRESENTE	PRET. IMPERFECTO	PRET. PLUSCUAMPERFECTO
1 finisco	finivo	avevo finito
2 finisci	finivi	avevi finito
3 finisce	finiva	aveva finito
1 finiamo	finivamo	avevamo finito
2 finite	finivate	avevate finito
3 finiscono	finivano	avevano finito

PRET. PERF. SIMPLE	PRET. PERF. COMPUESTO	FUTURO IMPERFECTO
1 finii	ho finito	finirò
2 finisti	hai finito	finirai
3 finì	ha finito	finirà
1 finimmo	abbiamo finito	finiremo
2 finiste	avete finito	finirete
3 finirono	hanno finito	finiranno

PRETÉRITO ANTERIOR		FUTURO PERFECTO
ebbi finito etc.		avrò finito etc.

CONDICIONAL

IMPERATIVO

SIMPLE	COMPUESTO	
1 finirei	avrei finito	
2 finiresti	avresti finito	finisci
3 finirebbe	avrebbe finito	finisca
1 finiremmo	avremmo finito	finiamo
2 finireste	avreste finito	finite
3 finirebbero	avrebbero finito	finiscano

SUBJUNTIVO

PRESENTE	PRET. IMPERFECTO	PRET. PLUSCUAMPERFECTO
1 finisca	finissi	avessi finito
2 finisca	finissi	avessi finito
3 finisca	finisse	avesse finito
1 finiamo	finissimo	avessimo finito
2 finiate	finiste	aveste finito
3 finiscano	finissero	avessero finito

PRET. PERFECTO
abbia finito etc.

INFINITIVO SIMPLE	GERUNDIO	PARTICIPIO PASADO
finire	finendo	finito
INFINITIVO COMPUESTO		
aver(e) finito		

suministrar, proveer, proporcionar

INDICATIVO

PRESENTE	PRET. IMPERFECTO	PRET. PLUSCUAMPERFECTO
1 fornisco	fornivo	avevo fornito
2 fornisci	fornivi	avevi fornito
3 fornisce	forniva	aveva fornito
1 forniamo	fornivamo	avevamo fornito
2 fornite	fornivate	avevate fornito
3 forniscono	fornivano	avevano fornito

PRET. PERF. SIMPLE	PRET. PERF. COMPUESTO	FUTURO IMPERFECTO
1 fornii	ho fornito	fornirò
2 fornisti	hai fornito	fornirai
3 fornì	ha fornito	fornirà
1 fornimmo	abbiamo fornito	forniremo
2 forniste	avete fornito	fornirete
3 fornirono	hanno fornito	forniranno

PRETÉRITO ANTERIOR		FUTURO PERFECTO
ebbi fornito etc.		avrò fornito etc.

CONDICIONAL

IMPERATIVO

SIMPLE	COMPUESTO	
1 fornirei	avrei fornito	
2 forniresti	avresti fornito	fornisci
3 fornirebbe	avrebbe fornito	fornisca
1 forniremmo	avremmo fornito	forniamo
2 fornireste	avreste fornito	fornite
3 fornirebbero	avrebbero fornito	forniscano

SUBJUNTIVO

PRESENTE	PRET. IMPERFECTO	PRET. PLUSCUAMPERFECTO
1 fornisca	fornissi	avessi fornito
2 fornisca	fornissi	avessi fornito
3 fornisca	fornisse	avesse fornito
1 forniamo	fornissimo	avessimo fornito
2 forniate	forniste	aveste fornito
3 forniscano	fornissero	avessero fornito

PRET. PERFECTO
abbia fornito etc.

INFINITIVO SIMPLE	GERUNDIO	PARTICIPIO PASADO
fornire	fornendo	fornito

INFINITIVO COMPUESTO
aver(e) fornito

FUGGIRE
100
huir, evitar, escapar

INDICATIVO

	PRESENTE	PRET. IMPERFECTO	PRET. PLUSCUAMPERFECTO
1	fuggo	fuggivo	ero fuggito/a
2	fuggi	fuggivi	eri fuggito/a
3	fugge	fuggiva	era fuggito/a
1	fuggiamo	fuggivamo	eravamo fuggiti/e
2	fuggite	fuggivate	eravate fuggiti/e
3	fuggono	fuggivano	erano fuggiti/e

	PRET. PERF. SIMPLE	PRET. PERF. COMPUESTO	FUTURO IMPERFECTO
1	fuggii	sono fuggito/a	fuggirò
2	fuggisti	sei fuggito/a	fuggirai
3	fuggì	è fuggito/a	fuggirà
1	fuggimmo	siamo fuggiti/e	fuggiremo
2	fuggiste	siete fuggiti/e	fuggirete
3	fuggirono	sono fuggiti/e	fuggiranno

PRETÉRITO ANTERIOR	FUTURO PERFECTO
fui fuggito/a etc.	sarò fuggito/a etc.

CONDICIONAL

	SIMPLE	COMPUESTO
1	fuggirei	sarei fuggito/a
2	fuggiresti	saresti fuggito/a
3	fuggirebbe	sarebbe fuggito/a
1	fuggiremmo	saremmo fuggiti/e
2	fuggireste	sareste fuggiti/e
3	fuggirebbero	sarebbero fuggiti/e

IMPERATIVO

fuggi
fugga
fuggiamo
fuggite
fuggano

SUBJUNTIVO

	PRESENTE	PRET. IMPERFECTO	PRET. PLUSCUAMPERFECTO
1	fugga	fuggissi	fossi fuggito/a
2	fugga	fuggissi	fossi fuggito/a
3	fugga	fuggisse	fosse fuggito/a
1	fuggiamo	fuggissimo	fossimo fuggiti/e
2	fuggiate	fuggiste	foste fuggiti/e
3	fuggano	fuggissero	fossero fuggiti/e

PRET. PERFECTO
sia fuggito/a etc.

INFINITIVO SIMPLE	GERUNDIO	PARTICIPIO PASADO
fuggire	fuggendo	fuggito/a/i/e

INFINITIVO COMPUESTO
esser(e) fuggito/a/i/e

NOTA: con objeto directo, se conjuga con el auxiliar *avere*, p. ej.: sus amigos lo han evitado = *i suoi amici lo hanno fuggito*.

INDICATIVO

PRESENTE	PRET. IMPERFECTO	PRET. PLUSCUAMPERFECTO
1 fumo	fumavo	avevo fumato
2 fumi	fumavi	avevi fumato
3 fuma	fumava	aveva fumato
1 fumiamo	fumavamo	avevamo fumato
2 fumate	fumavate	avevate fumato
3 fumano	fumavano	avevano fumato

PRET. PERF. SIMPLE	PRET. PERF. COMPUESTO	FUTURO IMPERFECTO
1 fumai	ho fumato	fumerò
2 fumasti	hai fumato	fumerai
3 fumò	ha fumato	fumerà
1 fumammo	abbiamo fumato	fumeremo
2 fumaste	avete fumato	fumerete
3 fumarono	hanno fumato	fumeranno

PRETÉRITO ANTERIOR	FUTURO PERFECTO
ebbi fumato etc.	avrò fumato etc.

CONDICIONAL

SIMPLE	COMPUESTO
1 fumerei	avrei fumato
2 fumeresti	avresti fumato
3 fumerebbe	avrebbe fumato
1 fumeremmo	avremmo fumato
2 fumereste	avreste fumato
3 fumerebbero	avrebbero fumato

IMPERATIVO

fuma
fumi
fumiamo
fumate
fumino

SUBJUNTIVO

PRESENTE	PRET. IMPERFECTO	PRET. PLUSCUAMPERFECTO
1 fumi	fumassi	avessi fumato
2 fumi	fumassi	avessi fumato
3 fumi	fumasse	avesse fumato
1 fumiamo	fumassimo	avessimo fumato
2 fumiate	fumaste	aveste fumato
3 fumino	fumassero	avessero fumato

PRET. PERFECTO
abbia fumato etc.

INFINITIVO SIMPLE	GERUNDIO	PARTICIPIO PASADO
fumare	fumando	fumato

INFINITIVO COMPUESTO
aver(e) fumato

GETTARE
102 *lanzar, tirar*

INDICATIVO

	PRESENTE	PRET. IMPERFECTO	PRET. PLUSCUAMPERFECTO
1	getto	gettavo	avevo gettato
2	getti	gettavi	avevi gettato
3	getta	gettava	aveva gettato
1	gettiamo	gettavamo	avevamo gettato
2	gettate	gettavate	avevate gettato
3	gettano	gettavano	avevano gettato

	PRET. PERF. SIMPLE	PRET. PERF. COMPUESTO	FUTURO IMPERFECTO
1	gettai	ho gettato	getterò
2	gettasti	hai gettato	getterai
3	gettò	ha gettato	getterà
1	gettammo	abbiamo gettato	getteremo
2	gettaste	avete gettato	getterete
3	gettarono	hanno gettato	getteranno

PRETÉRITO ANTERIOR	FUTURO PERFECTO
ebbi gettato etc.	avrò gettato etc.

CONDICIONAL

	SIMPLE	COMPUESTO
1	getterei	avrei gettato
2	getteresti	avresti gettato
3	getterebbe	avrebbe gettato
1	getteremmo	avremmo gettato
2	gettereste	avreste gettato
3	getterebbero	avrebbero gettato

IMPERATIVO

getta
getti
gettiamo
gettate
gettino

SUBJUNTIVO

	PRESENTE	PRET. IMPERFECTO	PRET. PLUSCUAMPERFECTO
1	getti	gettassi	avessi gettato
2	getti	gettassi	avessi gettato
3	getti	gettasse	avesse gettato
1	gettiamo	gettassimo	avessimo gettato
2	gettiate	gettaste	aveste gettato
3	gettino	gettassero	avessero gettato

PRET. PERFECTO
abbia gettato etc.

INFINITIVO SIMPLE	GERUNDIO	PARTICIPIO PASADO
gettare	gettando	gettato

INFINITIVO COMPUESTO
aver(e) gettato

INDICATIVO

PRESENTE	PRET. IMPERFECTO	PRET. PLUSCUAMPERFECTO
1 giaccio	giacevo	ero giaciuto/a
2 giaci	giacevi	eri giaciuto/a
3 giace	giaceva	era giaciuto/a
1 giacciamo	giacevamo	eravamo giaciuti/e
2 giacete	giacevate	eravate giaciuti/e
3 giacciono	giacevano	erano giaciuti/e

PRET. PERF. SIMPLE	PRET. PERF. COMPUESTO	FUTURO IMPERFECTO
1 giacqui	sono giaciuto/a	giacerò
2 giacesti	sei giaciuto/a	giacerai
3 giacque	è giaciuto/a	giacerà
1 giacemmo	siamo giaciuti/e	giaceremo
2 giaceste	siete giaciuti/e	giacerete
3 giacquero	sono giaciuti/e	giaceranno

PRETÉRITO ANTERIOR		FUTURO PERFECTO
fui giaciuto/a etc.		sarò giaciuto/a etc.

CONDICIONAL

IMPERATIVO

SIMPLE	COMPUESTO	
1 giacerei	sarei giaciuto/a	
2 giaceresti	saresti giaciuto/a	giaci
3 giacerebbe	sarebbe giaciuto/a	giaccia
1 giaceremmo	saremmo giaciuti/e	giacciamo
2 giacereste	sareste giaciuti/e	giacete
3 giacerebbero	sarebbero giaciuti/e	giacciano

SUBJUNTIVO

PRESENTE	PRET. IMPERFECTO	PRET. PLUSCUAMPERFECTO
1 giaccia	giacessi	fossi giaciuto/a
2 giaccia	giacessi	fossi giaciuto/a
3 giaccia	giacesse	fosse giaciuto/a
1 giacciamo	giacessimo	fossimo giaciuti/e
2 giacciate	giaceste	foste giaciuti/e
3 giacciano	giacessero	fossero giaciuti/e

PRET. PERFECTO	
sia giaciuto/a etc.	

INFINITIVO SIMPLE	GERUNDIO	PARTICIPIO PASADO
giacere	giacendo	giaciuto/a/i/e
INFINITIVO COMPUESTO		
esser(e) giaciuto/a/i/e		

GIOCARE
104 *jugar*

INDICATIVO

	PRESENTE	PRET. IMPERFECTO	PRET. PLUSCUAMPERFECTO
1	gioco/giuoco	giocavo	avevo giocato
2	giochi/giuochi	giocavi	avevi giocato
3	gioca/giuoca	giocava	aveva giocato
1	giochiamo/giuochiamo	giocavamo	avevamo giocato
2	giocate/giuocate	giocavate	avevate giocato
3	giocano/giuocano	giocavano	avevano giocato

	PRET. PERF. SIMPLE	PRET. PERF. COMPUESTO	FUTURO IMPERFECTO
1	giocai	ho giocato	giocherò
2	giocasti	hai giocato	giocherai
3	giocò	ha giocato	giocherà
1	giocammo	abbiamo giocato	giocheremo
2	giocaste	avete giocato	giocherete
3	giocarono	hanno giocato	giocheranno

PRETÉRITO ANTERIOR	FUTURO PERFECTO
ebbi giocato etc.	avrò giocato etc.

CONDICIONAL

	SIMPLE	COMPUESTO
1	giocherei	avrei giocato
2	giocheresti	avresti giocato
3	giocherebbe	avrebbe giocato
1	giocheremmo	avremmo giocato
2	giochereste	avreste giocato
3	giocherebbero	avrebbero giocato

IMPERATIVO

gioca
giochi
giochiamo
giocate
giochino

SUBJUNTIVO

	PRESENTE	PRET. IMPERFECTO	PRET. PLUSCUAMPERFECTO
1	giochi	giocassi	avessi giocato
2	giochi	giocassi	avessi giocato
3	giochi	giocasse	avesse giocato
1	giochiamo	giocassimo	avessimo giocato
2	giochiate	giocaste	aveste giocato
3	giochino	giocassero	avessero giocato

PRET. PERFECTO
abbia giocato etc.

INFINITIVO SIMPLE	GERUNDIO	PARTICIPIO PASADO
giocare	giocando	giocato
INFINITIVO COMPUESTO		
aver(e) giocato		

INDICATIVO

PRESENTE	PRET. IMPERFECTO	PRET. PLUSCUAMPERFECTO
1 giungo	giungevo	ero giunto/a
2 giungi	giungevi	eri giunto/a
3 giunge	giungeva	era giunto/a
1 giungiamo	giungevamo	eravamo giunti/e
2 giungete	giungevate	eravate giunti/e
3 giungono	giungevano	erano giunti/e

PRET. PERF. SIMPLE	PRET. PERF. COMPUESTO	FUTURO IMPERFECTO
1 giunsi	sono giunto/a	giungerò
2 giungesti	sei giunto/a	giungerai
3 giunse	è giunto/a	giungerà
1 giungemmo	siamo giunti/e	giungeremo
2 giungeste	siete giunti/e	giungerete
3 giunsero	sono giunti/e	giungeranno

PRETÉRITO ANTERIOR		FUTURO PERFECTO
fui giunto/a etc.		sarò giunto/a etc.

CONDICIONAL

SIMPLE	COMPUESTO
1 giungerei	sarei giunto/a
2 giungeresti	saresti giunto/a
3 giungerebbe	sarebbe giunto/a
1 giungeremmo	saremmo giunti/e
2 giungereste	sareste giunti/e
3 giungerebbero	sarebbero giunti/e

IMPERATIVO

giungi
giunga
giungiamo
giungete
giungano

SUBJUNTIVO

PRESENTE	PRET. IMPERFECTO	PRET. PLUSCUAMPERFECTO
1 giunga	giungessi	fossi giunto/a
2 giunga	giungessi	fossi giunto/a
3 giunga	giungesse	fosse giunto/a
1 giungiamo	giungessimo	fossimo giunti/e
2 giungiate	giungeste	foste giunti/e
3 giungano	giungessero	fossero giunti/e

PRET. PERFECTO
sia giunto/a etc.

INFINITIVO SIMPLE	GERUNDIO	PARTICIPIO PASADO
giungere	giungendo	giunto/a/i/e

INFINITIVO COMPUESTO
esser(e) giunto/a/i/e

GODERE
106
disfrutar, pasarlo bien

INDICATIVO

PRESENTE	PRET. IMPERFECTO	PRET. PLUSCUAMPERFECTO
1 godo	godevo	avevo goduto
2 godi	godevi	avevi goduto
3 gode	godeva	aveva goduto
1 godiamo	godevamo	avevamo goduto
2 godete	godevate	avevate goduto
3 godono	godevano	avevano goduto

PRET. PERF. SIMPLE	PRET. PERF. COMPUESTO	FUTURO IMPERFECTO
1 godei/godetti	ho goduto	godrò
2 godesti	hai goduto	godrai
3 godé/godette	ha goduto	godrà
1 godemmo	abbiamo goduto	godremo
2 godeste	avete goduto	godrete
3 goderono/godettero	hanno goduto	godranno

PRETÉRITO ANTERIOR		FUTURO PERFECTO
ebbi goduto etc.		avrò goduto etc.

CONDICIONAL   IMPERATIVO

SIMPLE	COMPUESTO	
1 godrei	avrei goduto	
2 godresti	avresti goduto	godi
3 godrebbe	avrebbe goduto	goda
1 godremmo	avremmo goduto	godiamo
2 godreste	avreste goduto	godete
3 godrebbero	avrebbero goduto	godano

SUBJUNTIVO

PRESENTE	PRET. IMPERFECTO	PRET. PLUSCUAMPERFECTO
1 goda	godessi	avessi goduto
2 goda	godessi	avessi goduto
3 goda	godesse	avesse goduto
1 godiamo	godessimo	avessimo goduto
2 godiate	godeste	aveste goduto
3 godano	godessero	avessero goduto

PRET. PERFECTO		
abbia goduto etc.		

INFINITIVO SIMPLE	GERUNDIO	PARTICIPIO PASADO
godere	godendo	goduto
INFINITIVO COMPUESTO		
aver(e) goduto		

INDICATIVO

PRESENTE	PRET. IMPERFECTO	PRET. PLUSCUAMPERFECTO
1 grido	gridavo	avevo gridato
2 gridi	gridavi	avevi gridato
3 grida	gridava	aveva gridato
1 gridiamo	gridavamo	avevamo gridato
2 gridate	gridavate	avevate gridato
3 gridano	gridavano	avevano gridato

PRET. PERF. SIMPLE	PRET. PERF. COMPUESTO	FUTURO IMPERFECTO
1 gridai	ho gridato	griderò
2 gridasti	hai gridato	griderai
3 gridò	ha gridato	griderà
1 gridammo	abbiamo gridato	grideremo
2 gridaste	avete gridato	griderete
3 gridarono	hanno gridato	grideranno

PRETÉRITO ANTERIOR
ebbi gridato etc.

FUTURO PERFECTO
avrò gridato etc.

CONDICIONAL

SIMPLE	COMPUESTO
1 griderei	avrei gridato
2 grideresti	avresti gridato
3 griderebbe	avrebbe gridato
1 grideremmo	avremmo gridato
2 gridereste	avreste gridato
3 griderebbero	avrebbero gridato

IMPERATIVO

grida
gridi
gridiamo
gridate
gridino

SUBJUNTIVO

PRESENTE	PRET. IMPERFECTO	PRET. PLUSCUAMPERFECTO
1 gridi	gridassi	avessi gridato
2 gridi	gridassi	avessi gridato
3 gridi	gridasse	avesse gridato
1 gridiamo	gridassimo	avessimo gridato
2 gridiate	gridaste	aveste gridato
3 gridino	gridassero	avessero gridato

PRET. PERFECTO
abbia gridato etc.

INFINITIVO SIMPLE
gridare

INFINITIVO COMPUESTO
aver(e) gridato

GERUNDIO
gridando

PARTICIPIO PASADO
gridato

GUARDARE
108
mirar, cuidar

INDICATIVO

PRESENTE	PRET. IMPERFECTO	PRET. PLUSCUAMPERFECTO
1 guardo	guardavo	avevo guardato
2 guardi	guardavi	avevi guardato
3 guarda	guardava	aveva guardato
1 guardiamo	guardavamo	avevamo guardato
2 guardate	guardavate	avevate guardato
3 guardano	guardavano	avevano guardato

PRET. PERF. SIMPLE	PRET. PERF. COMPUESTO	FUTURO IMPERFECTO
1 guardai	ho guardato	guarderò
2 guardasti	hai guardato	guarderai
3 guardò	ha guardato	guarderà
1 guardammo	abbiamo guardato	guarderemo
2 guardaste	avete guardato	guarderete
3 guardarono	hanno guardato	guarderanno

PRETÉRITO ANTERIOR		FUTURO PERFECTO
ebbi guardato etc.		avrò guardato etc.

CONDICIONAL

IMPERATIVO

SIMPLE	COMPUESTO	
1 guarderei	avrei guardato	
2 guarderesti	avresti guardato	guarda
3 guarderebbe	avrebbe guardato	guardi
1 guarderemmo	avremmo guardato	guardiamo
2 guardereste	avreste guardato	guardate
3 guarderebbero	avrebbero guardato	guardino

SUBJUNTIVO

PRESENTE	PRET. IMPERFECTO	PRET. PLUSCUAMPERFECTO
1 guardi	guardassi	avessi guardato
2 guardi	guardassi	avessi guardato
3 guardi	guardasse	avesse guardato
1 guardiamo	guardassimo	avessimo guardato
2 guardiate	guardaste	aveste guardato
3 guardino	guardassero	avessero guardato

PRET. PERFECTO
abbia guardato etc.

INFINITIVO SIMPLE	GERUNDIO	PARTICIPIO PASADO
guardare	guardando	guardato
INFINITIVO COMPUESTO		
aver(e) guardato		

INDICATIVO

PRESENTE	PRET. IMPERFECTO	PRET. PLUSCUAMPERFECTO
1 imparo	imparavo	avevo imparato
2 impari	imparavi	avevi imparato
3 impara	imparava	aveva imparato
1 impariamo	imparavamo	avevamo imparato
2 imparate	imparavate	avevate imparato
3 imparano	imparavano	avevano imparato

PRET. PERF. SIMPLE	PRET. PERF. COMPUESTO	FUTURO IMPERFECTO
1 imparai	ho imparato	imparerò
2 imparasti	hai imparato	imparerai
3 imparò	ha imparato	imparerà
1 imparammo	abbiamo imparato	impareremo
2 imparaste	avete imparato	imparerete
3 impararono	hanno imparato	impareranno

PRETÉRITO ANTERIOR
ebbi imparato etc.

FUTURO PERFECTO
avrò imparato etc.

CONDICIONAL

SIMPLE	COMPUESTO
1 imparerei	avrei imparato
2 impareresti	avresti imparato
3 imparerebbe	avrebbe imparato
1 impareremmo	avremmo imparato
2 imparereste	avreste imparato
3 imparerebbero	avrebbero imparato

IMPERATIVO

impara
impari
impariamo
imparate
imparino

SUBJUNTIVO

PRESENTE	PRET. IMPERFECTO	PRET. PLUSCUAMPERFECTO
1 impari	imparassi	avessi imparato
2 impari	imparassi	avessi imparato
3 impari	imparasse	avesse imparato
1 impariamo	imparassimo	avessimo imparato
2 impariate	imparaste	aveste imparato
3 imparino	imparassero	avessero imparato

PRET. PERFECTO
abbia imparato etc.

INFINITIVO SIMPLE
imparare

INFINITIVO COMPUESTO
aver(e) imparato

GERUNDIO
imparando

PARTICIPIO PASADO
imparato

IMPEDIRE
110 *impedir, obstaculizar*

INDICATIVO

PRESENTE	PRET. IMPERFECTO	PRET. PLUSCUAMPERFECTO
1 impedisco	impedivo	avevo impedito
2 impedisci	impedivi	avevi impedito
3 impedisce	impediva	aveva impedito
1 impediamo	impedivamo	avevamo impedito
2 impedite	impedivate	avevate impedito
3 impediscono	impedivano	avevano impedito

PRET. PERF. SIMPLE	PRET. PERF. COMPUESTO	FUTURO IMPERFECTO
1 impedii	ho impedito	impedirò
2 impedisti	hai impedito	impedirai
3 impedì	ha impedito	impedirà
1 impedimmo	abbiamo impedito	impediremo
2 impediste	avete impedito	impedirete
3 impedirono	hanno impedito	impediranno

PRETÉRITO ANTERIOR	FUTURO PERFECTO
ebbi impedito etc.	avrò impedito etc.

CONDICIONAL

SIMPLE	COMPUESTO
1 impedirei	avrei impedito
2 impediresti	avresti impedito
3 impedirebbe	avrebbe impedito
1 impediremmo	avremmo impedito
2 impedireste	avreste impedito
3 impedirebbero	avrebbero impedito

IMPERATIVO

impedisci
impedisca
impediamo
impedite
impediscano

SUBJUNTIVO

PRESENTE	PRET. IMPERFECTO	PRET. PLUSCUAMPERFECTO
1 impedisca	impedissi	avessi impedito
2 impedisca	impedissi	avessi impedito
3 impedisca	impedisse	avesse impedito
1 impediamo	impedissimo	avessimo impedito
2 impediate	impediste	aveste impedito
3 impediscano	impedissero	avessero impedito

PRET. PERFECTO
abbia impedito etc.

INFINITIVO SIMPLE	GERUNDIO	PARTICIPIO PASADO
impedire	impedendo	impedito

INFINITIVO COMPUESTO
aver(e) impedito

encontrar, topar

INDICATIVO

PRESENTE	**PRET. IMPERFECTO**	**PRET. PLUSCUAMPERFECTO**
1 incontro	incontravo	avevo incontrato
2 incontri	incontravi	avevi incontrato
3 incontra	incontrava	aveva incontrato
1 incontriamo	incontravamo	avevamo incontrato
2 incontrate	incontravate	avevate incontrato
3 incontrano	incontravano	avevano incontrato

PRET. PERF. SIMPLE	**PRET. PERF. COMPUESTO**	**FUTURO IMPERFECTO**
1 incontrai	ho incontrato	incontrerò
2 incontrasti	hai incontrato	incontrerai
3 incontrò	ha incontrato	incontrerà
1 incontrammo	abbiamo incontrato	incontreremo
2 incontraste	avete incontrato	incontrerete
3 incontrarono	hanno incontrato	incontreranno

PRETÉRITO ANTERIOR		**FUTURO PERFECTO**
ebbi incontrato etc.		avrò incontrato etc.

CONDICIONAL

IMPERATIVO

SIMPLE	**COMPUESTO**	
1 incontrerei	avrei incontrato	
2 incontreresti	avresti incontrato	incontra
3 incontrerebbe	avrebbe incontrato	incontri
1 incontreremmo	avremmo incontrato	incontriamo
2 incontrereste	avreste incontrato	incontrate
3 incontrerebbero	avrebbero incontrato	incontrino

SUBJUNTIVO

PRESENTE	**PRET. IMPERFECTO**	**PRET. PLUSCUAMPERFECTO**
1 incontri	incontrassi	avessi incontrato
2 incontri	incontrassi	avessi incontrato
3 incontri	incontrasse	avesse incontrato
1 incontriamo	incontrassimo	avessimo incontrato
2 incontriate	incontraste	aveste incontrato
3 incontrino	incontrassero	avessero incontrato

PRET. PERFECTO
abbia incontrato etc.

INFINITIVO SIMPLE	**GERUNDIO**	**PARTICIPIO PASADO**
incontrare	incontrando	incontrato
INFINITIVO COMPUESTO		
aver(e) incontrato		

INFERIRE
112
inflingir, deducir

INDICATIVO

PRESENTE	PRET. IMPERFECTO	PRET. PLUSCUAMPERFECTO
1 inferisco	inferivo	avevo inferto/inferito
2 inferisci	inferivi	avevi inferto/inferito
3 inferisce	inferiva	aveva inferto/inferito
1 inferiamo	inferivamo	avevamo inferto/inferito
2 inferite	inferivate	avevate inferto/inferito
3 inferiscono	inferivano	avevano inferto/inferito

PRET. PERF. SIMPLE	PRET. PERF. COMPUESTO	FUTURO IMPERFECTO
1 infersi/inferii	ho inferto/inferito	inferirò
2 inferisti	hai inferto/inferito	inferirai
3 inferse/inferì	ha inferto/inferito	inferirà
1 inferimmo	abbiamo inferto/inferito	inferiremo
2 inferiste	avete inferto/inferito	inferirete
3 infersero/inferirono	hanno inferto/inferito	inferiranno

PRETÉRITO ANTERIOR	FUTURO PERFECTO
ebbi inferto/inferito etc.	avrò inferto/inferito etc.

CONDICIONAL

SIMPLE	COMPUESTO
1 inferirei	avrei inferto/inferito
2 inferiresti	avresti inferto/inferito
3 inferirebbe	avrebbe inferto/inferito
1 inferiremmo	avremmo inferto/inferito
2 inferireste	avreste inferto/inferito
3 inferirebbero	avrebbero inferto/inferito

IMPERATIVO

inferisci
inferisca
inferiamo
inferite
inferiscano

SUBJUNTIVO

PRESENTE	PRET. IMPERFECTO	PRET. PLUSCUAMPERFECTO
1 inferisca	inferissi	avessi inferto/inferito
2 inferisca	inferissi	avessi inferto/inferito
3 inferisca	inferisse	avesse inferto/inferito
1 inferiamo	inferissimo	avessimo inferto/inferito
2 inferiate	inferiste	aveste inferto/inferito
3 inferiscano	inferissero	avessero inferto/inferito

PRET. PERFECTO
abbia inferto/inferito etc.

INFINITIVO SIMPLE	GERUNDIO	PARTICIPIO PASADO
inferire	inferendo	inferto/inferito
INFINITIVO COMPUESTO		
aver(e) inferto/inferito		

NOTA: con el sentido de «inflingir» se usa el pretérito perfecto simple infersi/inferse/infersero y el participio pasado inferto; con el sentido de «deducir» se usan las formas inferii/inferì/inferirono e inferito.

enseñar, educar

INDICATIVO

PRESENTE	PRET. IMPERFECTO	PRET. PLUSCUAMPERFECTO
1 insegno	insegnavo	avevo insegnato
2 insegni	insegnavi	avevi insegnato
3 insegna	insegnava	aveva insegnato
1 insegniamo	insegnavamo	avevamo insegnato
2 insegnate	insegnavate	avevate insegnato
3 insegnano	insegnavano	avevano insegnato

PRET. PERF. SIMPLE	PRET. PERF. COMPUESTO	FUTURO IMPERFECTO
1 insegnai	ho insegnato	insegnerò
2 insegnasti	hai insegnato	insegnerai
3 insegnò	ha insegnato	insegnerà
1 insegnammo	abbiamo insegnato	insegneremo
2 insegnaste	avete insegnato	insegnerete
3 insegnarono	hanno insegnato	insegneranno

PRETÉRITO ANTERIOR		FUTURO PERFECTO
ebbi insegnato etc.		avrò insegnato etc.

CONDICIONAL

IMPERATIVO

SIMPLE	COMPUESTO	
1 insegnerei	avrei insegnato	
2 insegneresti	avresti insegnato	insegna
3 insegnerebbe	avrebbe insegnato	insegni
1 insegneremmo	avremmo insegnato	insegniamo
2 insegnereste	avreste insegnato	insegnate
3 insegnerebbero	avrebbero insegnato	insegnino

SUBJUNTIVO

PRESENTE	PRET. IMPERFECTO	PRET. PLUSCUAMPERFECTO
1 insegni	insegnassi	avessi insegnato
2 insegni	insegnassi	avessi insegnato
3 insegni	insegnasse	avesse insegnato
1 insegniamo	insegnassimo	avessimo insegnato
2 insegniate	insegnaste	aveste insegnato
3 insegnino	insegnassero	avessero insegnato

PRET. PERFECTO	
abbia insegnato etc.	

INFINITIVO SIMPLE	GERUNDIO	PARTICIPIO PASADO
insegnare	insegnando	insegnato
INFINITIVO COMPUESTO		
aver(e) insegnato		

INSISTERE
114 *insistir*

INDICATIVO

PRESENTE	PRET. IMPERFECTO	PRET. PLUSCUAMPERFECTO
1 insisto	insistevo	avevo insistito
2 insisti	insistevi	avevi insistito
3 insiste	insisteva	aveva insistito
1 insistiamo	insistevamo	avevamo insistito
2 insistete	insistevate	avevate insistito
3 insistono	insistevano	avevano insistito

PRET. PERF. SIMPLE	PRET. PERF. COMPUESTO	FUTURO IMPERFECTO
1 insistei/insistetti	ho insistito	insisterò
2 insistesti	hai insistito	insisterai
3 insisté/insistette	ha insistito	insisterà
1 insistemmo	abbiamo insistito	insisteremo
2 insisteste	avete insistito	insisterete
3 insisterono/insistettero	hanno insistito	insisteranno

PRETÉRITO ANTERIOR
ebbi insistito etc.

FUTURO PERFECTO
avrò insistito etc.

CONDICIONAL

SIMPLE	COMPUESTO
1 insisterei	avrei insistito
2 insisteresti	avresti insistito
3 insisterebbe	avrebbe insistito
1 insisteremmo	avremmo insistito
2 insistereste	avreste insistito
3 insisterebbero	avrebbero insistito

IMPERATIVO

insisti
insista
insistiamo
insistete
insistano

SUBJUNTIVO

PRESENTE	PRET. IMPERFECTO	PRET. PLUSCUAMPERFECTO
1 insista	insistessi	avessi insistito
2 insista	insistessi	avessi insistito
3 insista	insistesse	avesse insistito
1 insistiamo	insistessimo	avessimo insistito
2 insistiate	insisteste	aveste insistito
3 insistano	insistessero	avessero insistito

PRET. PERFECTO
abbia insistito etc.

INFINITIVO SIMPLE	GERUNDIO	PARTICIPIO PASADO
insistere	insistendo	insistito

INFINITIVO COMPUESTO
aver(e) insistito

entender, comprender, pretender

INDICATIVO

PRESENTE	PRET. IMPERFECTO	PRET. PLUSCUAMPERFECTO
1 intendo	intendevo	avevo inteso
2 intendi	intendevi	avevi inteso
3 intende	intendeva	aveva inteso
1 intendiamo	intendevamo	avevamo inteso
2 intendete	intendevate	avevate inteso
3 intendono	intendevano	avevano inteso

PRET. PERF. SIMPLE	PRET. PERF. COMPUESTO	FUTURO IMPERFECTO
1 intesi	ho inteso	intenderò
2 intendesti	hai inteso	intenderai
3 intese	ha inteso	intenderà
1 intendemmo	abbiamo inteso	intenderemo
2 intendeste	avete inteso	intenderete
3 intesero	hanno inteso	intenderanno

PRETÉRITO ANTERIOR
ebbi inteso etc.

FUTURO PERFECTO
avrò inteso etc.

CONDICIONAL

SIMPLE	COMPUESTO
1 intenderei	avrei inteso
2 intenderesti	avresti inteso
3 intenderebbe	avrebbe inteso
1 intenderemmo	avremmo inteso
2 intendereste	avreste inteso
3 intenderebbero	avrebbero inteso

IMPERATIVO

intendi
intenda
intendiamo
intendete
intendano

SUBJUNTIVO

PRESENTE	PRET. IMPERFECTO	PRET. PLUSCUAMPERFECTO
1 intenda	intendessi	avessi inteso
2 intenda	intendessi	avessi inteso
3 intenda	intendesse	avesse inteso
1 intendiamo	intendessimo	avessimo inteso
2 intendiate	intendeste	aveste inteso
3 intendano	intendessero	avessero inteso

PRET. PERFECTO
abbia inteso etc.

INFINITIVO SIMPLE	GERUNDIO	PARTICIPIO PASADO
intendere	intendendo	inteso

INFINITIVO COMPUESTO
aver(e) inteso

INVADERE
116
invadir

INDICATIVO

PRESENTE	PRET. IMPERFECTO	PRET. PLUSCUAMPERFECTO
1 invado	invadevo	avevo invaso
2 invadi	invadevi	avevi invaso
3 invade	invadeva	aveva invaso
1 invadiamo	invadevamo	avevamo invaso
2 invadete	invadevate	avevate invaso
3 invadono	invadevano	avevano invaso

PRET. PERF. SIMPLE	PRET. PERF. COMPUESTO	FUTURO IMPERFECTO
1 invasi	ho invaso	invaderò
2 invadesti	hai invaso	invaderai
3 invase	ha invaso	invaderà
1 invademmo	abbiamo invaso	invaderemo
2 invadeste	avete invaso	invaderete
3 invasero	hanno invaso	invaderanno

PRETÉRITO ANTERIOR		FUTURO PERFECTO
ebbi invaso etc.		avrò invaso etc.

CONDICIONAL

SIMPLE	COMPUESTO
1 invaderei	avrei invaso
2 invaderesti	avresti invaso
3 invaderebbe	avrebbe invaso
1 invaderemmo	avremmo invaso
2 invadereste	avreste invaso
3 invaderebbero	avrebbero invaso

IMPERATIVO

invadi
invada
invadiamo
invadete
invadano

SUBJUNTIVO

PRESENTE	PRET. IMPERFECTO	PRET. PLUSCUAMPERFECTO
1 invada	invadessi	avessi invaso
2 invada	invadessi	avessi invaso
3 invada	invadesse	avesse invaso
1 invadiamo	invadessimo	avessimo invaso
2 invadiate	invadeste	aveste invaso
3 invadano	invadessero	avessero invaso

PRET. PERFECTO
abbia invaso etc.

INFINITIVO SIMPLE	GERUNDIO	PARTICIPIO PASADO
invadere	invadendo	invaso
INFINITIVO COMPUESTO		
aver(e) invaso		

INDICATIVO

PRESENTE	PRET. IMPERFECTO	PRET. PLUSCUAMPERFECTO
1 invio	inviavo	avevo inviato
2 invii	inviavi	avevi inviato
3 invia	inviava	aveva inviato
1 inviamo	inviavamo	avevamo inviato
2 inviate	inviavate	avevate inviato
3 inviano	inviavano	avevano inviato

PRET. PERF. SIMPLE	PRET. PERF. COMPUESTO	FUTURO IMPERFECTO
1 inviai	ho inviato	invierò
2 inviasti	hai inviato	invierai
3 inviò	ha inviato	invierà
1 inviammo	abbiamo inviato	invieremo
2 inviaste	avete inviato	invierete
3 inviarono	hanno inviato	invieranno

PRETÉRITO ANTERIOR		FUTURO PERFECTO
ebbi inviato etc.		avrò inviato etc.

CONDICIONAL

SIMPLE	COMPUESTO
1 invierei	avrei inviato
2 invieresti	avresti inviato
3 invierebbe	avrebbe inviato
1 invieremmo	avremmo inviato
2 inviereste	avreste inviato
3 invierebbero	avrebbero inviato

IMPERATIVO

invia
invii
inviamo
inviate
inviino

SUBJUNTIVO

PRESENTE	PRET. IMPERFECTO	PRET. PLUSCUAMPERFECTO
1 invii	inviassi	avessi inviato
2 invii	inviassi	avessi inviato
3 invii	inviasse	avesse inviato
1 inviamo	inviassimo	avessimo inviato
2 inviate	inviaste	aveste inviato
3 inviino	inviassero	avessero inviato

PRET. PERFECTO
abbia inviato etc.

INFINITIVO SIMPLE	GERUNDIO	PARTICIPIO PASADO
inviare	inviando	inviato

INFINITIVO COMPUESTO
aver(e) inviato

INDICATIVO

PRESENTE	PRET. IMPERFECTO	PRET. PLUSCUAMPERFECTO
1 mi lavo	mi lavavo	mi ero lavato/a
2 ti lavi	ti lavavi	ti eri lavato/a
3 si lava	si lavava	si era lavato/a
1 ci laviamo	ci lavavamo	ci eravamo lavati/e
2 vi lavate	vi lavavate	vi eravate lavati/e
3 si lavano	si lavavano	si erano lavati/e

PRET. PERF. SIMPLE	PRET. PERF. COMPUESTO	FUTURO IMPERFECTO
1 mi lavai	mi sono lavato/a	mi laverò
2 ti lavasti	ti sei lavato/a	ti laverai
3 si lavò	si è lavato/a	si laverà
1 ci lavammo	ci siamo lavati/e	ci laveremo
2 vi lavaste	vi siete lavati/e	vi laverete
3 si lavarono	si sono lavati/e	si laveranno

PRETÉRITO ANTERIOR		FUTURO PERFECTO
mi fui lavato/a etc.		mi sarò lavato/a etc.

CONDICIONAL

SIMPLE	COMPUESTO	IMPERATIVO
1 mi laverei	mi sarei lavato/a	
2 ti laveresti	ti saresti lavato/a	lavati
3 si laverebbe	si sarebbe lavato/a	si lavi
1 ci laveremmo	ci saremmo lavati/e	laviamoci
2 vi lavereste	vi sareste lavati/e	lavatevi
3 si laverebbero	si sarebbero lavati/e	si lavino

SUBJUNTIVO

PRESENTE	PRET. IMPERFECTO	PRET. PLUSCUAMPERFECTO
1 mi lavi	mi lavassi	mi fossi lavato/a
2 ti lavi	ti lavassi	ti fossi lavato/a
3 si lavi	si lavasse	si fosse lavato/a
1 ci laviamo	ci lavassimo	ci fossimo lavati/e
2 vi laviate	vi lavaste	vi foste lavati/e
3 si lavino	si lavassero	si fossero lavati/e

PRET. PERFECTO
mi sia lavato/a etc.

INFINITIVO SIMPLE	GERUNDIO	PARTICIPIO PASADO
lavarsi	lavandomi etc.	lavato/a/i/e
INFINITIVO COMPUESTO		
essersi lavato/a/i/e		

INDICATIVO

PRESENTE	PRET. IMPERFECTO	PRET. PLUSCUAMPERFECTO
1 ledo	ledevo	avevo leso
2 ledi	ledevi	avevi leso
3 lede	ledeva	aveva leso
1 lediamo	ledevamo	avevamo leso
2 ledete	ledevate	avevate leso
3 ledono	ledevano	avevano leso

PRET. PERF. SIMPLE	PRET. PERF. COMPUESTO	FUTURO IMPERFECTO
1 lesi	ho leso	lederò
2 ledesti	hai leso	lederai
3 lese	ha leso	lederà
1 ledemmo	abbiamo leso	lederemo
2 ledeste	avete leso	lederete
3 lesero	hanno leso	lederanno

PRETÉRITO ANTERIOR		FUTURO PERFECTO
ebbi leso etc.		avrò leso etc.

CONDICIONAL

SIMPLE	COMPUESTO
1 lederei	avrei leso
2 lederesti	avresti leso
3 lederebbe	avrebbe leso
1 lederemmo	avremmo leso
2 ledereste	avreste leso
3 lederebbero	avrebbero leso

IMPERATIVO

2 ledi
3 leda
1 lediamo
2 ledete
3 ledano

SUBJUNTIVO

PRESENTE	PRET. IMPERFECTO	PRET. PLUSCUAMPERFECTO
1 leda ledessi	avessi leso	
2 leda ledessi	avessi leso	
3 leda ledesse	avesse leso	
1 lediamo	ledessimo	avessimo leso
2 lediate	ledeste	aveste leso
3 ledano	ledessero	avessero leso

PRET. PERFECTO
abbia leso etc.

INFINITIVO SIMPLE	GERUNDIO	PARTICIPIO PASADO
ledere	ledendo	leso

INFINITIVO COMPUESTO
aver(e) leso

LEGGERE
120 *leer*

INDICATIVO

PRESENTE	PRET. IMPERFECTO	PRET. PLUSCUAMPERFECTO
1 leggo	leggevo	avevo letto
2 leggi	leggevi	avevi letto
3 legge	leggeva	aveva letto
1 leggiamo	leggevamo	avevamo letto
2 leggete	leggevate	avevate letto
3 leggono	leggevano	avevano letto

PRET. PERF. SIMPLE	PRET. PERF. COMPUESTO	FUTURO IMPERFECTO
1 lessi	ho letto	leggerò
2 leggesti	hai letto	leggerai
3 lesse	ha letto	leggerà
1 leggemmo	abbiamo letto	leggeremo
2 leggeste	avete letto	leggerete
3 lessero	hanno letto	leggeranno

PRETÉRITO ANTERIOR		FUTURO PERFECTO
ebbi letto etc.		avrò letto etc.

CONDICIONAL

SIMPLE	COMPUESTO
1 leggerei	avrei letto
2 leggeresti	avresti letto
3 leggerebbe	avrebbe letto
1 leggeremmo	avremmo letto
2 leggereste	avreste letto
3 leggerebbero	avrebbero letto

IMPERATIVO

leggi
legga
leggiamo
leggete
leggano

SUBJUNTIVO

PRESENTE	PRET. IMPERFECTO	PRET. PLUSCUAMPERFECTO
1 legga	leggessi	avessi letto
2 legga	leggessi	avessi letto
3 legga	leggesse	avesse letto
1 leggiamo	leggessimo	avessimo letto
2 leggiate	leggeste	aveste letto
3 leggano	leggessero	avessero letto

PRET. PERFECTO
abbia letto etc.

INFINITIVO SIMPLE	GERUNDIO	PARTICIPIO PASADO
leggere	leggendo	letto

INFINITIVO COMPUESTO
aver(e) letto

enviar, mandar

INDICATIVO

	PRESENTE	PRET. IMPERFECTO	PRET. PLUSCUAMPERFECTO
1	mando	mandavo	avevo mandato
2	mandi	mandavi	avevi mandato
3	manda	mandava	aveva mandato
1	mandiamo	mandavamo	avevamo mandato
2	mandate	mandavate	avevate mandato
3	mandano	mandavano	avevano mandato

	PRET. PERF. SIMPLE	PRET. PERF. COMPUESTO	FUTURO IMPERFECTO
1	mandai	ho mandato	manderò
2	mandasti	hai mandato	manderai
3	mandò	ha mandato	manderà
1	mandammo	abbiamo mandato	manderemo
2	mandaste	avete mandato	manderete
3	mandarono	hanno mandato	manderanno

PRETÉRITO ANTERIOR	FUTURO PERFECTO
ebbi mandato etc.	avrò mandato etc.

CONDICIONAL

	SIMPLE	COMPUESTO
1	manderei	avrei mandato
2	manderesti	avresti mandato
3	manderebbe	avrebbe mandato
1	manderemmo	avremmo mandato
2	mandereste	avreste mandato
3	manderebbero	avrebbero mandato

IMPERATIVO

manda
mandi
mandiamo
mandate
mandino

SUBJUNTIVO

	PRESENTE	PRET. IMPERFECTO	PRET. PLUSCUAMPERFECTO
1	mandi	mandassi	avessi mandato
2	mandi	mandassi	avessi mandato
3	mandi	mandasse	avesse mandato
1	mandiamo	mandassimo	avessimo mandato
2	mandiate	mandaste	aveste mandato
3	mandino	mandassero	avessero mandato

PRET. PERFECTO
abbia mandato etc.

INFINITIVO SIMPLE	GERUNDIO	PARTICIPIO PASADO
mandare	mandando	mandato

INFINITIVO COMPUESTO
aver(e) mandato

MANGIARE
122 *comer*

INDICATIVO

PRESENTE	PRET. IMPERFECTO	PRET. PLUSCUAMPERFECTO
1 mangio	mangiavo	avevo mangiato
2 mangi	mangiavi	avevi mangiato
3 mangia	mangiava	aveva mangiato
1 mangiamo	mangiavamo	avevamo mangiato
2 mangiate	mangiavate	avevate mangiato
3 mangiano	mangiavano	avevano mangiato

PRET. PERF. SIMPLE	PRET. PERF. COMPUESTO	FUTURO IMPERFECTO
1 mangiai	ho mangiato	mangerò
2 mangiasti	hai mangiato	mangerai
3 mangiò	ha mangiato	mangerà
1 mangiammo	abbiamo mangiato	mangeremo
2 mangiaste	avete mangiato	mangerete
3 mangiarono	hanno mangiato	mangeranno

PRETÉRITO ANTERIOR	FUTURO PERFECTO
ebbi mangiato etc.	avrò mangiato etc.

CONDICIONAL

SIMPLE	COMPUESTO
1 mangerei	avrei mangiato
2 mangeresti	avresti mangiato
3 mangerebbe	avrebbe mangiato
1 mangeremmo	avremmo mangiato
2 mangereste	avreste mangiato
3 mangerebbero	avrebbero mangiato

IMPERATIVO

mangia
mangi
mangiamo
mangiate
mangino

SUBJUNTIVO

PRESENTE	PRET. IMPERFECTO	PRET. PLUSCUAMPERFECTO
1 mangi	mangiassi	avessi mangiato
2 mangi	mangiassi	avessi mangiato
3 mangi	mangiasse	avesse mangiato
1 mangiamo	mangiassimo	avessimo mangiato
2 mangiate	mangiaste	aveste mangiato
3 mangino	mangiassero	avessero mangiato

PRET. PERFECTO
abbia mangiato etc.

INFINITIVO SIMPLE	GERUNDIO	PARTICIPIO PASADO
mangiare	mangiando	mangiato
INFINITIVO COMPUESTO		
aver(e) mangiato		

INDICATIVO

	PRESENTE	**PRET. IMPERFECTO**	**PRET. PLUSCUAMPERFECTO**
1	mento/mentisco	mentivo	avevo mentito
2	menti/mentisci	mentivi	avevi mentito
3	mente/mentisce	mentiva	aveva mentito
1	mentiamo	mentivamo	avevamo mentito
2	mentite	mentivate	avevate mentito
3	mentono/mentiscono	mentivano	avevano mentito

	PRET. PERF. SIMPLE	**PRET. PERF. COMPUESTO**	**FUTURO IMPERFECTO**
1	mentii	ho mentito	mentirò
2	mentisti	hai mentito	mentirai
3	mentì	ha mentito	mentirà
1	mentimmo	abbiamo mentito	mentiremo
2	mentiste	avete mentito	mentirete
3	mentirono	hanno mentito	mentiranno

PRETÉRITO ANTERIOR
ebbi mentito etc.

FUTURO PERFECTO
avrò mentito etc.

CONDICIONAL

	SIMPLE	**COMPUESTO**
1	mentirei	avrei mentito
2	mentiresti	avresti mentito
3	mentirebbe	avrebbe mentito
1	mentiremmo	avremmo mentito
2	mentireste	avreste mentito
3	mentirebbero	avrebbero mentito

IMPERATIVO

menti/mentisci
menta/mentisca
mentiamo
mentite
mentano/mentiscano

SUBJUNTIVO

	PRESENTE	**PRET. IMPERFECTO**	**PRET. PLUSCUAMPERFECTO**
1	menta/mentisca	mentissi	avessi mentito
2	menta/mentisca	mentissi	avessi mentito
3	menta/mentisca	mentisse	avesse mentito
1	mentiamo	mentissimo	avessimo mentito
2	mentiate	mentiste	aveste mentito
3	mentano/mentiscano	mentissero	avessero mentito

PRET. PERFECTO
abbia mentito etc.

INFINITIVO SIMPLE	**GERUNDIO**	**PARTICIPIO PASADO**
mentire	mentendo	mentito

INFINITIVO COMPUESTO
aver(e) mentito

METTERE
124
poner, colocar, meter, vestir

INDICATIVO

	PRESENTE	PRET. IMPERFECTO	PRET. PLUSCUAMPERFECTO
1	metto	mettevo	avevo messo
2	metti	mettevi	avevi messo
3	mette	metteva	aveva messo
1	mettiamo	mettevamo	avevamo messo
2	mettete	mettevate	avevate messo
3	mettono	mettevano	avevano messo

	PRET. PERF. SIMPLE	PRET. PERF. COMPUESTO	FUTURO IMPERFECTO
1	misi	ho messo	metterò
2	mettesti	hai messo	metterai
3	mise	ha messo	metterà
1	mettemmo	abbiamo messo	metteremo
2	metteste	avete messo	metterete
3	misero	hanno messo	metteranno

PRETÉRITO ANTERIOR	FUTURO PERFECTO
ebbi messo etc.	avrò messo etc.

CONDICIONAL

	SIMPLE	COMPUESTO
1	metterei	avrei messo
2	metteresti	avresti messo
3	metterebbe	avrebbe messo
1	metteremmo	avremmo messo
2	mettereste	avreste messo
3	metterebbero	avrebbero messo

IMPERATIVO

metti
metta
mettiamo
mettete
mettano

SUBJUNTIVO

	PRESENTE	PRET. IMPERFECTO	PRET. PLUSCUAMPERFECTO
1	metta	mettessi	avessi messo
2	metta	mettessi	avessi messo
3	metta	mettesse	avesse messo
1	mettiamo	mettessimo	avessimo messo
2	mettiate	metteste	aveste messo
3	mettano	mettessero	avessero messo

PRET. PERFECTO
abbia messo etc.

INFINITIVO SIMPLE	GERUNDIO	PARTICIPIO PASADO
mettere	mettendo	messo

INFINITIVO COMPUESTO
aver(e) messo

INDICATIVO

PRESENTE	PRET. IMPERFECTO	PRET. PLUSCUAMPERFECTO
1 mordo	mordevo	avevo morso
2 mordi	mordevi	avevi morso
3 morde	mordeva	aveva morso
1 mordiamo	mordevamo	avevamo morso
2 mordete	mordevate	avevate morso
3 mordono	mordevano	avevano morso

PRET. PERF. SIMPLE	PRET. PERF. COMPUESTO	FUTURO IMPERFECTO
1 morsi	ho morso	morderò
2 mordesti	hai morso	morderai
3 morse	ha morso	morderà
1 mordemmo	abbiamo morso	morderemo
2 mordeste	avete morso	morderete
3 morsero	hanno morso	morderanno

PRETÉRITO ANTERIOR		FUTURO PERFECTO
ebbi morso etc.		avrò morso etc.

CONDICIONAL

IMPERATIVO

SIMPLE	COMPUESTO	
1 morderei	avrei morso	
2 morderesti	avresti morso	mordi
3 morderebbe	avrebbe morso	morda
1 morderemmo	avremmo morso	mordiamo
2 mordereste	avreste morso	mordete
3 morderebbero	avrebbero morso	mordano

SUBJUNTIVO

PRESENTE	PRET. IMPERFECTO	PRET. PLUSCUAMPERFECTO
1 morda	mordessi	avessi morso
2 morda	mordessi	avessi morso
3 morda	mordesse	avesse morso
1 mordiamo	mordessimo	avessimo morso
2 mordiate	mordeste	aveste morso
3 mordano	mordessero	avessero morso

PRET. PERFECTO
abbia morso etc.

INFINITIVO SIMPLE	GERUNDIO	PARTICIPIO PASADO
mordere	mordendo	morso

INFINITIVO COMPUESTO
aver(e) morso

INDICATIVO

PRESENTE	PRET. IMPERFECTO	PRET. PLUSCUAMPERFECTO
1 muoio	morivo	ero morto/a
2 muori	morivi	eri morto/a
3 muore	moriva	era morto/a
1 moriamo	morivamo	eravamo morti/e
2 morite	morivate	eravate morti/e
3 muoiono	morivano	erano morti/e

PRET. PERF. SIMPLE	PRET. PERF. COMPUESTO	FUTURO IMPERFECTO
1 morii	sono morto/a	morirò
2 moristi	sei morto/a	morirai
3 morì	è morto/a	morirà
1 morimmo	siamo morti/e	moriremo
2 moriste	siete morti/e	morirete
3 morirono	sono morti/e	moriranno

PRETÉRITO ANTERIOR	FUTURO PERFECTO
fui morto/a etc.	sarò morto/a etc.

CONDICIONAL

SIMPLE	COMPUESTO
1 morirei	sarei morto/a
2 moriresti	saresti morto/a
3 morirebbe	sarebbe morto/a
1 moriremmo	saremmo morti/e
2 morireste	sareste morti/e
3 morirebbero	sarebbero morti/e

IMPERATIVO

muori
muoia
moriamo
morite
muoiano

SUBJUNTIVO

PRESENTE	PRET. IMPERFECTO	PRET. PLUSCUAMPERFECTO
1 muoia	morissi	fossi morto/a
2 muoia	morissi	fossi morto/a
3 muoia	morisse	fosse morto/a
1 moriamo	morissimo	fossimo morti/e
2 moriate	moriste	foste morti/e
3 muoiano	morissero	fossero morti/e

PRET. PERFECTO
sia morto/a etc.

INFINITIVO SIMPLE	GERUNDIO	PARTICIPIO PASADO
morire	morendo	morto/a/i/e

INFINITIVO COMPUESTO
esser(e) morto/a/i/e

INDICATIVO

PRESENTE	PRET. IMPERFECTO	PRET. PLUSCUAMPERFECTO
1 mostro	mostravo	avevo mostrato
2 mostri	mostravi	avevi mostrato
3 mostra	mostrava	aveva mostrato
1 mostriamo	mostravamo	avevamo mostrato
2 mostrate	mostravate	avevate mostrato
3 mostrano	mostravano	avevano mostrato

PRET. PERF. SIMPLE	PRET. PERF. COMPUESTO	FUTURO IMPERFECTO
1 mostrai	ho mostrato	mostrerò
2 mostrasti	hai mostrato	mostrerai
3 mostrò	ha mostrato	mostrerà
1 mostrammo	abbiamo mostrato	mostreremo
2 mostraste	avete mostrato	mostrerete
3 mostrarono	hanno mostrato	mostreranno

PRETÉRITO ANTERIOR		FUTURO PERFECTO
ebbi mostrato etc.		avrò mostrato etc.

CONDICIONAL

IMPERATIVO

SIMPLE	COMPUESTO	
1 mostrerei	avrei mostrato	
2 mostreresti	avresti mostrato	mostra
3 mostrerebbe	avrebbe mostrato	mostri
1 mostreremmo	avremmo mostrato	mostriamo
2 mostrereste	avreste mostrato	mostrate
3 mostrerebbero	avrebbero mostrato	mostrino

SUBJUNTIVO

PRESENTE	PRET. IMPERFECTO	PRET. PLUSCUAMPERFECTO
1 mostri	mostrassi	avessi mostrato
2 mostri	mostrassi	avessi mostrato
3 mostri	mostrasse	avesse mostrato
1 mostriamo	mostrassimo	avessimo mostrato
2 mostriate	mostraste	aveste mostrato
3 mostrino	mostrassero	avessero mostrato

PRET. PERFECTO
abbia mostrato etc.

INFINITIVO SIMPLE	GERUNDIO	PARTICIPIO PASADO
mostrare	mostrando	mostrato

INFINITIVO COMPUESTO
aver(e) mostrato

MUOVERE
128
mover

INDICATIVO

PRESENTE	PRET. IMPERFECTO	PRET. PLUSCUAMPERFECTO
1 muovo	movevo	avevo mosso
2 muovi	movevi	avevi mosso
3 muove	moveva	aveva mosso
1 m(u)oviamo	movevamo	avevamo mosso
2 m(u)ovete	movevate	avevate mosso
3 muovono	movevano	avevano mosso

PRET. PERF. SIMPLE	PRET. PERF. COMPUESTO	FUTURO IMPERFECTO
1 mossi	ho mosso	moverò
2 movesti	hai mosso	moverai
3 mosse	ha mosso	moverà
1 movemmo	abbiamo mosso	moveremo
2 moveste	avete mosso	moverete
3 mossero	hanno mosso	moveranno

PRETÉRITO ANTERIOR		FUTURO PERFECTO
ebbi mosso etc.		avrò mosso etc.

CONDICIONAL

SIMPLE	COMPUESTO
1 moverei	avrei mosso
2 moveresti	avresti mosso
3 moverebbe	avrebbe mosso
1 moveremmo	avremmo mosso
2 movereste	avreste mosso
3 moverebbero	avrebbero mosso

IMPERATIVO

muovi
muova
moviamo
movete
muovano

SUBJUNTIVO

PRESENTE	PRET. IMPERFECTO	PRET. PLUSCUAMPERFECTO
1 muova	movessi	avessi mosso
2 muova	movessi	avessi mosso
3 muova	movesse	avesse mosso
1 moviamo	movessimo	avessimo mosso
2 moviate	moveste	aveste mosso
3 muovano	movessero	avessero mosso

PRET. PERFECTO		
abbia mosso etc.		

INFINITIVO SIMPLE	GERUNDIO	PARTICIPIO PASADO
muovere	muovendo/movendo	mosso

INFINITIVO COMPUESTO
aver(e) mosso

NOTA: cuando **muovere** se usa de forma intransitiva, se conjuga con el auxiliar *essere*; cuando en la conjugación aparece una «u» opcional, la versión con esta «u» es más habitual.

INDICATIVO

PRESENTE	PRET. IMPERFECTO	PRET. PLUSCUAMPERFECTO
1 nasco	nascevo	ero nato/a
2 nasci	nascevi	eri nato/a
3 nasce	nasceva	era nato/a
1 nasciamo	nascevamo	eravamo nati/e
2 nascete	nascevate	eravate nati/e
3 nascono	nascevano	erano nati/e

PRET. PERF. SIMPLE	PRET. PERF. COMPUESTO	FUTURO IMPERFECTO
1 nacqui	sono nato/a	nascerò
2 nascesti	sei nato/a	nascerai
3 nacque	è nato/a	nascerà
1 nascemmo	siamo nati/e	nasceremo
2 nasceste	siete nati/e	nascerete
3 nacquero	sono nati/e	nasceranno

PRETÉRITO ANTERIOR		FUTURO PERFECTO
fui nato/a etc.		sarò nato/a etc.

CONDICIONAL

IMPERATIVO

SIMPLE	COMPUESTO	
1 nascerei	sarei nato/a	
2 nasceresti	saresti nato/a	nasci
3 nascerebbe	sarebbe nato/a	nasca
1 nasceremmo	saremmo nati/e	nasciamo
2 nascereste	sareste nati/e	nascete
3 nascerebbero	sarebbero nati/e	nascano

SUBJUNTIVO

PRESENTE	PRET. IMPERFECTO	PRET. PLUSCUAMPERFECTO
1 nasca	nascessi	fossi nato/a
2 nasca	nascessi	fossi nato/a
3 nasca	nascesse	fosse nato/a
1 nasciamo	nascessimo	fossimo nati/e
2 nasciate	nasceste	foste nati/e
3 nascano	nascessero	fossero nati/e

PRET. PERFECTO		
sia nato/a etc.		

INFINITIVO SIMPLE	GERUNDIO	PARTICIPIO PASADO
nascere	nascendo	nato/a/i/e
INFINITIVO COMPUESTO		
esser(e) nato/a/i/e		

NASCONDERE
130 _esconder_

INDICATIVO

PRESENTE	PRET. IMPERFECTO	PRET. PLUSCUAMPERFECTO
1 nascondo	nascondevo	avevo nascosto
2 nascondi	nascondevi	avevi nascosto
3 nasconde	nascondeva	aveva nascosto
1 nascondiamo	nascondevamo	avevamo nascosto
2 nascondete	nascondevate	avevate nascosto
3 nascondono	nascondevano	avevano nascosto

PRET. PERF. SIMPLE	PRET. PERF. COMPUESTO	FUTURO IMPERFECTO
1 nascosi	ho nascosto	nasconderò
2 nascondesti	hai nascosto	nasconderai
3 nascose	ha nascosto	nasconderà
1 nascondemmo	abbiamo nascosto	nasconderemo
2 nascondeste	avete nascosto	nasconderete
3 nascosero	hanno nascosto	nasconderanno

PRETÉRITO ANTERIOR		FUTURO PERFECTO
ebbi nascosto etc.		avrò nascosto etc.

CONDICIONAL

IMPERATIVO

SIMPLE	COMPUESTO	
1 nasconderei	avrei nascosto	
2 nasconderesti	avresti nascosto	nascondi
3 nasconderebbe	avrebbe nascosto	nasconda
1 nasconderemmo	avremmo nascosto	nascondiamo
2 nascondereste	avreste nascosto	nascondete
3 nasconderebbero	avrebbero nascosto	nascondano

SUBJUNTIVO

PRESENTE	PRET. IMPERFECTO	PRET. PLUSCUAMPERFECTO
1 nasconda	nascondessi	avessi nascosto
2 nasconda	nascondessi	avessi nascosto
3 nasconda	nascondesse	avesse nascosto
1 nascondiamo	nascondessimo	avessimo nascosto
2 nascondiate	nascondeste	aveste nascosto
3 nascondano	nascondessero	avessero nascosto

PRET. PERFECTO		
abbia nascosto etc.		

INFINITIVO SIMPLE	GERUNDIO	PARTICIPIO PASADO
nascondere	nascondendo	nascosto
INFINITIVO COMPUESTO		
aver(e) nascosto		

INDICATIVO

	PRESENTE	PRET. IMPERFECTO	PRET. PLUSCUAMPERFECTO
1			
2			
3	nevica	nevicava	era nevicato
1			
2			
3			

	PRET. PERF. SIMPLE	PRET. PERF. COMPUESTO	FUTURO IMPERFECTO
1			
2			
3	nevicò	è nevicato	nevicherà
1			
2			
3			

PRETÉRITO ANTERIOR		FUTURO PERFECTO
fu nevicato		sarà nevicato

CONDICIONAL   IMPERATIVO

	SIMPLE	COMPUESTO
1		
2		
3	nevicherebbe	sarebbe nevicato
1		
2		
3		

SUBJUNTIVO

	PRESENTE	PRET. IMPERFECTO	PRET. PLUSCUAMPERFECTO
1			
2			
3	nevichi	nevicasse	fosse nevicato
1			
2			
3			

PRET. PERFECTO
sia nevicato

INFINITIVO SIMPLE	GERUNDIO	PARTICIPIO PASADO
nevicare	nevicando	nevicato

INFINITIVO COMPUESTO
esser(e) nevicato

NOTA: también se puede usar *avere* como auxiliar, pero se considera que *essere* tiene una mayor corrección gramatical.

NUOCERE
132 *perjudicar*

INDICATIVO

PRESENTE	PRET. IMPERFECTO	PRET. PLUSCUAMPERFECTO
1 n(u)occio	n(u)ocevo	avevo nociuto
2 nuoci	n(u)ocevi	avevi nociuto
3 nuoce	n(u)oceva	aveva nociuto
1 n(u)ociamo	n(u)ocevamo	avevamo nociuto
2 n(u)ocete	n(u)ocevate	avevate nociuto
3 n(u)occiono	n(u)ocevano	avevano nociuto

PRET. PERF. SIMPLE	PRET. PERF. COMPUESTO	FUTURO IMPERFECTO
1 nocqui	ho nociuto	n(u)ocerò
2 nocesti	hai nociuto	n(u)ocerai
3 nocque	ha nociuto	n(u)ocerà
1 nocemmo	abbiamo nociuto	n(u)oceremo
2 noceste	avete nociuto	n(u)ocerete
3 nocquero	hanno nociuto	n(u)oceranno

PRETÉRITO ANTERIOR		FUTURO PERFECTO
ebbi nociuto etc.		avrò nociuto etc.

CONDICIONAL

IMPERATIVO

SIMPLE	COMPUESTO	
1 n(u)ocerei	avrei nociuto	
2 n(u)oceresti	avresti nociuto	nuoci
3 n(u)ocerebbe	avrebbe nociuto	n(u)occia
1 n(u)oceremmo	avremmo nociuto	nociamo
2 n(u)ocereste	avreste nociuto	nocete
3 n(u)ocerebbero	avrebbero nociuto	n(u)occiano

SUBJUNTIVO

PRESENTE	PRET. IMPERFECTO	PRET. PLUSCUAMPERFECTO
1 n(u)occia	n(u)ocessi	avessi nociuto
2 noccia	n(u)ocessi	avessi nociuto
3 noccia	n(u)ocesse	avesse nociuto
1 nociamo	n(u)ocessimo	avessimo nociuto
2 nociate	n(u)oceste	aveste nociuto
3 n(u)occiano	n(u)ocessero	avessero nociuto

PRET. PERFECTO
abbia nociuto etc.

INFINITIVO SIMPLE	GERUNDIO	PARTICIPIO PASADO
n(u)ocere	n(u)ocendo	nociuto
INFINITIVO COMPUESTO		
aver(e) nociuto	NOTA: la variante con la «u» es de uso más común.	

INDICATIVO

	PRESENTE	PRET. IMPERFECTO	PRET. PLUSCUAMPERFECTO
1	nuoto	nuotavo	avevo nuotato
2	nuoti	nuotavi	avevi nuotato
3	nuota	nuotava	aveva nuotato
1	nuotiamo	nuotavamo	avevamo nuotato
2	nuotate	nuotavate	avevate nuotato
3	nuotano	nuotavano	avevano nuotato

	PRET. PERF. SIMPLE	PRET. PERF. COMPUESTO	FUTURO IMPERFECTO
1	nuotai	ho nuotato	nuoterò
2	nuotasti	hai nuotato	nuoterai
3	nuotò	ha nuotato	nuoterà
1	nuotammo	abbiamo nuotato	nuoteremo
2	nuotaste	avete nuotato	nuoterete
3	nuotarono	hanno nuotato	nuoteranno

PRETÉRITO ANTERIOR
ebbi nuotato etc.

FUTURO PERFECTO
avrò nuotato etc.

CONDICIONAL

	SIMPLE	COMPUESTO
1	nuoterei	avrei nuotato
2	nuoteresti	avresti nuotato
3	nuoterebbe	avrebbe nuotato
1	nuoteremmo	avremmo nuotato
2	nuotereste	avreste nuotato
3	nuoterebbero	avrebbero nuotato

IMPERATIVO

nuota
nuoti
nuotiamo
nuotate
nuotino

SUBJUNTIVO

	PRESENTE	PRET. IMPERFECTO	PRET. PLUSCUAMPERFECTO
1	nuoti	nuotassi	avessi nuotato
2	nuoti	nuotassi	avessi nuotato
3	nuoti	nuotasse	avesse nuotato
1	nuotiamo	nuotassimo	avessimo nuotato
2	nuotiate	nuotaste	aveste nuotato
3	nuotino	nuotassero	avessero nuotato

PRET. PERFECTO
abbia nuotato etc.

INFINITIVO SIMPLE	GERUNDIO	PARTICIPIO PASADO
nuotare	nuotando	nuotato

INFINITIVO COMPUESTO
aver(e) nuotato

OFFENDERE
134 *ofender*

INDICATIVO

	PRESENTE	PRET. IMPERFECTO	PRET. PLUSCUAMPERFECTO
1	offendo	offendevo	avevo offeso
2	offendi	offendevi	avevi offeso
3	offende	offendeva	aveva offeso
1	offendiamo	offendevamo	avevamo offeso
2	offendete	offendevate	avevate offeso
3	offendono	offendevano	avevano offeso

	PRET. PERF. SIMPLE	PRET. PERF. COMPUESTO	FUTURO IMPERFECTO
1	offesi	ho offeso	offenderò
2	offendesti	hai offeso	offenderai
3	offese	ha offeso	offenderà
1	offendemmo	abbiamo offeso	offenderemo
2	offendeste	avete offeso	offenderete
3	offesero	hanno offeso	offenderanno

PRETÉRITO ANTERIOR
ebbi offeso etc.

FUTURO PERFECTO
avrò offeso etc.

CONDICIONAL

	SIMPLE	COMPUESTO
1	offenderei	avrei offeso
2	offenderesti	avresti offeso
3	offenderebbe	avrebbe offeso
1	offenderemmo	avremmo offeso
2	offendereste	avreste offeso
3	offenderebbero	avrebbero offeso

IMPERATIVO

offendi
offenda
offendiamo
offendete
offendano

SUBJUNTIVO

	PRESENTE	PRET. IMPERFECTO	PRET. PLUSCUAMPERFECTO
1	offenda	offendessi	avessi offeso
2	offenda	offendessi	avessi offeso
3	offenda	offendesse	avesse offeso
1	offendiamo	offendessimo	avessimo offeso
2	offendiate	offendeste	aveste offeso
3	offendano	offendessero	avessero offeso

PRET. PERFECTO
abbia offeso etc.

INFINITIVO SIMPLE	GERUNDIO	PARTICIPIO PASADO
offendere	offendendo	offeso

INFINITIVO COMPUESTO
aver(e) offeso

INDICATIVO

PRESENTE	PRET. IMPERFECTO	PRET. PLUSCUAMPERFECTO
1 offro	offrivo	avevo offerto
2 offri	offrivi	avevi offerto
3 offre	offriva	aveva offerto
1 offriamo	offrivamo	avevamo offerto
2 offrite	offrivate	avevate offerto
3 offrono	offrivano	avevano offerto

PRET. PERF. SIMPLE	PRET. PERF. COMPUESTO	FUTURO IMPERFECTO
1 offrii/offersi	ho offerto	offrirò
2 offristi	hai offerto	offrirai
3 offrì/offerse	ha offerto	offrirà
1 offrimmo	abbiamo offerto	offriremo
2 offriste	avete offerto	offrirete
3 offrirono/offersero	hanno offerto	offriranno

PRETÉRITO ANTERIOR		FUTURO PERFECTO
ebbi offerto etc.		avrò offerto etc.

CONDICIONAL

SIMPLE	COMPUESTO
1 offrirei	avrei offerto
2 offriresti	avresti offerto
3 offrirebbe	avrebbe offerto
1 offriremmo	avremmo offerto
2 offrireste	avreste offerto
3 offrirebbero	avrebbero offerto

IMPERATIVO

offri
offra
offriamo
offrite
offrano

SUBJUNTIVO

PRESENTE	PRET. IMPERFECTO	PRET. PLUSCUAMPERFECTO
1 offra	offrissi	avessi offerto
2 offra	offrissi	avessi offerto
3 offra	offrisse	avesse offerto
1 offriamo	offrissimo	avessimo offerto
2 offriate	offriste	aveste offerto
3 offrano	offrissero	avessero offerto

PRET. PERFECTO
abbia offerto etc.

INFINITIVO SIMPLE	GERUNDIO	PARTICIPIO PASADO
offrire	offrendo	offerto
INFINITIVO COMPUESTO		
aver(e) offerto		

INDICATIVO

	PRESENTE	PRET. IMPERFECTO	PRET. PLUSCUAMPERFECTO
1	pago	pagavo	avevo pagato
2	paghi	pagavi	avevi pagato
3	paga	pagava	aveva pagato
1	paghiamo	pagavamo	avevamo pagato
2	pagate	pagavate	avevate pagato
3	pagano	pagavano	avevano pagato

	PRET. PERF. SIMPLE	PRET. PERF. COMPUESTO	FUTURO IMPERFECTO
1	pagai	ho pagato	pagherò
2	pagasti	hai pagato	pagherai
3	pagò	ha pagato	pagherà
1	pagammo	abbiamo pagato	pagheremo
2	pagaste	avete pagato	pagherete
3	pagarono	hanno pagato	pagheranno

PRETÉRITO ANTERIOR	FUTURO PERFECTO
ebbi pagato etc.	avrò pagato etc.

CONDICIONAL

	SIMPLE	COMPUESTO
1	pagherei	avrei pagato
2	pagheresti	avresti pagato
3	pagherebbe	avrebbe pagato
1	pagheremmo	avremmo pagato
2	paghereste	avreste pagato
3	pagherebbero	avrebbero pagato

IMPERATIVO

paga
paghi
paghiamo
pagate
paghino

SUBJUNTIVO

	PRESENTE	PRET. IMPERFECTO	PRET. PLUSCUAMPERFECTO
1	paghi	pagassi	avessi pagato
2	paghi	pagassi	avessi pagato
3	paghi	pagasse	avesse pagato
1	paghiamo	pagassimo	avessimo pagato
2	paghiate	pagaste	aveste pagato
3	paghino	pagassero	avessero pagato

PRET. PERFECTO
abbia pagato etc.

INFINITIVO SIMPLE	GERUNDIO	PARTICIPIO PASADO
pagare	pagando	pagato
INFINITIVO COMPUESTO		
aver(e) pagato		

INDICATIVO

PRESENTE	PRET. IMPERFECTO	PRET. PLUSCUAMPERFECTO
1 paio	parevo	ero parso/a
2 pari	parevi	eri parso/a
3 pare	pareva	era parso/a
1 paiamo	parevamo	eravamo parsi/e
2 parete	parevate	eravate parsi/e
3 paiono	parevano	erano parsi/e

PRET. PERF. SIMPLE	PRET. PERF. COMPUESTO	FUTURO IMPERFECTO
1 parvi/parsi	sono parso/a	parrò
2 paresti	sei parso/a	parrai
3 parve/parse	è parso/a	parrà
1 paremmo	siamo parsi/e	parremo
2 pareste	siete parsi/e	parrete
3 parvero/parsero	sono parsi/e	parranno

PRETÉRITO ANTERIOR		FUTURO PERFECTO
fui parso/a etc.		sarò parso/a etc.

CONDICIONAL

SIMPLE	COMPUESTO
1 parrei	sarei parso/a
2 parresti	saresti parso/a
3 parrebbe	sarebbe parso/a
1 parremmo	saremmo parsi/e
2 parreste	sareste parsi/e
3 parrebbero	sarebbero parsi/e

IMPERATIVO

SUBJUNTIVO

PRESENTE	PRET. IMPERFECTO	PRET. PLUSCUAMPERFECTO
1 paia	paressi	fossi parso/a
2 paia	paressi	fossi parso/a
3 paia	paresse	fosse parso/a
1 paiamo	paressimo	fossimo parsi/e
2 paiate	pareste	foste parsi/e
3 paiano	paressero	fossero parsi/e

PRET. PERFECTO
sia parso/a etc.

INFINITIVO SIMPLE	GERUNDIO	PARTICIPIO PASADO
parere	parendo	parso/a/i/e

INFINITIVO COMPUESTO
esser(e) parso/a/i/e

NOTA: este verbo se usa más en construcciones impersonales, p. ej.: me parece que lo he entendido todo = *mi pare di aver capito tutto.*

PARLARE
138 *hablar*

INDICATIVO

PRESENTE	PRET. IMPERFECTO	PRET. PLUSCUAMPERFECTO
1 parlo	parlavo	avevo parlato
2 parli	parlavi	avevi parlato
3 parla	parlava	aveva parlato
1 parliamo	parlavamo	avevamo parlato
2 parlate	parlavate	avevate parlato
3 parlano	parlavano	avevano parlato

PRET. PERF. SIMPLE	PRET. PERF. COMPUESTO	FUTURO IMPERFECTO
1 parlai	ho parlato	parlerò
2 parlasti	hai parlato	parlerai
3 parlò	ha parlato	parlerà
1 parlammo	abbiamo parlato	parleremo
2 parlaste	avete parlato	parlerete
3 parlarono	hanno parlato	parleranno

PRETÉRITO ANTERIOR		FUTURO PERFECTO
ebbi parlato etc.		avrò parlato etc.

CONDICIONAL

SIMPLE	COMPUESTO
1 parlerei	avrei parlato
2 parleresti	avresti parlato
3 parlerebbe	avrebbe parlato
1 parleremmo	avremmo parlato
2 parlereste	avreste parlato
3 parlerebbero	avrebbero parlato

IMPERATIVO

parla
parli
parliamo
parlate
parlino

SUBJUNTIVO

PRESENTE	PRET. IMPERFECTO	PRET. PLUSCUAMPERFECTO
1 parli	parlassi	avessi parlato
2 parli	parlassi	avessi parlato
3 parli	parlasse	avesse parlato
1 parliamo	parlassimo	avessimo parlato
2 parliate	parlaste	aveste parlato
3 parlino	parlassero	avessero parlato

PRET. PERFECTO		
abbia parlato etc.		

INFINITIVO SIMPLE	GERUNDIO	PARTICIPIO PASADO
parlare	parlando	parlato
INFINITIVO COMPUESTO		
aver(e) parlato		

INDICATIVO

PRESENTE	PRET. IMPERFECTO	PRET. PLUSCUAMPERFECTO
1 parto	partivo	ero partito/a
2 parti	partivi	eri partito/a
3 parte	partiva	era partito/a
1 partiamo	partivamo	eravamo partiti/e
2 partite	partivate	eravate partiti/e
3 partono	partivano	erano partiti/e

PRET. PERF. SIMPLE	PRET. PERF. COMPUESTO	FUTURO IMPERFECTO
1 partii	sono partito/a	partirò
2 partisti	sei partito/a	partirai
3 partì	è partito/a	partirà
1 partimmo	siamo partiti/e	partiremo
2 partiste	siete partiti/e	partirete
3 partirono	sono partiti/e	partiranno

PRETÉRITO ANTERIOR		FUTURO PERFECTO
fui partito/a etc.		sarò partito/a etc.

CONDICIONAL

SIMPLE	COMPUESTO	IMPERATIVO
1 partirei	sarei partito/a	
2 partiresti	saresti partito/a	parti
3 partirebbe	sarebbe partito/a	parta
1 partiremmo	saremmo partiti/e	partiamo
2 partireste	sareste partiti/e	partite
3 partirebbero	sarebbero partiti/e	partano

SUBJUNTIVO

PRESENTE	PRET. IMPERFECTO	PRET. PLUSCUAMPERFECTO
1 parta	partissi	fossi partito/a
2 parta	partissi	fossi partito/a
3 parta	partisse	fosse partito/a
1 partiamo	partissimo	fossimo partiti/e
2 partiate	partiste	foste partiti/e
3 partano	partissero	fossero partiti/e

PRET. PERFECTO
sia partito/a etc.

INFINITIVO SIMPLE	GERUNDIO	PARTICIPIO PASADO
partire	partendo	partito/a/i/e

INFINITIVO COMPUESTO
esser(e) partito/a/i/e

PASSARE
140 *pasar*

INDICATIVO

PRESENTE	PRET. IMPERFECTO	PRET. PLUSCUAMPERFECTO
1 passo	passavo	ero passato/a
2 passi	passavi	eri passato/a
3 passa	passava	era passato/a
1 passiamo	passavamo	eravamo passati/e
2 passate	passavate	eravate passati/e
3 passano	passavano	erano passati/e

PRET. PERF. SIMPLE	PRET. PERF. COMPUESTO	FUTURO IMPERFECTO
1 passai	sono passato/a	passerò
2 passasti	sei passato/a	passerai
3 passò	è passato/a	passerà
1 passammo	siamo passati/e	passeremo
2 passaste	siete passati/e	passerete
3 passarono	sono passati/e	passeranno

PRETÉRITO ANTERIOR		FUTURO PERFECTO
fui passato/a etc.		sarò passato/a etc.

CONDICIONAL

SIMPLE	COMPUESTO
1 passerei	sarei passato/a
2 passeresti	saresti passato/a
3 passerebbe	sarebbe passato/a
1 passeremmo	saremmo passati/e
2 passereste	sareste passati/e
3 passerebbero	sarebbero passati/e

IMPERATIVO

passa
passi
passiamo
passate
passino

SUBJUNTIVO

PRESENTE	PRET. IMPERFECTO	PRET. PLUSCUAMPERFECTO
1 passi	passassi	fossi passato/a
2 passi	passassi	fossi passato/a
3 passi	passasse	fosse passato/a
1 passiamo	passassimo	fossimo passati/e
2 passiate	passaste	foste passati/e
3 passino	passassero	fossero passati/e

PRET. PERFECTO
sia passato/a etc.

INFINITIVO SIMPLE	GERUNDIO	PARTICIPIO PASADO
passare	passando	passato/a/i/e

INFINITIVO COMPUESTO
esser(e) passato/a/i/e

NOTA: cuando se usa en sentido transitivo, el auxiliar es *avere*,
p. ej.: le he pasado el libro a mi amigo = *ho passato il libro al mio amico.*

INDICATIVO

PRESENTE	PRET. IMPERFECTO	PRET. PLUSCUAMPERFECTO
1 passeggio	passeggiavo	avevo passeggiato
2 passeggi	passeggiavi	avevi passeggiato
3 passeggia	passeggiava	aveva passeggiato
1 passeggiamo	passeggiavamo	avevamo passeggiato
2 passeggiate	passeggiavate	avevate passeggiato
3 passeggiano	passeggiavano	avevano passeggiato

PRET. PERF. SIMPLE	PRET. PERF. COMPUESTO	FUTURO IMPERFECTO
1 passeggiai	ho passeggiato	passeggerò
2 passeggiasti	hai passeggiato	passeggerai
3 passeggiò	ha passeggiato	passeggerà
1 passeggiammo	abbiamo passeggiato	passeggeremo
2 passeggiaste	avete passeggiato	passeggerete
3 passeggiarono	hanno passeggiato	passeggeranno

PRETÉRITO ANTERIOR		FUTURO PERFECTO
ebbi passeggiato etc.		avrò passeggiato etc.

CONDICIONAL

SIMPLE	COMPUESTO
1 passeggerei	avrei passeggiato
2 passeggeresti	avresti passeggiato
3 passeggerebbe	avrebbe passeggiato
1 passeggeremmo	avremmo passeggiato
2 passeggereste	avreste passeggiato
3 passeggerebbero	avrebbero passeggiato

IMPERATIVO

passeggia
passeggi
passeggiamo
passeggiate
passeggino

SUBJUNTIVO

PRESENTE	PRET. IMPERFECTO	PRET. PLUSCUAMPERFECTO
1 passeggi	passeggiassi	avessi passeggiato
2 passeggi	passeggiassi	avessi passeggiato
3 passeggi	passeggiasse	avesse passeggiato
1 passeggiamo	passeggiassimo	avessimo passeggiato
2 passeggiate	passeggiaste	aveste passeggiato
3 passeggino	passeggiassero	avessero passeggiato

PRET. PERFECTO
abbia passeggiato etc.

INFINITIVO SIMPLE	GERUNDIO	PARTICIPIO PASADO
passeggiare	passeggiando	passeggiato

INFINITIVO COMPUESTO
aver(e) passeggiato

PENSARE
142 *pensar*

INDICATIVO

PRESENTE	PRET. IMPERFECTO	PRET. PLUSCUAMPERFECTO
1 penso	pensavo	avevo pensato
2 pensi	pensavi	avevi pensato
3 pensa	pensava	aveva pensato
1 pensiamo	pensavamo	avevamo pensato
2 pensate	pensavate	avevate pensato
3 pensano	pensavano	avevano pensato

PRET. PERF. SIMPLE	PRET. PERF. COMPUESTO	FUTURO IMPERFECTO
1 pensai	ho pensato	penserò
2 pensasti	hai pensato	penserai
3 pensò	ha pensato	penserà
1 pensammo	abbiamo pensato	penseremo
2 pensaste	avete pensato	penserete
3 pensarono	hanno pensato	penseranno

PRETÉRITO ANTERIOR		FUTURO PERFECTO
ebbi pensato etc.		avrò pensato etc.

CONDICIONAL

IMPERATIVO

SIMPLE	COMPUESTO	
1 penserei	avrei pensato	
2 penseresti	avresti pensato	pensa
3 penserebbe	avrebbe pensato	pensi
1 penseremmo	avremmo pensato	pensiamo
2 pensereste	avreste pensato	pensate
3 penserebbero	avrebbero pensato	pensino

SUBJUNTIVO

PRESENTE	PRET. IMPERFECTO	PRET. PLUSCUAMPERFECTO
1 pensi	pensassi	avessi pensato
2 pensi	pensassi	avessi pensato
3 pensi	pensasse	avesse pensato
1 pensiamo	pensassimo	avessimo pensato
2 pensiate	pensaste	aveste pensato
3 pensino	pensassero	avessero pensato

PRET. PERFECTO
abbia pensato etc.

INFINITIVO SIMPLE	GERUNDIO	PARTICIPIO PASADO
pensare	pensando	pensato

INFINITIVO COMPUESTO
aver(e) pensato

INDICATIVO

PRESENTE	PRET. IMPERFECTO	PRET. PLUSCUAMPERFECTO
1 perdo	perdevo	avevo perduto/perso
2 perdi	perdevi	avevi perduto/perso
3 perde	perdeva	aveva perduto/perso
1 perdiamo	perdevamo	avevamo perduto/perso
2 perdete	perdevate	avevate perduto/perso
3 perdono	perdevano	avevano perduto/perso

PRET. PERF. SIMPLE	PRET. PERF. COMPUESTO	FUTURO IMPERFECTO
1 persi	ho perduto/perso	perderò
2 perdesti	hai perduto/perso	perderai
3 perse	ha perduto/perso	perderà
1 perdemmo	abbiamo perduto/perso	perderemo
2 perdeste	avete perduto/perso	perderete
3 persero	hanno perduto/perso	perderanno

PRETÉRITO ANTERIOR
ebbi perduto/perso etc.

FUTURO PERFECTO
avrò perduto/perso etc.

CONDICIONAL

SIMPLE	COMPUESTO
1 perderei	avrei perduto/perso
2 perderesti	avresti perduto/perso
3 perderebbe	avrebbe perduto/perso
1 perderemmo	avremmo perduto/perso
2 perdereste	avreste perduto/perso
3 perderebbero	avrebbero perduto/perso

IMPERATIVO

perdi
perda
perdiamo
perdete
perdano

SUBJUNTIVO

PRESENTE	PRET. IMPERFECTO	PRET. PLUSCUAMPERFECTO
1 perda	perdessi	avessi perduto/perso
2 perda	perdessi	avessi perduto/perso
3 perda	perdesse	avesse perduto/perso
1 perdiamo	perdessimo	avessimo perduto/perso
2 perdiate	perdeste	aveste perduto/perso
3 perdano	perdessero	avessero perduto/perso

PRET. PERFECTO
abbia perduto/perso etc.

INFINITIVO SIMPLE	GERUNDIO	PARTICIPIO PASADO
perdere	perdendo	perduto/perso

INFINITIVO COMPUESTO
perdere

NOTA: **perdere** tiene dos participios presentes (perduto y perso) que son totalmente intercambiables.

PERSUADERE
144
persuadir, convencer

INDICATIVO

	PRESENTE	PRET. IMPERFECTO	PRET. PLUSCUAMPERFECTO
1	persuado	persuadevo	avevo persuaso
2	persuadi	persuadevi	avevi persuaso
3	persuade	persuadeva	aveva persuaso
1	persuadiamo	persuadevamo	avevamo persuaso
2	persuadete	persuadevate	avevate persuaso
3	persuadono	persuadevano	avevano persuaso

	PRET. PERF. SIMPLE	PRET. PERF. COMPUESTO	FUTURO IMPERFECTO
1	persuasi	ho persuaso	persuaderò
2	persuadesti	hai persuaso	persuaderai
3	persuase	ha persuaso	persuaderà
1	persuademmo	abbiamo persuaso	persuaderemo
2	persuadeste	avete persuaso	persuaderete
3	persuasero	hanno persuaso	persuaderanno

PRETÉRITO ANTERIOR	FUTURO PERFECTO
ebbi persuaso etc.	avrò persuaso etc.

CONDICIONAL

	SIMPLE	COMPUESTO
1	persuaderei	avrei persuaso
2	persuaderesti	avresti persuaso
3	persuaderebbe	avrebbe persuaso
1	persuaderemmo	avremmo persuaso
2	persuadereste	avreste persuaso
3	persuaderebbero	avrebbero persuaso

IMPERATIVO

persuadi
persuada
persuadiamo
persuadete
persuadano

SUBJUNTIVO

	PRESENTE	PRET. IMPERFECTO	PRET. PLUSCUAMPERFECTO
1	persuada	persuadessi	avessi persuaso
2	persuada	persuadessi	avessi persuaso
3	persuada	persuadesse	avesse persuaso
1	persuadiamo	persuadessimo	avessimo persuaso
2	persuadiate	persuadeste	aveste persuaso
3	persuadano	persuadessero	avessero persuaso

PRET. PERFECTO
abbia persuaso etc.

INFINITIVO SIMPLE	GERUNDIO	PARTICIPIO PASADO
persuadere	persuadendo	persuaso

INFINITIVO COMPUESTO		
aver(e) persuaso		

INDICATIVO

	PRESENTE	PRET. IMPERFECTO	PRET. PLUSCUAMPERFECTO
1	piaccio	piacevo	ero piaciuto/a
2	piaci	piacevi	eri piaciuto/a
3	piace	piaceva	era piaciuto/a
1	piacciamo	piacevamo	eravamo piaciuti/e
2	piacete	piacevate	eravate piaciuti/e
3	piacciono	piacevano	erano piaciuti/e

	PRET. PERF. SIMPLE	PRET. PERF. COMPUESTO	FUTURO IMPERFECTO
1	piacqui	sono piaciuto/a	piacerò
2	piacesti	sei piaciuto/a	piacerai
3	piacque	è piaciuto/a	piacerà
1	piacemmo	siamo piaciuti/e	piaceremo
2	piaceste	siete piaciuti/e	piacerete
3	piacquero	sono piaciuti/e	piaceranno

PRETÉRITO ANTERIOR
fui piaciuto/a etc.

FUTURO PERFECTO
sarò piaciuto/a etc.

CONDICIONAL

	SIMPLE	COMPUESTO
1	piacerei	sarei piaciuto/a
2	piaceresti	saresti piaciuto/a
3	piacerebbe	sarebbe piaciuto/a
1	piaceremmo	saremmo piaciuti/e
2	piacereste	sareste piaciuti/e
3	piacerebbero	sarebbero piaciuti/e

IMPERATIVO

SUBJUNTIVO

	PRESENTE	PRET. IMPERFECTO	PRET. PLUSCUAMPERFECTO
1	piaccia	piacessi	fossi piaciuto/a
2	piaccia	piacessi	fossi piaciuto/a
3	piaccia	piacesse	fosse piaciuto/a
1	piacciamo	piacessimo	fossimo piaciuti/e
2	piacciate	piaceste	foste piaciuti/e
3	piacciano	piacessero	fossero piaciuti/e

PRET. PERFECTO
sia piaciuto/a etc.

INFINITIVO SIMPLE
piacere

GERUNDIO
piacendo

PARTICIPIO PASADO
piaciuto/a/i/e

INFINITIVO COMPUESTO
esser(e) piaciuto/a/i/e

NOTA: **piacere** se usa en forma impersonal con la tercera persona del singular y del plural.

PIANGERE
146 llorar

INDICATIVO

PRESENTE	PRET. IMPERFECTO	PRET. PLUSCUAMPERFECTO
1 piango	piangevo	avevo pianto
2 piangi	piangevi	avevi pianto
3 piange	piangeva	aveva pianto
1 piangiamo	piangevamo	avevamo pianto
2 piangete	piangevate	avevate pianto
3 piangono	piangevano	avevano pianto

PRET. PERF. SIMPLE	PRET. PERF. COMPUESTO	FUTURO IMPERFECTO
1 piansi	ho pianto	piangerò
2 piangesti	hai pianto	piangerai
3 pianse	ha pianto	piangerà
1 piangemmo	abbiamo pianto	piangeremo
2 piangeste	avete pianto	piangerete
3 piansero	hanno pianto	piangeranno

PRETÉRITO ANTERIOR		FUTURO PERFECTO
ebbi pianto etc.		avrò pianto etc.

CONDICIONAL

SIMPLE	COMPUESTO
1 piangerei	avrei pianto
2 piangeresti	avresti pianto
3 piangerebbe	avrebbe pianto
1 piangeremmo	avremmo pianto
2 piangereste	avreste pianto
3 piangerebbero	avrebbero pianto

IMPERATIVO

piangi
pianga
piangiamo
piangete
piangano

SUBJUNTIVO

PRESENTE	PRET. IMPERFECTO	PRET. PLUSCUAMPERFECTO
1 pianga	piangessi	avessi pianto
2 pianga	piangessi	avessi pianto
3 pianga	piangesse	avesse pianto
1 piangiamo	piangessimo	avessimo pianto
2 piangiate	piangeste	aveste pianto
3 piangano	piangessero	avessero pianto

PRET. PERFECTO
abbia pianto etc.

INFINITIVO SIMPLE	GERUNDIO	PARTICIPIO PASADO
piangere	piangendo	pianto

INFINITIVO COMPUESTO
aver(e) pianto

INDICATIVO

	PRESENTE	PRET. IMPERFECTO	PRET. PLUSCUAMPERFECTO
1			
2			
3	piove	pioveva	era piovuto
1			
2			
3			

	PRET. PERF. SIMPLE	PRET. PERF. COMPUESTO	FUTURO IMPERFECTO
1.			
2			
3	piovve	è piovuto	pioverà
1			
2			
3			

PRETÉRITO ANTERIOR	FUTURO PERFECTO
fu piovuto	sarà piovuto

CONDICIONAL   IMPERATIVO

	SIMPLE	COMPUESTO
1		
2		
3	pioverebbe	sarebbe piovuto
1		
2		
3		

SUBJUNTIVO

	PRESENTE	PRET. IMPERFECTO	PRET. PLUSCUAMPERFECTO
1			
2			
3	piova	piovesse	fosse piovuto
1			
2			
3			

PRET. PERFECTO
sia piovuto

INFINITIVO SIMPLE	GERUNDIO	PARTICIPIO PASADO
piovere	piovendo	piovuto

INFINITIVO COMPUESTO
esser(e) piovuto

NOTA: también se puede usar **avere** como auxiliar, pero se considera que **essere** tiene una mayor corrección gramatical.

PORGERE
148 *ofrecer, dar*

INDICATIVO

	PRESENTE	PRET. IMPERFECTO	PRET. PLUSCUAMPERFECTO
1	porgo	porgevo	avevo porto
2	porgi	porgevi	avevi porto
3	porge	porgeva	aveva porto
1	porgiamo	porgevamo	avevamo porto
2	porgete	porgevate	avevate porto
3	porgono	porgevano	avevano porto

	PRET. PERF. SIMPLE	PRET. PERF. COMPUESTO	FUTURO IMPERFECTO
1	porsi	ho porto	porgerò
2	porgesti	hai porto	porgerai
3	porse	ha porto	porgerà
1	porgemmo	abbiamo porto	porgeremo
2	porgeste	avete porto	porgerete
3	porsero	hanno porto	porgeranno

PRETÉRITO ANTERIOR	FUTURO PERFECTO
ebbi porto etc.	avrò porto etc.

CONDICIONAL

	SIMPLE	COMPUESTO
1	porgerei	avrei porto
2	porgeresti	avresti porto
3	porgerebbe	avrebbe porto
1	porgeremmo	avremmo porto
2	porgereste	avreste porto
3	porgerebbero	avrebbero porto

IMPERATIVO

porgi	
porga	
porgiamo	
porgete	
porgano	

SUBJUNTIVO

	PRESENTE	PRET. IMPERFECTO	PRET. PLUSCUAMPERFECTO
1	porga	porgessi	avessi porto
2	porga	porgessi	avessi porto
3	porga	porgesse	avesse porto
1	porgiamo	porgessimo	avessimo porto
2	porgiate	porgeste	aveste porto
3	porgano	porgessero	avessero porto

PRET. PERFECTO
abbia porto etc.

INFINITIVO SIMPLE	GERUNDIO	PARTICIPIO PASADO
porgere	porgendo	porto

INFINITIVO COMPUESTO
aver(e) porto

poner, meter, suponer

INDICATIVO

PRESENTE	PRET. IMPERFECTO	PRET. PLUSCUAMPERFECTO
1 pongo	ponevo	avevo posto
2 poni	ponevi	avevi posto
3 pone	poneva	aveva posto
1 poniamo	ponevamo	avevamo posto
2 ponete	ponevate	avevate posto
3 pongono	ponevano	avevano posto

PRET. PERF. SIMPLE	PRET. PERF. COMPUESTO	FUTURO IMPERFECTO
1 posi	ho posto	porrò
2 ponesti	hai posto	porrai
3 pose	ha posto	porrà
1 ponemmo	abbiamo posto	porremo
2 poneste	avete posto	porrete
3 posero	hanno posto	porranno

PRETÉRITO ANTERIOR		FUTURO PERFECTO
ebbi posto etc.		avrò posto etc.

CONDICIONAL

IMPERATIVO

SIMPLE	COMPUESTO	
1 porrei	avrei posto	
2 porresti	avresti posto	poni
3 porrebbe	avrebbe posto	ponga
1 porremmo	avremmo posto	poniamo
2 porreste	avreste posto	ponete
3 porrebbero	avrebbero posto	pongano

SUBJUNTIVO

PRESENTE	PRET. IMPERFECTO	PRET. PLUSCUAMPERFECTO
1 ponga	ponessi	avessi posto
2 ponga	ponessi	avessi posto
3 ponga	ponesse	avesse posto
1 poniamo	ponessimo	avessimo posto
2 poniate	poneste	aveste posto
3 pongano	ponessero	avessero posto

PRET. PERFECTO
abbia posto etc.

INFINITIVO SIMPLE	GERUNDIO	PARTICIPIO PASADO
porre	ponendo	posto

INFINITIVO COMPUESTO
aver(e) posto

PORTARE
150
llevar

INDICATIVO

	PRESENTE	PRET. IMPERFECTO	PRET. PLUSCUAMPERFECTO
1	porto	portavo	avevo portato
2	porti	portavi	avevi portato
3	porta	portava	aveva portato
1	portiamo	portavamo	avevamo portato
2	portate	portavate	avevate portato
3	portano	portavano	avevano portato

	PRET. PERF. SIMPLE	PRET. PERF. COMPUESTO	FUTURO IMPERFECTO
1	portai	ho portato	porterò
2	portasti	hai portato	porterai
3	portò	ha portato	porterà
1	portammo	abbiamo portato	porteremo
2	portaste	avete portato	porterete
3	portarono	hanno portato	porteranno

PRETÉRITO ANTERIOR
ebbi portato etc.

FUTURO PERFECTO
avrò portato etc.

CONDICIONAL

	SIMPLE	COMPUESTO
1	porterei	avrei portato
2	porteresti	avresti portato
3	porterebbe	avrebbe portato
1	porteremmo	avremmo portato
2	portereste	avreste portato
3	porterebbero	avrebbero portato

IMPERATIVO

porta
porti
portiamo
portate
portino

SUBJUNTIVO

	PRESENTE	PRET. IMPERFECTO	PRET. PLUSCUAMPERFECTO
1	porti	portassi	avessi portato
2	porti	portassi	avessi portato
3	porti	portasse	avesse portato
1	portiamo	portassimo	avessimo portato
2	portiate	portaste	aveste portato
3	portino	portassero	avessero portato

PRET. PERFECTO
abbia portato etc.

INFINITIVO SIMPLE	GERUNDIO	PARTICIPIO PASADO
portare	portando	portato

INFINITIVO COMPUESTO
aver(e) portato

INDICATIVO

PRESENTE	PRET. IMPERFECTO	PRET. PLUSCUAMPERFECTO
1 posso	potevo	avevo potuto
2 puoi	potevi	avevi potuto
3 può	poteva	aveva potuto
1 possiamo	potevamo	avevamo potuto
2 potete	potevate	avevate potuto
3 possono	potevano	avevano potuto

PRET. PERF. SIMPLE	PRET. PERF. COMPUESTO	FUTURO IMPERFECTO
1 potei/potetti	ho potuto	potrò
2 potesti	hai potuto	potrai
3 poté/potette	ha potuto	potrà
1 potemmo	abbiamo potuto	potremo
2 poteste	avete potuto	potrete
3 poterono/potettero	hanno potuto	potranno

PRETÉRITO ANTERIOR		FUTURO PERFECTO
ebbi potuto etc.		avrò potuto etc.

CONDICIONAL

SIMPLE	COMPUESTO
1 potrei	avrei potuto
2 potresti	avresti potuto
3 potrebbe	avrebbe potuto
1 potremmo	avremmo potuto
2 potreste	avreste potuto
3 potrebbero	avrebbero potuto

IMPERATIVO

SUBJUNTIVO

PRESENTE	PRET. IMPERFECTO	PRET. PLUSCUAMPERFECTO
1 possa	potessi	avessi potuto
2 possa	potessi	avessi potuto
3 possa	potesse	avesse potuto
1 possiamo	potessimo	avessimo potuto
2 possiate	poteste	aveste potuto
3 possano	potessero	avessero potuto

PRET. PERFECTO
abbia potuto etc.

INFINITIVO SIMPLE	GERUNDIO	PARTICIPIO PASADO
potere	potendo	potuto

INFINITIVO COMPUESTO
aver(e) potuto

NOTA: en los tiempos compuestos, **potere** se conjuga según el auxiliar del verbo al que complementa, p. ej.: he podido venir = *sono potuto/a venire*; he podido comer = *ho potuto mangiare*.

PREFERIRE
152
preferir

INDICATIVO

PRESENTE	PRET. IMPERFECTO	PRET. PLUSCUAMPERFECTO
1 preferisco	preferivo	avevo preferito
2 preferisci	preferivi	avevi preferito
3 preferisce	preferiva	aveva preferito
1 preferiamo	preferivamo	avevamo preferito
2 preferite	preferivate	avevate preferito
3 preferiscono	preferivano	avevano preferito

PRET. PERF. SIMPLE	PRET. PERF. COMPUESTO	FUTURO IMPERFECTO
1 preferii	ho preferito	preferirò
2 preferisti	hai preferito	preferirai
3 preferì	ha preferito	preferirà
1 preferimmo	abbiamo preferito	preferiremo
2 preferiste	avete preferito	preferirete
3 preferirono	hanno preferito	preferiranno

PRETÉRITO ANTERIOR		FUTURO PERFECTO
ebbi preferito etc.		avrò preferito etc.

CONDICIONAL

SIMPLE	COMPUESTO
1 preferirei	avrei preferito
2 preferiresti	avresti preferito
3 preferirebbe	avrebbe preferito
1 preferiremmo	avremmo preferito
2 preferireste	avreste preferito
3 preferirebbero	avrebbero preferito

IMPERATIVO

preferisci
preferisca
preferiamo
preferite
preferiscano

SUBJUNTIVO

PRESENTE	PRET. IMPERFECTO	PRET. PLUSCUAMPERFECTO
1 preferisca	preferissi	avessi preferito
2 preferisca	preferissi	avessi preferito
3 preferisca	preferisse	avesse preferito
1 preferiamo	preferissimo	avessimo preferito
2 preferiate	preferiste	aveste preferito
3 preferiscano	preferissero	avessero preferito

PRET. PERFECTO
abbia preferito etc.

INFINITIVO SIMPLE	GERUNDIO	PARTICIPIO PASADO
preferire	preferendo	preferito
INFINITIVO COMPUESTO		
aver(e) preferito		

tomar, coger

INDICATIVO

PRESENTE	PRET. IMPERFECTO	PRET. PLUSCUAMPERFECTO
1 prendo	prendevo	avevo preso
2 prendi	prendevi	avevi preso
3 prende	prendeva	aveva preso
1 prendiamo	prendevamo	avevamo preso
2 prendete	prendevate	avevate preso
3 prendono	prendevano	avevano preso

PRET. PERF. SIMPLE	PRET. PERF. COMPUESTO	FUTURO IMPERFECTO
1 presi	ho preso	prenderò
2 prendesti	hai preso	prenderai
3 prese	ha preso	prenderà
1 prendemmo	abbiamo preso	prenderemo
2 prendeste	avete preso	prenderete
3 presero	hanno preso	prenderanno

PRETÉRITO ANTERIOR		FUTURO PERFECTO
ebbi preso etc.		avrò preso etc.

CONDICIONAL

IMPERATIVO

SIMPLE	COMPUESTO	
1 prenderei	avrei preso	
2 prenderesti	avresti preso	
3 prenderebbe	avrebbe preso	prendi
1 prenderemmo	avremmo preso	prenda
2 prendereste	avreste preso	prendiamo
3 prenderebbero	avrebbero preso	prendete
		prendano

SUBJUNTIVO

PRESENTE	PRET. IMPERFECTO	PRET. PLUSCUAMPERFECTO
1 prenda	prendessi	avessi preso
2 prenda	prendessi	avessi preso
3 prenda	prendesse	avesse preso
1 prendiamo	prendessimo	avessimo preso
2 prendiate	prendeste	aveste preso
3 prendano	prendessero	avessero preso

PRET. PERFECTO
abbia preso etc.

INFINITIVO SIMPLE	GERUNDIO	PARTICIPIO PASADO
prendere	prendendo	preso
INFINITIVO COMPUESTO		
aver(e) preso		

PRODURRE
154 *producir*

INDICATIVO

	PRESENTE	PRET. IMPERFECTO	PRET. PLUSCUAMPERFECTO
1	produco	producevo	avevo prodotto
2	produci	producevi	avevi prodotto
3	produce	produceva	aveva prodotto
1	produciamo	producevamo	avevamo prodotto
2	producete	producevate	avevate prodotto
3	producono	producevano	avevano prodotto

	PRET. PERF. SIMPLE	PRET. PERF. COMPUESTO	FUTURO IMPERFECTO
1	produssi	ho prodotto	produrrò
2	producesti	hai prodotto	produrrai
3	produsse	ha prodotto	produrrà
1	producemmo	abbiamo prodotto	produrremo
2	produceste	avete prodotto	produrrete
3	produssero	hanno prodotto	produrranno

PRETÉRITO ANTERIOR
ebbi prodotto etc.

FUTURO PERFECTO
avrò prodotto etc.

CONDICIONAL

	SIMPLE	COMPUESTO
1	produrrei	avrei prodotto
2	produrresti	avresti prodotto
3	produrrebbe	avrebbe prodotto
1	produrremmo	avremmo prodotto
2	produrreste	avreste prodotto
3	produrrebbero	avrebbero prodotto

IMPERATIVO

produci
produca
produciamo
producete
producano

SUBJUNTIVO

	PRESENTE	PRET. IMPERFECTO	PRET. PLUSCUAMPERFECTO
1	produca	producessi	avessi prodotto
2	produca	producessi	avessi prodotto
3	produca	producesse	avesse prodotto
1	produciamo	producessimo	avessimo prodotto
2	produciate	produceste	aveste prodotto
3	producano	producessero	avessero prodotto

PRET. PERFECTO
abbia prodotto etc.

INFINITIVO SIMPLE	GERUNDIO	PARTICIPIO PASADO
produrre	producendo	prodotto

INFINITIVO COMPUESTO
aver(e) prodotto

INDICATIVO

PRESENTE
1 redigo
2 redigi
3 redige
1 redigiamo
2 redigete
3 redigono

PRET. IMPERFECTO
redigevo
redigevi
redigeva
redigevamo
redigevate
redigevano

PRET. PLUSCUAMPERFECTO
avevo redatto
avevi redatto
aveva redatto
avevamo redatto
avevate redatto
avevano redatto

PRET. PERF. SIMPLE
1 redassi
2 redigesti
3 redasse
1 redigemmo
2 redigeste
3 redassero

PRET. PERF. COMPUESTO
ho redatto
hai redatto
ha redatto
abbiamo redatto
avete redatto
hanno redatto

FUTURO IMPERFECTO
redigerò
redigerai
redigerà
redigeremo
redigerete
redigeranno

PRETÉRITO ANTERIOR
ebbi redatto etc.

FUTURO PERFECTO
avrò redatto etc.

CONDICIONAL

SIMPLE
1 redigerei
2 redigeresti
3 redigerebbe
1 redigeremmo
2 redigereste
3 redigerebbero

COMPUESTO
avrei redatto
avresti redatto
avrebbe redatto
avremmo redatto
avreste redatto
avrebbero redatto

IMPERATIVO

redigi
rediga
redigiamo
redigete
redigano

SUBJUNTIVO

PRESENTE
1 rediga
2 rediga
3 rediga
1 redigiamo
2 redigiate
3 redigano

PRET. IMPERFECTO
redigessi
redigessi
redigesse
redigessimo
redigeste
redigessero

PRET. PLUSCUAMPERFECTO
avessi redatto
avessi redatto
avesse redatto
avessimo redatto
aveste redatto
avessero redatto

PRET. PERFECTO
abbia redatto etc.

INFINITIVO SIMPLE
redigere
INFINITIVO COMPUESTO
aver(e) redatto

GERUNDIO
redigendo

PARTICIPIO PASADO
redatto

RENDERE
156 *devolver*

INDICATIVO

PRESENTE	PRET. IMPERFECTO	PRET. PLUSCUAMPERFECTO
1 rendo	rendevo	avevo reso
2 rendi	rendevi	avevi reso
3 rende	rendeva	aveva reso
1 rendiamo	rendevamo	avevamo reso
2 rendete	rendevate	avevate reso
3 rendono	rendevano	avevano reso

PRET. PERF. SIMPLE	PRET. PERF. COMPUESTO	FUTURO IMPERFECTO
1 resi	ho reso	renderò
2 rendesti	hai reso	renderai
3 rese	ha reso	renderà
1 rendemmo	abbiamo reso	renderemo
2 rendeste	avete reso	renderete
3 resero	hanno reso	renderanno

PRETÉRITO ANTERIOR		FUTURO PERFECTO
ebbi reso etc.		avrò reso etc.

CONDICIONAL

SIMPLE	COMPUESTO
1 renderei	avrei reso
2 renderesti	avresti reso
3 renderebbe	avrebbe reso
1 renderemmo	avremmo reso
2 rendereste	avreste reso
3 renderebbero	avrebbero reso

IMPERATIVO

rendi
renda
rendiamo
rendete
rendano

SUBJUNTIVO

PRESENTE	PRET. IMPERFECTO	PRET. PLUSCUAMPERFECTO
1 renda	rendessi	avessi reso
2 renda	rendessi	avessi reso
3 renda	rendesse	avesse reso
1 rendiamo	rendessimo	avessimo reso
2 rendiate	rendeste	aveste reso
3 rendano	rendessero	avessero reso

PRET. PERFECTO
abbia reso etc.

INFINITIVO SIMPLE	GERUNDIO	PARTICIPIO PASADO
rendere	rendendo	reso
INFINITIVO COMPUESTO		
aver(e) reso		

INDICATIVO

PRESENTE	PRET. IMPERFECTO	PRET. PLUSCUAMPERFECTO
1 resisto	resistevo	avevo resistito
2 resisti	resistevi	avevi resistito
3 resiste	resisteva	aveva resistito
1 resistiamo	resistevamo	avevamo resistito
2 resistete	resistevate	avevate resistito
3 resistono	resistevano	avevano resistito

PRET. PERF. SIMPLE	PRET. PERF. COMPUESTO	FUTURO IMPERFECTO
1 resistei/resistetti	ho resistito	resisterò
2 resistesti	hai resistito	resisterai
3 resisté/resistette	ha resistito	resisterà
1 resistemmo	abbiamo resistito	resisteremo
2 resisteste	avete resistito	resisterete
3 resisterono/resistettero	hanno resistito	resisteranno

PRETÉRITO ANTERIOR
ebbi resistito etc.

FUTURO PERFECTO
avrò resistito etc.

CONDICIONAL

SIMPLE	COMPUESTO
1 resisterei	avrei resistito
2 resisteresti	avresti resistito
3 resisterebbe	avrebbe resistito
1 resisteremmo	avremmo resistito
2 resistereste	avreste resistito
3 resisterebbero	avrebbero resistito

IMPERATIVO

resisti
resista
resistiamo
resistete
resistano

SUBJUNTIVO

PRESENTE	PRET. IMPERFECTO	PRET. PLUSCUAMPERFECTO
1 resista	resistessi	avessi resistito
2 resista	resistessi	avessi resistito
3 resista	resistesse	avesse resistito
1 resistiamo	resistessimo	avessimo resistito
2 resistiate	resisteste	aveste resistito
3 resistano	resistessero	avessero resistito

PRET. PERFECTO
abbia resistito etc.

INFINITIVO SIMPLE	GERUNDIO	PARTICIPIO PASADO
resistere	resistendo	resistito

INFINITIVO COMPUESTO
aver(e) resistito

RESTARE
158
quedarse, permanecer

INDICATIVO

PRESENTE	PRET. IMPERFECTO	PRET. PLUSCUAMPERFECTO
1 resto	restavo	ero restato/a
2 resti	restavi	eri restato/a
3 resta	restava	era restato/a
1 restiamo	restavamo	eravamo restati/e
2 restate	restavate	eravate restati/e
3 restano	restavano	erano restati/e

PRET. PERF. SIMPLE	PRET. PERF. COMPUESTO	FUTURO IMPERFECTO
1 restai	sono restato/a	resterò
2 restasti	sei restato/a	resterai
3 restò	è restato/a	resterà
1 restammo	siamo restati/e	resteremo
2 restaste	siete restati/e	resterete
3 restarono	sono restati/e	resteranno

PRETÉRITO ANTERIOR		FUTURO PERFECTO
fui restato/a etc.		sarò restato/a etc.

CONDICIONAL

SIMPLE	COMPUESTO
1 resterei	sarei restato/a
2 resteresti	saresti restato/a
3 resterebbe	sarebbe restato/a
1 resteremmo	saremmo restati/e
2 restereste	sareste restati/e
3 resterebbero	sarebbero restati/e

IMPERATIVO

resta
resti
restiamo
restate
restino

SUBJUNTIVO

PRESENTE	PRET. IMPERFECTO	PRET. PLUSCUAMPERFECTO
1 resti	restassi	fossi restato/a
2 resti	restassi	fossi restato/a
3 resti	restasse	fosse restato/a
1 restiamo	restassimo	fossimo restati/e
2 restiate	restaste	foste restati/e
3 restino	restassero	fossero restati/e

PRET. PERFECTO
sia restato/a etc.

INFINITIVO SIMPLE	GERUNDIO	PARTICIPIO PASADO
restare	restando	restato/a/i/e

INFINITIVO COMPUESTO
esser(e) restato/a/i/e

INDICATIVO

PRESENTE	PRET. IMPERFECTO	PRET. PLUSCUAMPERFECTO
1 ricevo	ricevevo	avevo ricevuto
2 ricevi	ricevevi	avevi ricevuto
3 riceve	riceveva	aveva ricevuto
1 riceviamo	ricevevamo	avevamo ricevuto
2 ricevete	ricevevate	avevate ricevuto
3 ricevono	ricevevano	avevano ricevuto

PRET. PERF. SIMPLE	PRET. PERF. COMPUESTO	FUTURO IMPERFECTO
1 ricevei/ricevetti	ho ricevuto	riceverò
2 ricevesti	hai ricevuto	riceverai
3 ricevé/ricevette	ha ricevuto	riceverà
1 ricevemmo	abbiamo ricevuto	riceveremo
2 riceveste	avete ricevuto	riceverete
3 riceverono/ricevettero	hanno ricevuto	riceveranno

PRETÉRITO ANTERIOR	FUTURO PERFECTO
ebbi ricevuto etc.	avrò ricevuto etc.

CONDICIONAL

SIMPLE	COMPUESTO
1 riceverei	avrei ricevuto
2 riceveresti	avresti ricevuto
3 riceverebbe	avrebbe ricevuto
1 riceveremmo	avremmo ricevuto
2 ricevereste	avreste ricevuto
3 riceverebbero	avrebbero ricevuto

IMPERATIVO

ricevi
riceva
riceviamo
ricevete
ricevano

SUBJUNTIVO

PRESENTE	PRET. IMPERFECTO	PRET. PLUSCUAMPERFECTO
1 riceva	ricevessi	avessi ricevuto
2 riceva	ricevessi	avessi ricevuto
3 riceva	ricevesse	avesse ricevuto
1 riceviamo	ricevessimo	avessimo ricevuto
2 riceviate	riceveste	aveste ricevuto
3 ricevano	ricevessero	avessero ricevuto

PRET. PERFECTO
abbia ricevuto etc.

INFINITIVO SIMPLE	GERUNDIO	PARTICIPIO PASADO
ricevere	ricevendo	ricevuto

INFINITIVO COMPUESTO
aver(e) ricevuto

RIDERE 160 *reír*

INDICATIVO

PRESENTE	PRET. IMPERFECTO	PRET. PLUSCUAMPERFECTO
1 rido	ridevo	avevo riso
2 ridi	ridevi	avevi riso
3 ride	rideva	aveva riso
1 ridiamo	ridevamo	avevamo riso
2 ridete	ridevate	avevate riso
3 ridono	ridevano	avevano riso

PRET. PERF. SIMPLE	PRET. PERF. COMPUESTO	FUTURO IMPERFECTO
1 risi	ho riso	riderò
2 ridesti	hai riso	riderai
3 rise	ha riso	riderà
1 ridemmo	abbiamo riso	rideremo
2 rideste	avete riso	riderete
3 risero	hanno riso	rideranno

PRETÉRITO ANTERIOR	FUTURO PERFECTO
ebbi riso etc.	avrò riso etc.

CONDICIONAL

SIMPLE	COMPUESTO
1 riderei	avrei riso
2 rideresti	avresti riso
3 riderebbe	avrebbe riso
1 rideremmo	avremmo riso
2 ridereste	avreste riso
3 riderebbero	avrebbero riso

IMPERATIVO

ridi
rida
ridiamo
ridete
ridano

SUBJUNTIVO

PRESENTE	PRET. IMPERFECTO	PRET. PLUSCUAMPERFECTO
1 rida	ridessi	avessi riso
2 rida	ridessi	avessi riso
3 rida	ridesse	avesse riso
1 ridiamo	ridessimo	avessimo riso
2 ridiate	rideste	aveste riso
3 ridano	ridessero	avessero riso

PRET. PERFECTO
abbia riso etc.

INFINITIVO SIMPLE	GERUNDIO	PARTICIPIO PASADO
ridere	ridendo	riso

INFINITIVO COMPUESTO
aver(e) riso

INDICATIVO

	PRESENTE	PRET. IMPERFECTO	PRET. PLUSCUAMPERFECTO
1	riempio	riempivo	avevo riempito
2	riempi	riempivi	avevi riempito
3	riempie	riempiva	aveva riempito
1	riempiamo	riempivamo	avevamo riempito
2	riempite	riempivate	avevate riempito
3	riempiono	riempivano	avevano riempito

	PRET. PERF. SIMPLE	PRET. PERF. COMPUESTO	FUTURO IMPERFECTO
1	riempii	ho riempito	riempirò
2	riempisti	hai riempito	riempirai
3	riempì	ha riempito	riempirà
1	riempimmo	abbiamo riempito	riempiremo
2	riempiste	avete riempito	riempirete
3	riempirono	hanno riempito	riempiranno

PRETÉRITO ANTERIOR	FUTURO PERFECTO
ebbi riempito etc.	avrò riempito etc.

CONDICIONAL

	SIMPLE	COMPUESTO
1	riempirei	avrei riempito
2	riempiresti	avresti riempito
3	riempirebbe	avrebbe riempito
1	riempiremmo	avremmo riempito
2	riempireste	avreste riempito
3	riempirebbero	avrebbero riempito

IMPERATIVO

2	riempi
3	riempia
1	riempiamo
2	riempite
3	riempiano

SUBJUNTIVO

	PRESENTE	PRET. IMPERFECTO	PRET. PLUSCUAMPERFECTO
1	riempia	riempissi	avessi riempito
2	riempia	riempissi	avessi riempito
3	riempia	riempisse	avesse riempito
1	riempiamo	riempissimo	avessimo riempito
2	riempiate	riempiste	aveste riempito
3	riempiano	riempissero	avessero riempito

PRET. PERFECTO
abbia riempito etc.

INFINITIVO SIMPLE	GERUNDIO	PARTICIPIO PASADO
riempire	riempiendo	riempito

INFINITIVO COMPUESTO
aver(e) riempito

RIFLETTERE
162
reflejar, reflexionar

INDICATIVO

PRESENTE	PRET. IMPERFECTO	PRET. PLUSCUAMPERFECTO
1 rifletto	riflettevo	avevo riflesso/riflettuto
2 rifletti	riflettevi	avevi riflesso/riflettuto
3 riflette	rifletteva	aveva riflesso/riflettuto
1 riflettiamo	riflettevamo	avevamo riflesso/riflettuto
2 riflettete	riflettevate	avevate riflesso/riflettuto
3 riflettono	riflettevano	avevano riflesso/riflettuto

PRET. PERF. SIMPLE	PRET. PERF. COMPUESTO	FUTURO IMPERFECTO
1 riflessi/riflettei	ho riflesso/riflettuto	rifletterò
2 riflettesti	hai riflesso/riflettuto	rifletterai
3 riflesse/rifletté	ha riflesso/riflettuto	rifletterà
1 riflettemmo	abbiamo riflesso/riflettuto	rifletteremo
2 rifletteste	avete riflesso/riflettuto	rifletterete
3 riflessero/rifletterono	hanno riflesso/riflettuto	rifletteranno

PRETÉRITO ANTERIOR		FUTURO PERFECTO
ebbi riflesso/riflettuto etc.		avrò riflesso/riflettuto etc.

CONDICIONAL

IMPERATIVO

SIMPLE	COMPUESTO	
1 rifletterei	avrei riflesso/riflettuto	
2 rifletteresti	avresti riflesso/riflettuto	rifletti
3 rifletterebbe	avrebbe riflesso/riflettuto	rifletta
1 rifletteremmo	avremmo riflesso/riflettuto	riflettiamo
2 riflettereste	avreste riflesso/riflettuto	riflettete
3 rifletterebbero	avrebbero riflesso/riflettuto	riflettano

SUBJUNTIVO

PRESENTE	PRET. IMPERFECTO	PRET. PLUSCUAMPERFECTO
1 rifletta	riflettessi	avessi riflesso/riflettuto
2 rifletta	riflettessi	avessi riflesso/riflettuto
3 rifletta	riflettesse	avesse riflesso/riflettuto
1 riflettiamo	riflettessimo	avessimo riflesso/riflettuto
2 riflettiate	rifletteste	aveste riflesso/riflettuto
3 riflettano	riflettessero	avessero riflesso/riflettuto

PRET. PERFECTO	
abbia riflesso/riflettuto etc.	

INFINITIVO SIMPLE	GERUNDIO	PARTICIPIO PASADO
riflettere	riflettendo	riflesso/riflettuto

INFINITIVO COMPUESTO	
aver(e) riflesso/riflettuto	

NOTA: **riflettere** usa el participio pasado riflesso cuando el verbo se refiere a reflejar la luz y riflettuto, cuando se refiere a reflexionar.

INDICATIVO

PRESENTE	PRET. IMPERFECTO	PRET. PLUSCUAMPERFECTO
1 rimango	rimanevo	ero rimasto/a
2 rimani	rimanevi	eri rimasto/a
3 rimane	rimaneva	era rimasto/a
1 rimaniamo	rimanevamo	eravamo rimasti/e
2 rimanete	rimanevate	eravate rimasti/e
3 rimangono	rimanevano	erano rimasti/e

PRET. PERF. SIMPLE	PRET. PERF. COMPUESTO	FUTURO IMPERFECTO
1 rimasi	sono rimasto/a	rimarrò
2 rimanesti	sei rimasto/a	rimarrai
3 rimase	è rimasto/a	rimarrà
1 rimanemmo	siamo rimasti/e	rimarremo
2 rimaneste	siete rimasti/e	rimarrete
3 rimasero	sono rimasti/e	rimarranno

PRETÉRITO ANTERIOR	FUTURO PERFECTO
fui rimasto/a etc.	sarò rimasto/a etc.

CONDICIONAL

SIMPLE	COMPUESTO	IMPERATIVO
1 rimarrei	sarei rimasto/a	
2 rimarresti	saresti rimasto/a	rimani
3 rimarrebbe	sarebbe rimasto/a	rimanga
1 rimarremmo	saremmo rimasti/e	rimaniamo
2 rimarreste	sareste rimasti/e	rimanete
3 rimarrebbero	sarebbero rimasti/e	rimangano

SUBJUNTIVO

PRESENTE	PRET. IMPERFECTO	PRET. PLUSCUAMPERFECTO
1 rimanga	rimanessi	fossi rimasto/a
2 rimanga	rimanessi	fossi rimasto/a
3 rimanga	rimanesse	fosse rimasto/a
1 rimaniamo	rimanessimo	fossimo rimasti/e
2 rimaniate	rimaneste	foste rimasti/e
3 rimangano	rimanessero	fossero rimasti/e

PRET. PERFECTO
sia rimasto/a etc.

INFINITIVO SIMPLE	GERUNDIO	PARTICIPIO PASADO
rimanere	rimanendo	rimasto/a/i/e

INFINITIVO COMPUESTO
esser(e) rimasto/a/i/e

RINGRAZIARE
164 *agradecer*

INDICATIVO

	PRESENTE	PRET. IMPERFECTO	PRET. PLUSCUAMPERFECTO
1	ringrazio	ringraziavo	avevo ringraziato
2	ringrazi	ringraziavi	avevi ringraziato
3	ringrazia	ringraziava	aveva ringraziato
1	ringraziamo	ringraziavamo	avevamo ringraziato
2	ringraziate	ringraziavate	avevate ringraziato
3	ringraziano	ringraziavano	avevano ringraziato

	PRET. PERF. SIMPLE	PRET. PERF. COMPUESTO	FUTURO IMPERFECTO
1	ringraziai	ho ringraziato	ringrazierò
2	ringraziasti	hai ringraziato	ringrazierai
3	ringraziò	ha ringraziato	ringrazierà
1	ringraziammo	abbiamo ringraziato	ringrazieremo
2	ringraziaste	avete ringraziato	ringrazierete
3	ringraziarono	hanno ringraziato	ringrazieranno

PRETÉRITO ANTERIOR	FUTURO PERFECTO
ebbi ringraziato etc.	avrò ringraziato etc.

CONDICIONAL

	SIMPLE	COMPUESTO
1	ringrazierei	avrei ringraziato
2	ringrazieresti	avresti ringraziato
3	ringrazierebbe	avrebbe ringraziato
1	ringrazieremmo	avremmo ringraziato
2	ringraziereste	avreste ringraziato
3	ringrazierebbero	avrebbero ringraziato

IMPERATIVO

ringrazia
ringrazi
ringraziamo
ringraziate
ringrazino

SUBJUNTIVO

	PRESENTE	PRET. IMPERFECTO	PRET. PLUSCUAMPERFECTO
1	ringrazi	ringraziassi	avessi ringraziato
2	ringrazi	ringraziassi	avessi ringraziato
3	ringrazi	ringraziasse	avesse ringraziato
1	ringraziamo	ringraziassimo	avessimo ringraziato
2	ringraziate	ringraziaste	aveste ringraziato
3	ringrazino	ringraziassero	avessero ringraziato

PRET. PERFECTO
abbia ringraziato etc.

INFINITIVO SIMPLE	GERUNDIO	PARTICIPIO PASADO
ringraziare	ringraziando	ringraziato

INFINITIVO COMPUESTO
aver(e) ringraziato

INDICATIVO

PRESENTE	PRET. IMPERFECTO	PRET. PLUSCUAMPERFECTO
1 risolvo	risolvevo	avevo risolto
2 risolvi	risolvevi	avevi risolto
3 risolve	risolveva	aveva risolto
1 risolviamo	risolvevamo	avevamo risolto
2 risolvete	risolvevate	avevate risolto
3 risolvono	risolvevano	avevano risolto

PRET. PERF. SIMPLE	PRET. PERF. COMPUESTO	FUTURO IMPERFECTO
1 risolsi/risolvei[1]	ho risolto	risolverò
2 risolvesti	hai risolto	risolverai
3 risolse/risolvé[2]	ha risolto	risolverà
1 risolvemmo	abbiamo risolto	risolveremo
2 risolveste	avete risolto	risolverete
3 risolsero[3]	hanno risolto	risolveranno

PRETÉRITO ANTERIOR		FUTURO PERFECTO
ebbi risolto etc.		avrò risolto etc.

CONDICIONAL

IMPERATIVO

SIMPLE	COMPUESTO	
1 risolverei	avrei risolto	
2 risolveresti	avresti risolto	risolvi
3 risolverebbe	avrebbe risolto	risolva
1 risolveremmo	avremmo risolto	risolviamo
2 risolvereste	avreste risolto	risolvete
3 risolverebbero	avrebbero risolto	risolvano

SUBJUNTIVO

PRESENTE	PRET. IMPERFECTO	PRET. PLUSCUAMPERFECTO
1 risolva	risolvessi	avessi risolto
2 risolva	risolvessi	avessi risolto
3 risolva	risolvesse	avesse risolto
1 risolviamo	risolvessimo	avessimo risolto
2 risolviate	risolveste	aveste risolto
3 risolvano	risolvessero	avessero risolto

PRET. PERFECTO
abbia risolto etc.

INFINITIVO SIMPLE	GERUNDIO	PARTICIPIO PASADO
risolvere	risolvendo	risolto
INFINITIVO COMPUESTO		
aver(e) risolto		

NOTA: se adoptan también las variantes: 1 risolvetti; 2 risolvette; 3 risolverono o risolvettero.

RISPONDERE
166 *responder*

INDICATIVO

PRESENTE	PRET. IMPERFECTO	PRET. PLUSCUAMPERFECTO
1 rispondo	rispondevo	avevo risposto
2 rispondi	rispondevi	avevi risposto
3 risponde	rispondeva	aveva risposto
1 rispondiamo	rispondevamo	avevamo risposto
2 rispondete	rispondevate	avevate risposto
3 rispondono	rispondevano	avevano risposto

PRET. PERF. SIMPLE	PRET. PERF. COMPUESTO	FUTURO IMPERFECTO
1 risposi	ho risposto	risponderò
2 rispondesti	hai risposto	risponderai
3 rispose	ha risposto	risponderà
1 rispondemmo	abbiamo risposto	risponderemo
2 rispondeste	avete risposto	risponderete
3 risposero	hanno risposto	risponderanno

PRETÉRITO ANTERIOR		FUTURO PERFECTO
ebbi risposto etc.		avrò risposto etc.

CONDICIONAL

SIMPLE	COMPUESTO
1 risponderei	avrei risposto
2 risponderesti	avresti risposto
3 risponderebbe	avrebbe risposto
1 risponderemmo	avremmo risposto
2 rispondereste	avreste risposto
3 risponderebbero	avrebbero risposto

IMPERATIVO

rispondi
risponda
rispondiamo
rispondete
rispondano

SUBJUNTIVO

PRESENTE	PRET. IMPERFECTO	PRET. PLUSCUAMPERFECTO
1 risponda	rispondessi	avessi risposto
2 risponda	rispondessi	avessi risposto
3 risponda	rispondesse	avesse risposto
1 rispondiamo	rispondessimo	avessimo risposto
2 rispondiate	rispondeste	aveste risposto
3 rispondano	rispondessero	avessero risposto

PRET. PERFECTO
abbia risposto etc.

INFINITIVO SIMPLE	GERUNDIO	PARTICIPIO PASADO
rispondere	rispondendo	risposto

INFINITIVO COMPUESTO
aver(e) risposto

INDICATIVO

PRESENTE	PRET. IMPERFECTO	PRET. PLUSCUAMPERFECTO
1 rodo	rodevo	avevo roso
2 rodi	rodevi	avevi roso
3 rode	rodeva	aveva roso
1 rodiamo	rodevamo	avevamo roso
2 rodete	rodevate	avevate roso
3 rodono	rodevano	avevano roso

PRET. PERF. SIMPLE	PRET. PERF. COMPUESTO	FUTURO IMPERFECTO
1 rosi	ho roso	roderò
2 rodesti	hai roso	roderai
3 rose	ha roso	roderà
1 rodemmo	abbiamo roso	roderemo
2 rodeste	avete roso	roderete
3 rosero	hanno roso	roderanno

PRETÉRITO ANTERIOR	FUTURO PERFECTO
ebbi roso etc.	avrò roso etc.

CONDICIONAL

SIMPLE	COMPUESTO
1 roderei	avrei roso
2 roderesti	avresti roso
3 roderebbe	avrebbe roso
1 roderemmo	avremmo roso
2 rodereste	avreste roso
3 roderebbero	avrebbero roso

IMPERATIVO

rodi
roda
rodiamo
rodete
rodano

SUBJUNTIVO

PRESENTE	PRET. IMPERFECTO	PRET. PLUSCUAMPERFECTO
1 roda	rodessi	avessi roso
2 roda	rodessi	avessi roso
3 roda	rodesse	avesse roso
1 rodiamo	rodessimo	avessimo roso
2 rodiate	rodeste	aveste roso
3 rodano	rodessero	avessero roso

PRET. PERFECTO
abbia roso etc.

INFINITIVO SIMPLE	GERUNDIO	PARTICIPIO PASADO
rodere	rodendo	roso

INFINITIVO COMPUESTO
aver(e) roso

ROMPERE
168 *romper*

INDICATIVO

	PRESENTE	PRET. IMPERFECTO	PRET. PLUSCUAMPERFECTO
1	rompo	rompevo	avevo rotto
2	rompi	rompevi	avevi rotto
3	rompe	rompeva	aveva rotto
1	rompiamo	rompevamo	avevamo rotto
2	rompete	rompevate	avevate rotto
3	rompono	rompevano	avevano rotto

	PRET. PERF. SIMPLE	PRET. PERF. COMPUESTO	FUTURO IMPERFECTO
1	ruppi	ho rotto	romperò
2	rompesti	hai rotto	romperai
3	ruppe	ha rotto	romperà
1	rompemmo	abbiamo rotto	romperemo
2	rompeste	avete rotto	romperete
3	ruppero	hanno rotto	romperanno

PRETÉRITO ANTERIOR	FUTURO PERFECTO
ebbi rotto etc.	avrò rotto etc.

CONDICIONAL

	SIMPLE	COMPUESTO
1	romperei	avrei rotto
2	romperesti	avresti rotto
3	romperebbe	avrebbe rotto
1	romperemmo	avremmo rotto
2	rompereste	avreste rotto
3	romperebbero	avrebbero rotto

IMPERATIVO

rompi
rompa
rompiamo
rompete
rompano

SUBJUNTIVO

	PRESENTE	PRET. IMPERFECTO	PRET. PLUSCUAMPERFECTO
1	rompa	rompessi	avessi rotto
2	rompa	rompessi	avessi rotto
3	rompa	rompesse	avesse rotto
1	rompiamo	rompessimo	avessimo rotto
2	rompiate	rompeste	aveste rotto
3	rompano	rompessero	avessero rotto

PRET. PERFECTO
abbia rotto etc.

INFINITIVO SIMPLE	GERUNDIO	PARTICIPIO PASADO
rompere	rompendo	rotto

INFINITIVO COMPUESTO
aver(e) rotto

INDICATIVO

PRESENTE	PRET. IMPERFECTO	PRET. PLUSCUAMPERFECTO
1 salgo	salivo	ero salito/a
2 sali	salivi	eri salito/a
3 sale	saliva	era salito/a
1 saliamo	salivamo	eravamo saliti/e
2 salite	salivate	eravate saliti/e
3 salgono	salivano	erano saliti/e

PRET. PERF. SIMPLE	PRET. PERF. COMPUESTO	FUTURO IMPERFECTO
1 salii	sono salito/a	salirò
2 salisti	sei salito/a	salirai
3 salì	è salito/a	salirà
1 salimmo	siamo saliti/e	saliremo
2 saliste	siete saliti/e	salirete
3 salirono	sono saliti/e	saliranno

PRETÉRITO ANTERIOR
fui salito/a etc.

FUTURO PERFECTO
sarò salito/a etc.

CONDICIONAL

SIMPLE	COMPUESTO
1 salirei	sarei salito/a
2 saliresti	saresti salito/a
3 salirebbe	sarebbe salito/a
1 saliremmo	saremmo saliti/e
2 salireste	sareste saliti/e
3 salirebbero	sarebbero saliti/e

IMPERATIVO

sali
salga
saliamo
salite
salgano

SUBJUNTIVO

PRESENTE	PRET. IMPERFECTO	PRET. PLUSCUAMPERFECTO
1 salga	salissi	fossi salito/a
2 salga	salissi	fossi salito/a
3 salga	salisse	fosse salito/a
1 saliamo	salissimo	fossimo saliti/e
2 saliate	saliste	foste saliti/e
3 salgano	salissero	fossero saliti/e

PRET. PERFECTO
abbia salito/a etc.

INFINITIVO SIMPLE
salire

GERUNDIO
salendo

PARTICIPIO PASADO
salito/a/i/e

INFINITIVO COMPUESTO
esser(e) salito/a/i/e

NOTA: **salire** se conjuga con el verbo *avere* cuando lleva objeto directo, p. ej.: he subido las escaleras = *ho salito le scale*.

SAPERE

170 *saber*

INDICATIVO

PRESENTE	PRET. IMPERFECTO	PRET. PLUSCUAMPERFECTO
1 so	sapevo	avevo saputo
2 sai	sapevi	avevi saputo
3 sa	sapeva	aveva saputo
1 sappiamo	sapevamo	avevamo saputo
2 sapete	sapevate	avevate saputo
3 sanno	sapevano	avevano saputo

PRET. PERF. SIMPLE	PRET. PERF. COMPUESTO	FUTURO IMPERFECTO
1 seppi	ho saputo	saprò
2 sapesti	hai saputo	saprai
3 seppe	ha saputo	saprà
1 sapemmo	abbiamo saputo	sapremo
2 sapeste	avete saputo	saprete
3 seppero	hanno saputo	sapranno

PRETÉRITO ANTERIOR		FUTURO PERFECTO
ebbi saputo etc.		avrò saputo etc.

CONDICIONAL

IMPERATIVO

SIMPLE	COMPUESTO	
1 saprei	avrei saputo	
2 sapresti	avresti saputo	sappi
3 saprebbe	avrebbe saputo	sappia
1 sapremmo	avremmo saputo	sappiamo
2 sapreste	avreste saputo	sappiate
3 saprebbero	avrebbero saputo	sappiano

SUBJUNTIVO

PRESENTE	PRET. IMPERFECTO	PRET. PLUSCUAMPERFECTO
1 sappia	sapessi	avessi saputo
2 sappia	sapessi	avessi saputo
3 sappia	sapesse	avesse saputo
1 sappiamo	sapessimo	avessimo saputo
2 sappiate	sapeste	aveste saputo
3 sappiano	sapessero	avessero saputo

PRET. PERFECTO
abbia saputo etc.

INFINITIVO SIMPLE	GERUNDIO	PARTICIPIO PASADO
sapere	sapendo	saputo

INFINITIVO COMPUESTO
aver(e) saputo

INDICATIVO

	PRESENTE	PRET. IMPERFECTO	PRET. PLUSCUAMPERFECTO
1	scelgo	sceglievo	avevo scelto
2	scegli	sceglievi	avevi scelto
3	sceglie	sceglieva	aveva scelto
1	scegliamo	sceglievamo	avevamo scelto
2	scegliete	sceglievate	avevate scelto
3	scelgono	sceglievano	avevano scelto

	PRET. PERF. SIMPLE	PRET. PERF. COMPUESTO	FUTURO IMPERFECTO
1	scelsi	ho scelto	sceglierò
2	scegliesti	hai scelto	sceglierai
3	scelse	ha scelto	sceglierà
1	scegliemmo	abbiamo scelto	sceglieremo
2	sceglieste	avete scelto	sceglierete
3	scelsero	hanno scelto	sceglieranno

PRETÉRITO ANTERIOR
ebbi scelto etc.

FUTURO PERFECTO
avrò scelto etc.

CONDICIONAL

	SIMPLE	COMPUESTO
1	sceglierei	avrei scelto
2	sceglieresti	avresti scelto
3	sceglierebbe	avrebbe scelto
1	sceglieremmo	avremmo scelto
2	scegliereste	avreste scelto
3	sceglierebbero	avrebbero scelto

IMPERATIVO

scegli
scelga
scegliamo
scegliete
scelgano

SUBJUNTIVO

	PRESENTE	PRET. IMPERFECTO	PRET. PLUSCUAMPERFECTO
1	scelga	scegliessi	avessi scelto
2	scelga	scegliessi	avessi scelto
3	scelga	scegliesse	avesse scelto
1	scegliamo	scegliessimo	avessimo scelto
2	scegliate	sceglieste	aveste scelto
3	scelgano	scegliessero	avessero scelto

PRET. PERFECTO
abbia scelto etc.

INFINITIVO SIMPLE
scegliere

GERUNDIO
scegliendo

PARTICIPIO PASADO
scelto

INFINITIVO COMPUESTO
aver(e) scelto

SCENDERE
172
bajar, descender

INDICATIVO

PRESENTE	PRET. IMPERFECTO	PRET. PLUSCUAMPERFECTO
1 scendo	scendevo	ero sceso/a
2 scendi	scendevi	eri sceso/a
3 scende	scendeva	era sceso/a
1 scendiamo	scendevamo	eravamo scesi/e
2 scendete	scendevate	eravate scesi/e
3 scendono	scendevano	erano scesi/e

PRET. PERF. SIMPLE	PRET. PERF. COMPUESTO	FUTURO IMPERFECTO
1 scesi	sono sceso/a	scenderò
2 scendesti	sei sceso/a	scenderai
3 scese	è sceso/a	scenderà
1 scendemmo	siamo scesi/e	scenderemo
2 scendeste	siete scesi/e	scenderete
3 scesero	sono scesi/e	scenderanno

PRETÉRITO ANTERIOR		FUTURO PERFECTO
fui sceso/a etc.		sarò sceso/a etc.

CONDICIONAL

SIMPLE	COMPUESTO	IMPERATIVO
1 scenderei	sarei sceso/a	
2 scenderesti	saresti sceso/a	scendi
3 scenderebbe	sarebbe sceso/a	scenda
1 scenderemmo	saremmo scesi/e	scendiamo
2 scendereste	sareste scesi/e	scendete
3 scenderebbero	sarebbero scesi/e	scendano

SUBJUNTIVO

PRESENTE	PRET. IMPERFECTO	PRET. PLUSCUAMPERFECTO
1 scenda	scendessi	fossi sceso/a
2 scenda	scendessi	fossi sceso/a
3 scenda	scendesse	fosse sceso/a
1 scendiamo	scendessimo	fossimo scesi/e
2 scendiate	scendeste	foste scesi/e
3 scendano	scendessero	fossero scesi/e

PRET. PERFECTO
sia sceso/a etc.

INFINITIVO SIMPLE	GERUNDIO	PARTICIPIO PASADO
scendere	scendendo	sceso/a/i/e

INFINITIVO COMPUESTO
esser(e) sceso/a/i/e

NOTA: cuando **scendere** lleva objeto directo, se conjuga con el auxiliar *avere*, p. ej.: he bajado las escaleras = *ho sceso le scale*.

INDICATIVO

PRESENTE	PRET. IMPERFECTO	PRET. PLUSCUAMPERFECTO
1 scindo	scindevo	avevo scisso
2 scindi	scindevi	avevi scisso
3 scinde	scindeva	aveva scisso
1 scindiamo	scindevamo	avevamo scisso
2 scindete	scindevate	avevate scisso
3 scindono	scindevano	avevano scisso

PRET. PERF. SIMPLE	PRET. PERF. COMPUESTO	FUTURO IMPERFECTO
1 scissi	ho scisso	scinderò
2 scindesti	hai scisso	scinderai
3 scisse	ha scisso	scinderà
1 scindemmo	abbiamo scisso	scinderemo
2 scindeste	avete scisso	scinderete
3 scissero	hanno scisso	scinderanno

PRETÉRITO ANTERIOR		FUTURO PERFECTO
ebbi scisso etc.		avrò scisso etc.

CONDICIONAL

IMPERATIVO

SIMPLE	COMPUESTO	
1 scinderei	avrei scisso	
2 scinderesti	avresti scisso	scindi
3 scinderebbe	avrebbe scisso	scinda
1 scinderemmo	avremmo scisso	scindiamo
2 scindereste	avreste scisso	scindete
3 scinderebbero	avrebbero scisso	scindano

SUBJUNTIVO

PRESENTE	PRET. IMPERFECTO	PRET. PLUSCUAMPERFECTO
1 scinda	scindessi	avessi scisso
2 scinda	scindessi	avessi scisso
3 scinda	scindesse	avesse scisso
1 scindiamo	scindessimo	avessimo scisso
2 scindiate	scindeste	aveste scisso
3 scindano	scindessero	avessero scisso

PRET. PERFECTO
abbia scisso etc.

INFINITIVO SIMPLE	GERUNDIO	PARTICIPIO PASADO
scindere	scindendo	scisso

INFINITIVO COMPUESTO
aver(e) scisso

SCRIVERE
174
escribir

INDICATIVO

PRESENTE	PRET. IMPERFECTO	PRET. PLUSCUAMPERFECTO
1 scrivo	scrivevo	avevo scritto
2 scrivi	scrivevi	avevi scritto
3 scrive	scriveva	aveva scritto
1 scriviamo	scrivevamo	avevamo scritto
2 scrivete	scrivevate	avevate scritto
3 scrivono	scrivevano	avevano scritto

PRET. PERF. SIMPLE	PRET. PERF. COMPUESTO	FUTURO IMPERFECTO
1 scrissi	ho scritto	scriverò
2 scrivesti	hai scritto	scriverai
3 scrisse	ha scritto	scriverà
1 scrivemmo	abbiamo scritto	scriveremo
2 scriveste	avete scritto	scriverete
3 scrissero	hanno scritto	scriveranno

PRETÉRITO ANTERIOR
ebbi scritto etc.

FUTURO PERFECTO
avrò scritto etc.

CONDICIONAL

SIMPLE	COMPUESTO
1 scriverei	avrei scritto
2 scriveresti	avresti scritto
3 scriverebbe	avrebbe scritto
1 scriveremmo	avremmo scritto
2 scrivereste	avreste scritto
3 scriverebbero	avrebbero scritto

IMPERATIVO

scrivi
scriva
scriviamo
scrivete
scrivano

SUBJUNTIVO

PRESENTE	PRET. IMPERFECTO	PRET. PLUSCUAMPERFECTO
1 scriva	scrivessi	avessi scritto
2 scriva	scrivessi	avessi scritto
3 scriva	scrivesse	avesse scritto
1 scriviamo	scrivessimo	avessimo scritto
2 scriviate	scriveste	aveste scritto
3 scrivano	scrivessero	avessero scritto

PRET. PERFECTO
abbia scritto etc.

INFINITIVO SIMPLE	GERUNDIO	PARTICIPIO PASADO
scrivere	scrivendo	scritto

INFINITIVO COMPUESTO
aver(e) scritto

INDICATIVO

	PRESENTE	PRET. IMPERFECTO	PRET. PLUSCUAMPERFECTO
1	scuoto	scuotevo	avevo scosso
2	scuoti	scuotevi	avevi scosso
3	scuote	scuoteva	aveva scosso
1	scuotiamo	scuotevamo	avevamo scosso
2	scuotete	scuotevate	avevate scosso
3	scuotono	scuotevano	avevano scosso

	PRET. PERF. SIMPLE	PRET. PERF. COMPUESTO	FUTURO IMPERFECTO
1	scossi	ho scosso	scuoterò
2	scuotesti	hai scosso	scuoterai
3	scosse	ha scosso	scuoterà
1	scuotemmo	abbiamo scosso	scuoteremo
2	scuoteste	avete scosso	scuoterete
3	scossero	hanno scosso	scuoteranno

PRETÉRITO ANTERIOR	FUTURO PERFECTO
ebbi scosso etc.	avrò scosso etc.

CONDICIONAL

	SIMPLE	COMPUESTO
1	scuoterei	avrei scosso
2	scuoteresti	avresti scosso
3	scuoterebbe	avrebbe scosso
1	scuoteremmo	avremmo scosso
2	scuotereste	avreste scosso
3	scuoterebbero	avrebbero scosso

IMPERATIVO

scuoti
scuota
scuotiamo
scuotete
scuotano

SUBJUNTIVO

	PRESENTE	PRET. IMPERFECTO	PRET. PLUSCUAMPERFECTO
1	scuota	scuotessi	avessi scosso
2	scuota	scuotessi	avessi scosso
3	scuota	scuotesse	avesse scosso
1	scuotiamo	scuotessimo	avessimo scosso
2	scuotiate	scuoteste	aveste scosso
3	scuotano	scuotessero	avessero scosso

PRET. PERFECTO
abbia scosso etc.

INFINITIVO SIMPLE	GERUNDIO	PARTICIPIO PASADO
scuotere	scuotendo	scosso

INFINITIVO COMPUESTO
aver(e) scosso

SEDERE
176

sentarse

INDICATIVO

PRESENTE	PRET. IMPERFECTO	PRET. PLUSCUAMPERFECTO
1 siedo/seggo	sedevo	ero seduto/a
2 siedi	sedevi	eri seduto/a
3 siede	sedeva	era seduto/a
1 sediamo	sedevamo	eravamo seduti/e
2 sedete	sedevate	eravate seduti/e
3 siedono/seggono	sedevano	erano seduti/e

PRET. PERF. SIMPLE	PRET. PERF. COMPUESTO	FUTURO IMPERFECTO
1 sedei/sedetti	sono seduto/a	sederò
2 sedesti	sei seduto/a	sederai
3 sedé/sedette	è seduto/a	sederà
1 sedemmo	siamo seduti/e	sederemo
2 sedeste	siete seduti/e	sederete
3 sederono/sedettero	sono seduti/e	sederanno

PRETÉRITO ANTERIOR		FUTURO PERFECTO
fui seduto/a etc.		sarò seduto/a etc.

CONDICIONAL

SIMPLE	COMPUESTO	IMPERATIVO
1 sederei	sarei seduto/a	
2 sederesti	saresti seduto/a	siedi
3 sederebbe	sarebbe seduto/a	sieda/segga
1 sederemmo	saremmo seduti/e	sediamo
2 sedereste	sareste seduti/e	sedete
3 sederebbero	sarebbero seduti/e	siedano/seggano

SUBJUNTIVO

PRESENTE	PRET. IMPERFECTO	PRET. PLUSCUAMPERFECTO
1 sieda/segga	sedessi	fossi seduto/a
2 sieda/segga	sedessi	fossi seduto/a
3 sieda/segga	sedesse	fosse seduto/a
1 sediamo	sedessimo	fossimo seduti/e
2 sediate	sedeste	foste seduti/e
3 siedano/seggano	sedessero	fossero seduti/e

PRET. PERFECTO
sia seduto/a etc.

INFINITIVO SIMPLE	GERUNDIO	PARTICIPIO PASADO
sedere	sedendo	seduto/a/i/e

INFINITIVO COMPUESTO
esser(c) seduto/a/i/e

NOTA: este verbo se suele encontrar en la forma reflexiva sedersi.

INDICATIVO

PRESENTE	PRET. IMPERFECTO	PRET. PLUSCUAMPERFECTO
1 seguo	seguivo	avevo seguito
2 segui	seguivi	avevi seguito
3 segue	seguiva	aveva seguito
1 seguiamo	seguivamo	avevamo seguito
2 seguite	seguivate	avevate seguito
3 seguono	seguivano	avevano seguito

PRET. PERF. SIMPLE	PRET. PERF. COMPUESTO	FUTURO IMPERFECTO
1 seguii	ho seguito	seguirò
2 seguisti	hai seguito	seguirai
3 seguì	ha seguito	seguirà
1 seguimmo	abbiamo seguito	seguiremo
2 seguiste	avete seguito	seguirete
3 seguirono	hanno seguito	seguiranno

PRETÉRITO ANTERIOR		FUTURO PERFECTO
ebbi seguito etc.		avrò seguito etc.

CONDICIONAL

SIMPLE	COMPUESTO
1 seguirei	avrei seguito
2 seguiresti	avresti seguito
3 seguirebbe	avrebbe seguito
1 seguiremmo	avremmo seguito
2 seguireste	avreste seguito
3 seguirebbero	avrebbero seguito

IMPERATIVO

segui
segua
seguiamo
seguite
seguano

SUBJUNTIVO

PRESENTE	PRET. IMPERFECTO	PRET. PLUSCUAMPERFECTO
1 segua	seguissi	avessi seguito
2 segua	seguissi	avessi seguito
3 segua	seguisse	avesse seguito
1 seguiamo	seguissimo	avessimo seguito
2 seguiate	seguiste	aveste seguito
3 seguano	seguissero	avessero seguito

PRET. PERFECTO
abbia seguito etc.

INFINITIVO SIMPLE	GERUNDIO	PARTICIPIO PASADO
seguire	seguendo	seguito
INFINITIVO COMPUESTO		
aver(e) seguito		

SENTIRE
178
sentir, oler, oír

INDICATIVO

PRESENTE	PRET. IMPERFECTO	PRET. PLUSCUAMPERFECTO
1 sento	sentivo	avevo sentito
2 senti	sentivi	avevi sentito
3 sente	sentiva	aveva sentito
1 sentiamo	sentivamo	avevamo sentito
2 sentite	sentivate	avevate sentito
3 sentono	sentivano	avevano sentito

PRET. PERF. SIMPLE	PRET. PERF. COMPUESTO	FUTURO IMPERFECTO
1 sentii	ho sentito	sentirò
2 sentisti	hai sentito	sentirai
3 sentì	ha sentito	sentirà
1 sentimmo	abbiamo sentito	sentiremo
2 sentiste	avete sentito	sentirete
3 sentirono	hanno sentito	sentiranno

PRETÉRITO ANTERIOR	FUTURO PERFECTO
ebbi sentito etc.	avrò sentito etc.

CONDICIONAL

SIMPLE	COMPUESTO
1 sentirei	avrei sentito
2 sentiresti	avresti sentito
3 sentirebbe	avrebbe sentito
1 sentiremmo	avremmo sentito
2 sentireste	avreste sentito
3 sentirebbero	avrebbero sentito

IMPERATIVO

senti
senta
sentiamo
sentite
sentano

SUBJUNTIVO

PRESENTE	PRET. IMPERFECTO	PRET. PLUSCUAMPERFECTO
1 senta	sentissi	avessi sentito
2 senta	sentissi	avessi sentito
3 senta	sentisse	avesse sentito
1 sentiamo	sentissimo	avessimo sentito
2 sentiate	sentiste	aveste sentito
3 sentano	sentissero	avessero sentito

PRET. PERFECTO
abbia sentito etc.

INFINITIVO SIMPLE	GERUNDIO	PARTICIPIO PASADO
sentire	sentendo	sentito
INFINITIVO COMPUESTO		
aver(e) sentito		

servir, necesitar, hacer falta

INDICATIVO

PRESENTE	PRET. IMPERFECTO	PRET. PLUSCUAMPERFECTO
1 servo	servivo	avevo servito
2 servi	servivi	avevi servito
3 serve	serviva	aveva servito
1 serviamo	servivamo	avevamo servito
2 servite	servivate	avevate servito
3 servono	servivano	avevano servito

PRET. PERF. SIMPLE	PRET. PERF. COMPUESTO	FUTURO IMPERFECTO
1 servii	ho servito	servirò
2 servisti	hai servito	servirai
3 servì	ha servito	servirà
1 servimmo	abbiamo servito	serviremo
2 serviste	avete servito	servirete
3 servirono	hanno servito	serviranno

PRETÉRITO ANTERIOR		FUTURO PERFECTO
ebbi servito etc.		avrò servito etc.

CONDICIONAL

IMPERATIVO

SIMPLE	COMPUESTO	
1 servirei	avrei servito	
2 serviresti	avresti servito	servi
3 servirebbe	avrebbe servito	serva
1 serviremmo	avremmo servito	serviamo
2 servireste	avreste servito	servite
3 servirebbero	avrebbero servito	servano

SUBJUNTIVO

PRESENTE	PRET. IMPERFECTO	PRET. PLUSCUAMPERFECTO
1 serva	servissi	avessi servito
2 serva	servissi	avessi servito
3 serva	servisse	avesse servito
1 serviamo	servissimo	avessimo servito
2 serviate	serviste	aveste servito
3 servano	servissero	avessero servito

PRET. PERFECTO		
abbia servito etc.		

INFINITIVO SIMPLE	GERUNDIO	PARTICIPIO PASADO
servire	servendo	servito
INFINITIVO COMPUESTO		
aver(e) servito		

SOFFRIRE
180 *sufrir*

INDICATIVO

	PRESENTE	PRET. IMPERFECTO	PRET. PLUSCUAMPERFECTO
1	soffro	soffrivo	avevo sofferto
2	soffri	soffrivi	avevi sofferto
3	soffre	soffriva	aveva sofferto
1	soffriamo	soffrivamo	avevamo sofferto
2	soffrite	soffrivate	avevate sofferto
3	soffrono	soffrivano	avevano sofferto

	PRET. PERF. SIMPLE	PRET. PERF. COMPUESTO	FUTURO IMPERFECTO
1	soffrii/soffersi	ho sofferto	soffrirò
2	soffristi	hai sofferto	soffrirai
3	soffrì/sofferse	ha sofferto	soffrirà
1	soffrimmo	abbiamo sofferto	soffriremo
2	soffriste	avete sofferto	soffrirete
3	soffrirono/soffersero	hanno sofferto	soffriranno

PRETÉRITO ANTERIOR
ebbi sofferto etc.

FUTURO PERFECTO
avrò sofferto etc.

CONDICIONAL

	SIMPLE	COMPUESTO
1	soffrirei	avrei sofferto
2	soffriresti	avresti sofferto
3	soffrirebbe	avrebbe sofferto
1	soffriremmo	avremmo sofferto
2	soffrireste	avreste sofferto
3	soffrirebbero	avrebbero sofferto

IMPERATIVO

soffri
soffra
soffriamo
soffrite
soffrano

SUBJUNTIVO

	PRESENTE	PRET. IMPERFECTO	PRET. PLUSCUAMPERFECTO
1	soffra	soffrissi	avessi sofferto
2	soffra	soffrissi	avessi sofferto
3	soffra	soffrisse	avesse sofferto
1	soffriamo	soffrissimo	avessimo sofferto
2	soffriate	soffriste	aveste sofferto
3	soffrano	soffrissero	avessero sofferto

PRET. PERFECTO
abbia sofferto etc.

INFINITIVO SIMPLE	GERUNDIO	PARTICIPIO PASADO
soffrire	soffrendo	sofferto

INFINITIVO COMPUESTO
aver(e) sofferto

INDICATIVO

	PRESENTE	PRET. IMPERFECTO	PRET. PLUSCUAMPERFECTO
1	spando	spandevo	avevo spanto
2	spandi	spandevi	avevi spanto
3	spande	spandeva	aveva spanto
1	spandiamo	spandevamo	avevamo spanto
2	spandete	spandevate	avevate spanto
3	spandono	spandevano	avevano spanto

	PRET. PERF. SIMPLE	PRET. PERF. COMPUESTO	FUTURO IMPERFECTO
1	spandei	ho spanto	spanderò
2	spandesti	hai spanto	spanderai
3	spandé	ha spanto	spanderà
1	spandemmo	abbiamo spanto	spanderemo
2	spandeste	avete spanto	spanderete
3	spanderono	hanno spanto	spanderanno

PRETÉRITO ANTERIOR
ebbi spanto etc.

FUTURO PERFECTO
avrò spanto etc.

CONDICIONAL

	SIMPLE	COMPUESTO
1	spanderei	avrei spanto
2	spanderesti	avresti spanto
3	spanderebbe	avrebbe spanto
1	spanderemmo	avremmo spanto
2	spandereste	avreste spanto
3	spanderebbero	avrebbero spanto

IMPERATIVO

spandi
spanda
spandiamo
spandete
spandano

SUBJUNTIVO

	PRESENTE	PRET. IMPERFECTO	PRET. PLUSCUAMPERFECTO
1	spanda	spandessi	avessi spanto
2	spanda	spandessi	avessi spanto
3	spanda	spandesse	avesse spanto
1	spandiamo	spandessimo	avessimo spanto
2	spandiate	spandeste	aveste spanto
3	spandano	spandessero	avessero spanto

PRET. PERFECTO
abbia spanto etc.

INFINITIVO SIMPLE	GERUNDIO	PARTICIPIO PASADO
spandere	spandendo	spanto

INFINITIVO COMPUESTO
aver(e) spanto

SPARGERE
182
esparcir, desperdigar, difundir

INDICATIVO

	PRESENTE	PRET. IMPERFECTO	PRET. PLUSCUAMPERFECTO
1	spargo	spargevo	avevo sparso
2	spargi	spargevi	avevi sparso
3	sparge	spargeva	aveva sparso
1	spargiamo	spargevamo	avevamo sparso
2	spargete	spargevate	avevate sparso
3	spargono	spargevano	avevano sparso

	PRET. PERF. SIMPLE	PRET. PERF. COMPUESTO	FUTURO IMPERFECTO
1	sparsi	ho sparso	spargerò
2	spargesti	hai sparso	spargerai
3	sparse	ha sparso	spargerà
1	spargemmo	abbiamo sparso	spargeremo
2	spargeste	avete sparso	spargerete
3	sparsero	hanno sparso	spargeranno

PRETÉRITO ANTERIOR
ebbi sparso etc.

FUTURO PERFECTO
avrò sparso etc.

CONDICIONAL

	SIMPLE	COMPUESTO
1	spargerei	avrei sparso
2	spargeresti	avresti sparso
3	spargerebbe	avrebbe sparso
1	spargeremmo	avremmo sparso
2	spargereste	avreste sparso
3	spargerebbero	avrebbero sparso

IMPERATIVO

spargi
sparga
spargiamo
spargete
spargano

SUBJUNTIVO

	PRESENTE	PRET. IMPERFECTO	PRET. PLUSCUAMPERFECTO
1	sparga	spargessi	avessi sparso
2	sparga	spargessi	avessi sparso
3	sparga	spargesse	avesse sparso
1	spargiamo	spargessimo	avessimo sparso
2	spargiate	spargeste	aveste sparso
3	spargano	spargessero	avessero sparso

PRET. PERFECTO
abbia sparso etc.

INFINITIVO SIMPLE	GERUNDIO	PARTICIPIO PASADO
spargere	spargendo	sparso

INFINITIVO COMPUESTO
aver(e) sparso

apagar, extinguir

INDICATIVO

	PRESENTE	PRET. IMPERFECTO	PRET. PLUSCUAMPERFECTO
1	spengo	spegnevo	avevo spento
2	spegni	spegnevi	avevi spento
3	spegne	spegneva	aveva spento
1	spegniamo	spegnevamo	avevamo spento
2	spegnete	spegnevate	avevate spento
3	spengono	spegnevano	avevano spento

	PRET. PERF. SIMPLE	PRET. PERF. COMPUESTO	FUTURO IMPERFECTO
1	spensi	ho spento	spegnerò
2	spegnesti	hai spento	spegnerai
3	spense	ha spento	spegnerà
1	spegnemmo	abbiamo spento	spegneremo
2	spegneste	avete spento	spegnerete
3	spensero	hanno spento	spegneranno

PRETÉRITO ANTERIOR
ebbi spento etc.

FUTURO PERFECTO
avrò spento etc.

CONDICIONAL

	SIMPLE	COMPUESTO
1	spegnerei	avrei spento
2	spegneresti	avresti spento
3	spegnerebbe	avrebbe spento
1	spegneremmo	avremmo spento
2	spegnereste	avreste spento
3	spegnerebbero	avrebbero spento

IMPERATIVO

spegni
spenga
spegniamo
spegnete
spengano

SUBJUNTIVO

	PRESENTE	PRET. IMPERFECTO	PRET. PLUSCUAMPERFECTO
1	spenga	spegnessi	avessi spento
2	spenga	spegnessi	avessi spento
3	spenga	spegnesse	avesse spento
1	spegniamo	spegnessimo	avessimo spento
2	spegniate	spegneste	aveste spento
3	spengano	spegnessero	avessero spento

PRET. PERFECTO
abbia spento etc.

INFINITIVO SIMPLE	GERUNDIO	PARTICIPIO PASADO
spegnere	spegnendo	spento

INFINITIVO COMPUESTO
aver(e) spento

SPENDERE
184 *gastar, emplear*

INDICATIVO

PRESENTE	PRET. IMPERFECTO	PRET. PLUSCUAMPERFECTO
1 spendo	spendevo	avevo speso
2 spendi	spendevi	avevi speso
3 spende	spendeva	aveva speso
1 spendiamo	spendevamo	avevamo speso
2 spendete	spendevate	avevate speso
3 spendono	spendevano	avevano speso

PRET. PERF. SIMPLE	PRET. PERF. COMPUESTO	FUTURO IMPERFECTO
1 spesi	ho speso	spenderò
2 spendesti	hai speso	spenderai
3 spese	ha speso	spenderà
1 spendemmo	abbiamo speso	spenderemo
2 spendeste	avete speso	spenderete
3 spesero	hanno speso	spenderanno

PRETÉRITO ANTERIOR		FUTURO PERFECTO
ebbi speso etc.		avrò speso etc.

CONDICIONAL

SIMPLE	COMPUESTO
1 spenderei	avrei speso
2 spenderesti	avresti speso
3 spenderebbe	avrebbe speso
1 spenderemmo	avremmo speso
2 spendereste	avreste speso
3 spenderebbero	avrebbero speso

IMPERATIVO

spendi
spenda
spendiamo
spendete
spendano

SUBJUNTIVO

PRESENTE	PRET. IMPERFECTO	PRET. PLUSCUAMPERFECTO
1 spenda	spendessi	avessi speso
2 spenda	spendessi	avessi speso
3 spenda	spendesse	avesse speso
1 spendiamo	spendessimo	avessimo speso
2 spendiate	spendeste	aveste speso
3 spendano	spendessero	avessero speso

PRET. PERFECTO
abbia speso etc.

INFINITIVO SIMPLE	GERUNDIO	PARTICIPIO PASADO
spendere	spendendo	speso

INFINITIVO COMPUESTO
aver(e) speso

INDICATIVO

PRESENTE	PRET. IMPERFECTO	PRET. PLUSCUAMPERFECTO
1 spingo	spingevo	avevo spinto
2 spingi	spingevi	avevi spinto
3 spinge	spingeva	aveva spinto
1 spingiamo	spingevamo	avevamo spinto
2 spingete	spingevate	avevate spinto
3 spingono	spingevano	avevano spinto

PRET. PERF. SIMPLE	PRET. PERF. COMPUESTO	FUTURO IMPERFECTO
1 spinsi	ho spinto	spingerò
2 spingesti	hai spinto	spingerai
3 spinse	ha spinto	spingerà
1 spingemmo	abbiamo spinto	spingeremo
2 spingeste	avete spinto	spingerete
3 spinsero	hanno spinto	spingeranno

PRETÉRITO ANTERIOR
ebbi spinto etc.

FUTURO PERFECTO
avrò spinto etc.

CONDICIONAL

SIMPLE	COMPUESTO
1 spingerei	avrei spinto
2 spingeresti	avresti spinto
3 spingerebbe	avrebbe spinto
1 spingeremmo	avremmo spinto
2 spingereste	avreste spinto
3 spingerebbero	avrebbero spinto

IMPERATIVO

spingi
spinga
spingiamo
spingete
spingano

SUBJUNTIVO

PRESENTE	PRET. IMPERFECTO	PRET. PLUSCUAMPERFECTO
1 spinga	spingessi	avessi spinto
2 spinga	spingessi	avessi spinto
3 spinga	spingesse	avesse spinto
1 spingiamo	spingessimo	avessimo spinto
2 spingiate	spingeste	aveste spinto
3 spingano	spingessero	avessero spinto

PRET. PERFECTO
abbia spinto etc.

INFINITIVO SIMPLE
spingere

GERUNDIO
spingendo

PARTICIPIO PASADO
spinto

INFINITIVO COMPUESTO
aver(e) spinto

STARE 186 *estar*

INDICATIVO

PRESENTE	PRET. IMPERFECTO	PRET. PLUSCUAMPERFECTO
1 sto	stavo	ero stato/a
2 stai	stavi	eri stato/a
3 sta	stava	era stato/a
1 stiamo	stavamo	eravamo stati/e
2 state	stavate	eravate stati/e
3 stanno	stavano	erano stati/e

PRET. PERF. SIMPLE	PRET. PERF. COMPUESTO	FUTURO IMPERFECTO
1 stetti	sono stato/a	starò
2 stesti	sei stato/a	starai
3 stette	è stato/a	starà
1 stemmo	siamo stati/e	staremo
2 steste	siete stati/e	starete
3 stettero	sono stati/e	staranno

PRETÉRITO ANTERIOR		FUTURO PERFECTO
fui stato/a etc.		sarò stato/a etc.

CONDICIONAL

SIMPLE	COMPUESTO
1 starei	sarei stato/a
2 staresti	saresti stato/a
3 starebbe	sarebbe stato/a
1 staremmo	saremmo stati/e
2 stareste	sareste stati/e
3 starebbero	sarebbero stati/e

IMPERATIVO

sta/stai/sta'
stia
stiamo
state
stiano

SUBJUNTIVO

PRESENTE	PRET. IMPERFECTO	PRET. PLUSCUAMPERFECTO
1 stia	stessi	fossi stato/a
2 stia	stessi	fossi stato/a
3 stia	stesse	fosse stato/a
1 stiamo	stessimo	fossimo stati/e
2 stiate	steste	foste stati/e
3 stiano	stessero	fossero stati/e

PRET. PERFECTO
sia stato/a etc.

INFINITIVO SIMPLE	GERUNDIO	PARTICIPIO PASADO
stare	stando	stato/a/i/e
INFINITIVO COMPUESTO		
esser(e) stato/a/i/e		

INDICATIVO

PRESENTE	PRET. IMPERFECTO	PRET. PLUSCUAMPERFECTO
1 stendo	stendevo	avevo steso
2 stendi	stendevi	avevi steso
3 stende	stendeva	aveva steso
1 stendiamo	stendevamo	avevamo steso
2 stendete	stendevate	avevate steso
3 stendono	stendevano	avevano steso

PRET. PERF. SIMPLE	PRET. PERF. COMPUESTO	FUTURO IMPERFECTO
1 stesi	ho steso	stenderò
2 stendesti	hai steso	stenderai
3 stese	ha steso	stenderà
1 stendemmo	abbiamo steso	stenderemo
2 stendeste	avete steso	stenderete
3 stesero	hanno steso	stenderanno

PRETÉRITO ANTERIOR	FUTURO PERFECTO
ebbi steso etc.	avrò steso etc.

CONDICIONAL

SIMPLE	COMPUESTO	IMPERATIVO
1 stenderei	avrei steso	
2 stenderesti	avresti steso	stendi
3 stenderebbe	avrebbe steso	stenda
1 stenderemmo	avremmo steso	stendiamo
2 stendereste	avreste steso	stendete
3 stenderebbero	avrebbero steso	stendano

SUBJUNTIVO

PRESENTE	PRET. IMPERFECTO	PRET. PLUSCUAMPERFECTO
1 stenda	stendessi	avessi steso
2 stenda	stendessi	avessi steso
3 stenda	stendesse	avesse steso
1 stendiamo	stendessimo	avessimo steso
2 stendiate	stendeste	aveste steso
3 stendano	stendessero	avessero steso

PRET. PERFECTO
abbia steso etc.

INFINITIVO SIMPLE	GERUNDIO	PARTICIPIO PASADO
stendere	stendendo	steso
INFINITIVO COMPUESTO		
aver(e) steso		

STRINGERE
188
apretar, ajustar, estrechar

INDICATIVO

PRESENTE	PRET. IMPERFECTO	PRET. PLUSCUAMPERFECTO
1 stringo	stringevo	avevo stretto
2 stringi	stringevi	avevi stretto
3 stringe	stringeva	aveva stretto
1 stringiamo	stringevamo	avevamo stretto
2 stringete	stringevate	avevate stretto
3 stringono	stringevano	avevano stretto

PRET. PERF. SIMPLE	PRET. PERF. COMPUESTO	FUTURO IMPERFECTO
1 strinsi	ho stretto	stringerò
2 stringesti	hai stretto	stringerai
3 strinse	ha stretto	stringerà
1 stringemmo	abbiamo stretto	stringeremo
2 stringeste	avete stretto	stringerete
3 strinsero	hanno stretto	stringeranno

PRETÉRITO ANTERIOR	FUTURO PERFECTO
ebbi stretto etc.	avrò stretto etc.

CONDICIONAL

SIMPLE	COMPUESTO
1 stringerei	avrei stretto
2 stringeresti	avresti stretto
3 stringerebbe	avrebbe stretto
1 stringeremmo	avremmo stretto
2 stringereste	avreste stretto
3 stringerebbero	avrebbero stretto

IMPERATIVO

stringi
stringa
stringiamo
stringete
stringano

SUBJUNTIVO

PRESENTE	PRET. IMPERFECTO	PRET. PLUSCUAMPERFECTO
1 stringa	stringessi	avessi stretto
2 stringa	stringessi	avessi stretto
3 stringa	stringesse	avesse stretto
1 stringiamo	stringessimo	avessimo stretto
2 stringiate	stringeste	aveste stretto
3 stringano	stringessero	avessero stretto

PRET. PERFECTO
abbia stretto etc.

INFINITIVO SIMPLE	GERUNDIO	PARTICIPIO PASADO
stringere	stringendo	stretto
INFINITIVO COMPUESTO		
aver(e) stretto		

INDICATIVO

PRESENTE	PRET. IMPERFECTO	PRET. PLUSCUAMPERFECTO
1 studio	studiavo	avevo studiato
2 studi	studiavi	avevi studiato
3 studia	studiava	aveva studiato
1 studiamo	studiavamo	avevamo studiato
2 studiate	studiavate	avevate studiato
3 studiano	studiavano	avevano studiato

PRET. PERF. SIMPLE	PRET. PERF. COMPUESTO	FUTURO IMPERFECTO
1 studiai	ho studiato	studierò
2 studiasti	hai studiato	studierai
3 studiò	ha studiato	studierà
1 studiammo	abbiamo studiato	studieremo
2 studiaste	avete studiato	studierete
3 studiarono	hanno studiato	studieranno

PRETÉRITO ANTERIOR		FUTURO PERFECTO
ebbi studiato etc.		avrò studiato etc.

CONDICIONAL

IMPERATIVO

SIMPLE	COMPUESTO	
1 studierei	avrei studiato	
2 studieresti	avresti studiato	studia
3 studierebbe	avrebbe studiato	studi
1 studieremmo	avremmo studiato	studiamo
2 studiereste	avreste studiato	studiate
3 studierebbero	avrebbero studiato	studino

SUBJUNTIVO

PRESENTE	PRET. IMPERFECTO	PRET. PLUSCUAMPERFECTO
1 studi	studiassi	avessi studiato
2 studi	studiassi	avessi studiato
3 studi	studiasse	avesse studiato
1 studiamo	studiassimo	avessimo studiato
2 studiate	studiaste	aveste studiato
3 studino	studiassero	avessero studiato

PRET. PERFECTO
abbia studiato etc.

INFINITIVO SIMPLE	GERUNDIO	PARTICIPIO PASADO
studiare	studiando	studiato

INFINITIVO COMPUESTO
aver(e) studiato

SUCCEDERE
190
suceder, ocurrir, sustituir

INDICATIVO

	PRESENTE	PRET. IMPERFECTO	PRET. PLUSCUAMPERFECTO
1	succedo	succedevo	ero successo/a
2	succedi	succedevi	eri successo/a
3	succede	succedeva	era successo/a
1	succediamo	succedevamo	eravamo successi/e
2	succedete	succedevate	eravate successi/e
3	succedono	succedevano	erano successi/e

	PRET. PERF. SIMPLE	PRET. PERF. COMPUESTO	FUTURO IMPERFECTO
1	successi/succedetti*	sono successo/a	succederò
2	succedesti	sei successo/a	succederai
3	successe/succedette*	è successo/a	succederà
1	succedemmo	siamo successi/e	succederemo
2	succedeste	siete successi/e	succederete
3	successero/succedettero*	sono successi/e	succederanno

PRETÉRITO ANTERIOR	FUTURO PERFECTO
fui successo/a etc.	sarò successo/a etc.

CONDICIONAL

	SIMPLE	COMPUESTO
1	succederei	sarei successo/a
2	succederesti	saresti successo/a
3	succederebbe	sarebbe successo/a
1	succederemmo	saremmo successi/e
2	succedereste	sareste successi/e
3	succederebbero	sarebbero successi/e

IMPERATIVO

succedi	
succeda	
succediamo	
succedete	
succedano	

SUBJUNTIVO

	PRESENTE	PRET. IMPERFECTO	PRET. PLUSCUAMPERFECTO
1	succeda	succedessi	fossi successo/a
2	succeda	succedessi	fossi successo/a
3	succeda	succedesse	fosse successo/a
1	succediamo	succedessimo	fossimo successi/e
2	succediate	succedeste	foste successi/e
3	succedano	succedessero	fossero successi/e

PRET. PERFECTO
sia successo/a etc.

INFINITIVO SIMPLE	GERUNDIO	PARTICIPIO PASADO
succedere	succedendo	successo/a/i/e

INFINITIVO COMPUESTO	
esser(e) successo/a/i/e	

NOTA: el participio pasado alternativo succeduto y las formas del pretérito perfecto simple con asterisco se pueden utilizar cuando el verbo significa «suceder, reemplazar».

desarrollar, desenvolver, desempeñar

INDICATIVO

PRESENTE	PRET. IMPERFECTO	PRET. PLUSCUAMPERFECTO
1 svolgo	svolgevo	avevo svolto
2 svolgi	svolgevi	avevi svolto
3 svolge	svolgeva	aveva svolto
1 svolgiamo	svolgevamo	avevamo svolto
2 svolgete	svolgevate	avevate svolto
3 svolgono	svolgevano	avevano svolto

PRET. PERF. SIMPLE	PRET. PERF. COMPUESTO	FUTURO IMPERFECTO
1 svolsi	ho svolto	svolgerò
2 svolgesti	hai svolto	svolgerai
3 svolse	ha svolto	svolgerà
1 svolgemmo	abbiamo svolto	svolgeremo
2 svolgeste	avete svolto	svolgerete
3 svolsero	hanno svolto	svolgeranno

PRETÉRITO ANTERIOR		FUTURO PERFECTO
ebbi svolto etc.		avrò svolto etc.

CONDICIONAL

IMPERATIVO

SIMPLE	COMPUESTO	
1 svolgerei	avrei svolto	
2 svolgeresti	avresti svolto	svolgi
3 svolgerebbe	avrebbe svolto	svolga
1 svolgeremmo	avremmo svolto	svolgiamo
2 svolgereste	avreste svolto	svolgete
3 svolgerebbero	avrebbero svolto	svolgano

SUBJUNTIVO

PRESENTE	PRET. IMPERFECTO	PRET. PLUSCUAMPERFECTO
1 svolga	svolgessi	avessi svolto
2 svolga	svolgessi	avessi svolto
3 svolga	svolgesse	avesse svolto
1 svolgiamo	svolgessimo	avessimo svolto
2 svolgiate	svolgeste	aveste svolto
3 svolgano	svolgessero	avessero svolto

PRET. PERFECTO
abbia svolto etc.

INFINITIVO SIMPLE	GERUNDIO	PARTICIPIO PASADO
svolgere	svolgendo	svolto

INFINITIVO COMPUESTO
aver(e) svolto

TACERE
192 *callarse*

INDICATIVO

PRESENTE	PRET. IMPERFECTO	PRET. PLUSCUAMPERFECTO
1 taccio	tacevo	avevo taciuto
2 taci	tacevi	avevi taciuto
3 tace	taceva	aveva taciuto
1 tacciamo	tacevamo	avevamo taciuto
2 tacete	tacevate	avevate taciuto
3 tacciono	tacevano	avevano taciuto

PRET. PERF. SIMPLE	PRET. PERF. COMPUESTO	FUTURO IMPERFECTO
1 tacqui	ho taciuto	tacerò
2 tacesti	hai taciuto	tacerai
3 tacque	ha taciuto	tacerà
1 tacemmo	abbiamo taciuto	taceremo
2 taceste	avete taciuto	tacerete
3 tacquero	hanno taciuto	taceranno

PRETÉRITO ANTERIOR	FUTURO PERFECTO
ebbi taciuto etc.	avrò taciuto etc.

CONDICIONAL

SIMPLE	COMPUESTO
1 tacerei	avrei taciuto
2 taceresti	avresti taciuto
3 tacerebbe	avrebbe taciuto
1 taceremmo	avremmo taciuto
2 tacereste	avreste taciuto
3 tacerebbero	avrebbero taciuto

IMPERATIVO

taci
taccia
tacciamo
tacete
tacciano

SUBJUNTIVO

PRESENTE	PRET. IMPERFECTO	PRET. PLUSCUAMPERFECTO
1 taccia	tacessi	avessi taciuto
2 taccia	tacessi	avessi taciuto
3 taccia	tacesse	avesse taciuto
1 tacciamo	tacessimo	avessimo taciuto
2 tacciate	taceste	aveste taciuto
3 tacciano	tacessero	avessero taciuto

PRET. PERFECTO
abbia taciuto etc.

INFINITIVO SIMPLE	GERUNDIO	PARTICIPIO PASADO
tacere	tacendo	taciuto

INFINITIVO COMPUESTO
aver(e) taciuto

INDICATIVO

PRESENTE	PRET. IMPERFECTO	PRET. PLUSCUAMPERFECTO
1 temo	temevo	avevo temuto
2 temi	temevi	avevi temuto
3 teme	temeva	aveva temuto
1 temiamo	temevamo	avevamo temuto
2 temete	temevate	avevate temuto
3 temono	temevano	avevano temuto

PRET. PERF. SIMPLE	PRET. PERF. COMPUESTO	FUTURO IMPERFECTO
1 temei/temetti	ho temuto	temerò
2 temesti	hai temuto	temerai
3 temé/temette	ha temuto	temerà
1 tememmo	abbiamo temuto	temeremo
2 temeste	avete temuto	temerete
3 temerono/temettero	hanno temuto	temeranno

PRETÉRITO ANTERIOR		FUTURO PERFECTO
ebbi temuto etc.		avrò temuto etc.

CONDICIONAL

IMPERATIVO

SIMPLE	COMPUESTO	
1 temerei	avrei temuto	
2 temeresti	avresti temuto	temi
3 temerebbe	avrebbe temuto	tema
1 temeremmo	avremmo temuto	temiamo
2 temereste	avreste temuto	temete
3 temerebbero	avrebbero temuto	temano

SUBJUNTIVO

PRESENTE	PRET. IMPERFECTO	PRET. PLUSCUAMPERFECTO
1 tema	temessi	avessi temuto
2 tema	temessi	avessi temuto
3 tema	temesse	avesse temuto
1 temiamo	temessimo	avessimo temuto
2 temiate	temeste	aveste temuto
3 temano	temessero	avessero temuto

PRET. PERFECTO
abbia temuto etc.

INFINITIVO SIMPLE	GERUNDIO	PARTICIPIO PASADO
temere	temendo	temuto

INFINITIVO COMPUESTO
aver(e) temuto

TENERE
194
sujetar, mantener, resistir, aguantar

INDICATIVO

PRESENTE	PRET. IMPERFECTO	PRET. PLUSCUAMPERFECTO
1 tengo	tenevo	avevo tenuto
2 tieni	tenevi	avevi tenuto
3 tiene	teneva	aveva tenuto
1 teniamo	tenevamo	avevamo tenuto
2 tenete	tenevate	avevate tenuto
3 tengono	tenevano	avevano tenuto

PRET. PERF. SIMPLE	PRET. PERF. COMPUESTO	FUTURO IMPERFECTO
1 tenni	ho tenuto	terrò
2 tenesti	hai tenuto	terrai
3 tenne	ha tenuto	terrà
1 tenemmo	abbiamo tenuto	terremo
2 teneste	avete tenuto	terrete
3 tennero	hanno tenuto	terranno

PRETÉRITO ANTERIOR		FUTURO PERFECTO
ebbi tenuto etc.		avrò tenuto etc.

CONDICIONAL

SIMPLE	COMPUESTO
1 terrei	avrei tenuto
2 terresti	avresti tenuto
3 terrebbe	avrebbe tenuto
1 terremmo	avremmo tenuto
2 terreste	avreste tenuto
3 terrebbero	avrebbero tenuto

IMPERATIVO

tieni
tenga
teniamo
tenete
tengano

SUBJUNTIVO

PRESENTE	PRET. IMPERFECTO	PRET. PLUSCUAMPERFECTO
1 tenga	tenessi	avessi tenuto
2 tenga	tenessi	avessi tenuto
3 tenga	tenesse	avesse tenuto
1 teniamo	tenessimo	avessimo tenuto
2 teniate	teneste	aveste tenuto
3 tengano	tenessero	avessero tenuto

PRET. PERFECTO
abbia tenuto etc.

INFINITIVO SIMPLE	GERUNDIO	PARTICIPIO PASADO
tenere	tenendo	tenuto

INFINITIVO COMPUESTO
aver(e) tenuto

INDICATIVO

PRESENTE	PRET. IMPERFECTO	PRET. PLUSCUAMPERFECTO
1 tocco	toccavo	avevo toccato
2 tocchi	toccavi	avevi toccato
3 tocca	toccava	aveva toccato
1 tocchiamo	toccavamo	avevamo toccato
2 toccate	toccavate	avevate toccato
3 toccano	toccavano	avevano toccato

PRET. PERF. SIMPLE	PRET. PERF. COMPUESTO	FUTURO IMPERFECTO
1 toccai	ho toccato	toccherò
2 toccasti	hai toccato	toccherai
3 toccò	ha toccato	toccherà
1 toccammo	abbiamo toccato	toccheremo
2 toccaste	avete toccato	toccherete
3 toccarono	hanno toccato	toccheranno

PRETÉRITO ANTERIOR		FUTURO PERFECTO
ebbi toccato etc.		avrò toccato etc.

CONDICIONAL

SIMPLE	COMPUESTO
1 toccherei	avrei toccato
2 toccheresti	avresti toccato
3 toccherebbe	avrebbe toccato
1 toccheremmo	avremmo toccato
2 tocchereste	avreste toccato
3 toccherebbero	avrebbero toccato

IMPERATIVO

tocca
tocchi
tocchiamo
toccate
tocchino

SUBJUNTIVO

PRESENTE	PRET. IMPERFECTO	PRET. PLUSCUAMPERFECTO
1 tocchi	toccassi	avessi toccato
2 tocchi	toccassi	avessi toccato
3 tocchi	toccasse	avesse toccato
1 tocchiamo	toccassimo	avessimo toccato
2 tocchiate	toccaste	aveste toccato
3 tocchino	toccassero	avessero toccato

PRET. PERFECTO
abbia toccato etc.

INFINITIVO SIMPLE	GERUNDIO	PARTICIPIO PASADO
toccare	toccando	toccato
INFINITIVO COMPUESTO		
aver(e) toccato		

TOGLIERE
196
quitar, eliminar

INDICATIVO

	PRESENTE	PRET. IMPERFECTO	PRET. PLUSCUAMPERFECTO
1	tolgo	toglievo	avevo tolto
2	togli	toglievi	avevi tolto
3	toglie	toglieva	aveva tolto
1	togliamo	toglievamo	avevamo tolto
2	togliete	toglievate	avevate tolto
3	tolgono	toglievano	avevano tolto

	PRET. PERF. SIMPLE	PRET. PERF. COMPUESTO	FUTURO IMPERFECTO
1	tolsi	ho tolto	toglierò
2	togliesti	hai tolto	toglierai
3	tolse	ha tolto	toglierà
1	togliemmo	abbiamo tolto	toglieremo
2	toglieste	avete tolto	toglierete
3	tolsero	hanno tolto	toglieranno

PRETÉRITO ANTERIOR	FUTURO PERFECTO
ebbi tolto etc.	avrò tolto etc.

CONDICIONAL

	SIMPLE	COMPUESTO
1	toglierei	avrei tolto
2	toglieresti	avresti tolto
3	toglierebbe	avrebbe tolto
1	toglieremmo	avremmo tolto
2	togliereste	avreste tolto
3	toglierebbero	avrebbero tolto

IMPERATIVO

2	togli
3	tolga
1	togliamo
2	togliete
3	tolgano

SUBJUNTIVO

	PRESENTE	PRET. IMPERFECTO	PRET. PLUSCUAMPERFECTO
1	tolga	togliessi	avessi tolto
2	tolga	togliessi	avessi tolto
3	tolga	togliesse	avesse tolto
1	togliamo	togliessimo	avessimo tolto
2	togliate	toglieste	aveste tolto
3	tolgano	togliessero	avessero tolto

PRET. PERFECTO
abbia tolto etc.

INFINITIVO SIMPLE	GERUNDIO	PARTICIPIO PASADO
togliere	togliendo	tolto

INFINITIVO COMPUESTO
aver(e) tolto

INDICATIVO

PRESENTE	PRET. IMPERFECTO	PRET. PLUSCUAMPERFECTO
1 torco	torcevo	avevo torto
2 torci	torcevi	avevi torto
3 torce	torceva	aveva torto
1 torciamo	torcevamo	avevamo torto
2 torcete	torcevate	avevate torto
3 torcono	torcevano	avevano torto

PRET. PERF. SIMPLE	PRET. PERF. COMPUESTO	FUTURO IMPERFECTO
1 torsi	ho torto	torcerò
2 torcesti	hai torto	torcerai
3 torse	ha torto	torcerà
1 torcemmo	abbiamo torto	torceremo
2 torceste	avete torto	torcerete
3 torsero	hanno torto	torceranno

PRETÉRITO ANTERIOR		FUTURO PERFECTO
ebbi torto etc.		avrò torto etc.

CONDICIONAL

SIMPLE	COMPUESTO
1 torcerei	avrei torto
2 torceresti	avresti torto
3 torcerebbe	avrebbe torto
1 torceremmo	avremmo torto
2 torcereste	avreste torto
3 torcerebbero	avrebbero torto

IMPERATIVO

torci
torca
torciamo
torcete
torcano

SUBJUNTIVO

PRESENTE	PRET. IMPERFECTO	PRET. PLUSCUAMPERFECTO
1 torca	torcessi	avessi torto
2 torca	torcessi	avessi torto
3 torca	torcesse	avesse torto
1 torciamo	torcessimo	avessimo torto
2 torciate	torceste	aveste torto
3 torcano	torcessero	avessero torto

PRET. PERFECTO
abbia torto etc.

INFINITIVO SIMPLE	GERUNDIO	PARTICIPIO PASADO
torcere	torcendo	torto

INFINITIVO COMPUESTO
aver(e) torto

TORNARE
198 *volver*

INDICATIVO

PRESENTE	PRET. IMPERFECTO	PRET. PLUSCUAMPERFECTO
1 torno	tornavo	ero tornato/a
2 torni	tornavi	eri tornato/a
3 torna	tornava	era tornato/a
1 torniamo	tornavamo	eravamo tornati/e
2 tornate	tornavate	eravate tornati/e
3 tornano	tornavano	erano tornati/e

PRET. PERF. SIMPLE	PRET. PERF. COMPUESTO	FUTURO IMPERFECTO
1 tornai	sono tornato/a	tornerò
2 tornasti	sei tornato/a	tornerai
3 tornò	è tornato/a	tornerà
1 tornammo	siamo tornati/e	torneremo
2 tornaste	siete tornati/e	tornerete
3 tornarono	sono tornati/e	torneranno

PRETÉRITO ANTERIOR	FUTURO PERFECTO
fui tornato/a etc.	sarò tornato/a etc.

CONDICIONAL

SIMPLE	COMPUESTO	IMPERATIVO
1 tornerei	sarei tornato/a	
2 torneresti	saresti tornato/a	torna
3 tornerebbe	sarebbe tornato/a	torni
1 torneremmo	saremmo tornati/e	torniamo
2 tornereste	sareste tornati/e	tornate
3 tornerebbero	sarebbero tornati/e	tornino

SUBJUNTIVO

PRESENTE	PRET. IMPERFECTO	PRET. PLUSCUAMPERFECTO
1 torni	tornassi	fossi tornato/a
2 torni	tornassi	fossi tornato/a
3 torni	tornasse	fosse tornato/a
1 torniamo	tornassimo	fossimo tornati/e
2 torniate	tornaste	foste tornati/e
3 tornino	tornassero	fossero tornati/e

PRET. PERFECTO
sia tornato/a etc.

INFINITIVO SIMPLE	GERUNDIO	PARTICIPIO PASADO
tornare	tornando	tornato/a/i/e

INFINITIVO COMPUESTO
esser(e) tornato/a/i/e

INDICATIVO

PRESENTE	PRET. IMPERFECTO	PRET. PLUSCUAMPERFECTO
1 traduco	traducevo	avevo tradotto
2 traduci	traducevi	avevi tradotto
3 traduce	traduceva	aveva tradotto
1 traduciamo	traducevamo	avevamo tradotto
2 traducete	traducevate	avevate tradotto
3 traducono	traducevano	avevano tradotto

PRET. PERF. SIMPLE	PRET. PERF. COMPUESTO	FUTURO IMPERFECTO
1 tradussi	ho tradotto	tradurrò
2 traducesti	hai tradotto	tradurrai
3 tradusse	ha tradotto	tradurrà
1 traducemmo	abbiamo tradotto	tradurremo
2 traduceste	avete tradotto	tradurrete
3 tradussero	hanno tradotto	tradurranno

PRETÉRITO ANTERIOR
ebbi tradotto etc.

FUTURO PERFECTO
avrò tradotto etc.

CONDICIONAL

SIMPLE	COMPUESTO
1 tradurrei	avrei tradotto
2 tradurresti	avresti tradotto
3 tradurrebbe	avrebbe tradotto
1 tradurremmo	avremmo tradotto
2 tradurreste	avreste tradotto
3 tradurrebbero	avrebbero tradotto

IMPERATIVO

traduci
traduca
traduciamo
traducete
traducano

SUBJUNTIVO

PRESENTE	PRET. IMPERFECTO	PRET. PLUSCUAMPERFECTO
1 traduca	traducessi	avessi tradotto
2 traduca	traducessi	avessi tradotto
3 traduca	traducesse	avesse tradotto
1 traduciamo	traducessimo	avessimo tradotto
2 traduciate	traduceste	aveste tradotto
3 traducano	traducessero	avessero tradotto

PRET. PERFECTO
abbia tradotto etc.

INFINITIVO SIMPLE	GERUNDIO	PARTICIPIO PASADO
tradurre	traducendo	tradotto

INFINITIVO COMPUESTO
aver(e) tradotto

TRARRE
200
llevar, sacar, obtener

INDICATIVO

PRESENTE	PRET. IMPERFECTO	PRET. PLUSCUAMPERFECTO
1 traggo	traevo	avevo tratto
2 trai	traevi	avevi tratto
3 trae	traeva	aveva tratto
1 traiamo	traevamo	avevamo tratto
2 traete	traevate	avevate tratto
3 traggono	traevano	avevano tratto

PRET. PERF. SIMPLE	PRET. PERF. COMPUESTO	FUTURO IMPERFECTO
1 trassi	ho tratto	trarrò
2 traesti	hai tratto	trarrai
3 trasse	ha tratto	trarrà
1 traemmo	abbiamo tratto	trarremo
2 traeste	avete tratto	trarrete
3 trassero	hanno tratto	trarranno

PRETÉRITO ANTERIOR		FUTURO PERFECTO
ebbi tratto etc.		avrò tratto etc.

CONDICIONAL

SIMPLE	COMPUESTO	IMPERATIVO
1 trarrei	avrei tratto	
2 trarresti	avresti tratto	trai
3 trarrebbe	avrebbe tratto	tragga
1 trarremmo	avremmo tratto	traiamo
2 trarreste	avreste tratto	traete
3 trarrebbero	avrebbero tratto	traggano

SUBJUNTIVO

PRESENTE	PRET. IMPERFECTO	PRET. PLUSCUAMPERFECTO
1 tragga	traessi	avessi tratto
2 tragga	traessi	avessi tratto
3 tragga	traesse	avesse tratto
1 traiamo	traessimo	avessimo tratto
2 traiate	traeste	aveste tratto
3 traggano	traessero	avessero tratto

PRET. PERFECTO
abbia tratto etc.

INFINITIVO SIMPLE	GERUNDIO	PARTICIPIO PASADO
trarre	traendo	tratto

INFINITIVO COMPUESTO
aver(e) tratto

INDICATIVO

PRESENTE	PRET. IMPERFECTO	PRET. PLUSCUAMPERFECTO
1 uccido	uccidevo	avevo ucciso
2 uccidi	uccidevi	avevi ucciso
3 uccide	uccideva	aveva ucciso
1 uccidiamo	uccidevamo	avevamo ucciso
2 uccidete	uccidevate	avevate ucciso
3 uccidono	uccidevano	avevano ucciso

PRET. PERF. SIMPLE	PRET. PERF. COMPUESTO	FUTURO IMPERFECTO
1 uccisi	ho ucciso	ucciderò
2 uccidesti	hai ucciso	ucciderai
3 uccise	ha ucciso	ucciderà
1 uccidemmo	abbiamo ucciso	uccideremo
2 uccideste	avete ucciso	ucciderete
3 uccisero	hanno ucciso	uccideranno

PRETÉRITO ANTERIOR		FUTURO PERFECTO
ebbi ucciso etc.		avrò ucciso etc.

CONDICIONAL

SIMPLE	COMPUESTO
1 ucciderei	avrei ucciso
2 uccideresti	avresti ucciso
3 ucciderebbe	avrebbe ucciso
1 uccideremmo	avremmo ucciso
2 uccidereste	avreste ucciso
3 ucciderebbero	avrebbero ucciso

IMPERATIVO

uccidi
uccida
uccidiamo
uccidete
uccidano

SUBJUNTIVO

PRESENTE	PRET. IMPERFECTO	PRET. PLUSCUAMPERFECTO
1 uccida	uccidessi	avessi ucciso
2 uccida	uccidessi	avessi ucciso
3 uccida	uccidesse	avesse ucciso
1 uccidiamo	uccidessimo	avessimo ucciso
2 uccidiate	uccideste	aveste ucciso
3 uccidano	uccidessero	avessero ucciso

PRET. PERFECTO
abbia ucciso etc.

INFINITIVO SIMPLE	GERUNDIO	PARTICIPIO PASADO
uccidere	uccidendo	ucciso

INFINITIVO COMPUESTO
aver(e) ucciso

INDICATIVO

PRESENTE	PRET. IMPERFECTO	PRET. PLUSCUAMPERFECTO
1 odo	udivo	avevo udito
2 odi	udivi	avevi udito
3 ode	udiva	aveva udito
1 udiamo	udivamo	avevamo udito
2 udite	udivate	avevate udito
3 odono	udivano	avevano udito

PRET. PERF. SIMPLE	PRET. PERF. COMPUESTO	FUTURO IMPERFECTO
1 udii	ho udito	udirò
2 udisti	hai udito	udirai
3 udì	ha udito	udirà
1 udimmo	abbiamo udito	udiremo
2 udiste	avete udito	udirete
3 udirono	hanno udito	udiranno

PRETÉRITO ANTERIOR		FUTURO PERFECTO
ebbi udito etc.		avrò udito etc.

CONDICIONAL

SIMPLE	COMPUESTO
1 udirei	avrei udito
2 udiresti	avresti udito
3 udirebbe	avrebbe udito
1 udiremmo	avremmo udito
2 udireste	avreste udito
3 udirebbero	avrebbero udito

IMPERATIVO

odi
oda
udiamo
udite
odano

SUBJUNTIVO

PRESENTE	PRET. IMPERFECTO	PRET. PLUSCUAMPERFECTO
1 oda	udissi	avessi udito
2 oda	udissi	avessi udito
3 oda	udisse	avesse udito
1 udiamo	udissimo	avessimo udito
2 udiate	udiste	aveste udito
3 odano	udissero	avessero udito

PRET. PERFECTO
abbia udito etc.

INFINITIVO SIMPLE	GERUNDIO	PARTICIPIO PASADO
udire	udendo	udito
INFINITIVO COMPUESTO		
aver(e) udito		

INDICATIVO

PRESENTE	PRET. IMPERFECTO	PRET. PLUSCUAMPERFECTO
1 esco	uscivo	ero uscito/a
2 esci	uscivi	eri uscito/a
3 esce	usciva	era uscito/a
1 usciamo	uscivamo	eravamo usciti/e
2 uscite	uscivate	eravate usciti/e
3 escono	uscivano	erano usciti/e

PRET. PERF. SIMPLE	PRET. PERF. COMPUESTO	FUTURO IMPERFECTO
1 uscii	sono uscito/a	uscirò
2 uscisti	sei uscito/a	uscirai
3 uscì	è uscito/a	uscirà
1 uscimmo	siamo usciti/e	usciremo
2 usciste	siete usciti/e	uscirete
3 uscirono	sono usciti/e	usciranno

PRETÉRITO ANTERIOR	FUTURO PERFECTO
fui uscito/a etc.	sarò uscito/a etc.

CONDICIONAL

SIMPLE	COMPUESTO
1 uscirei	sarei uscito/a
2 usciresti	saresti uscito/a
3 uscirebbe	sarebbe uscito/a
1 usciremmo	saremmo usciti/e
2 uscireste	sareste usciti/e
3 uscirebbero	sarebbero usciti/e

IMPERATIVO

esci
esca
usciamo
uscite
escano

SUBJUNTIVO

PRESENTE	PRET. IMPERFECTO	PRET. PLUSCUAMPERFECTO
1 esca	uscissi	fossi uscito/a
2 esca	uscissi	fossi uscito/a
3 esca	uscisse	fosse uscito/a
1 usciamo	uscissimo	fossimo usciti/e
2 usciate	usciste	foste usciti/e
3 escano	uscissero	fossero usciti/e

PRET. PERFECTO
sia uscito/a etc.

INFINITIVO SIMPLE	GERUNDIO	PARTICIPIO PASADO
uscire	uscendo	uscito/a/i/e

INFINITIVO COMPUESTO
esser(e) uscito/a/i/e

VALERE
204
valer, costar

INDICATIVO

PRESENTE	PRET. IMPERFECTO	PRET. PLUSCUAMPERFECTO
1 valgo	valevo	ero valso/a
2 vali	valevi	eri valso/a
3 vale	valeva	era valso/a
1 valiamo	valevamo	eravamo valsi/e
2 valete	valevate	eravate valsi/e
3 valgono	valevano	erano valsi/e

PRET. PERF. SIMPLE	PRET. PERF. COMPUESTO	FUTURO IMPERFECTO
1 valsi	sono valso/a	varrò
2 valesti	sei valso/a	varrai
3 valse	è valso/a	varrà
1 valemmo	siamo valsi/e	varremo
2 valeste	siete valsi/e	varrete
3 valsero	sono valsi/e	varranno

PRETÉRITO ANTERIOR		FUTURO PERFECTO
fui valso/a etc.		sarò valso/a etc.

CONDICIONAL

SIMPLE	COMPUESTO
1 varrei	sarei valso/a
2 varresti	saresti valso/a
3 varrebbe	sarebbe valso/a
1 varremmo	saremmo valsi/e
2 varreste	sareste valsi/e
3 varrebbero	sarebbero valsi/e

IMPERATIVO

SUBJUNTIVO

PRESENTE	PRET. IMPERFECTO	PRET. PLUSCUAMPERFECTO
1 valga	valessi	fossi valso/a
2 valga	valessi	fossi valso/a
3 valga	valesse	fosse valso/a
1 valiamo	valessimo	fossimo valsi/e
2 valiate	valeste	foste valsi/e
3 valgano	valessero	fossero valsi/e

PRET. PERFECTO
sia valso/a etc.

INFINITIVO SIMPLE	GERUNDIO	PARTICIPIO PASADO
valere	valendo	valso/a/i/e
INFINITIVO COMPUESTO		
esser(e) valso/a/i/e		

INDICATIVO

PRESENTE	PRET. IMPERFECTO	PRET. PLUSCUAMPERFECTO
1 vedo	vedevo	avevo visto/veduto
2 vedi	vedevi	avevi visto/veduto
3 vede	vedeva	aveva visto/veduto
1 vediamo	vedevamo	avevamo visto/veduto
2 vedete	vedevate	avevate visto/veduto
3 vedono	vedevano	avevano visto/veduto

PRET. PERF. SIMPLE	PRET. PERF. COMPUESTO	FUTURO IMPERFECTO
1 vidi	ho visto/veduto	vedrò
2 vedesti	hai visto/veduto	vedrai
3 vide	ha visto/veduto	vedrà
1 vedemmo	abbiamo visto/veduto	vedremo
2 vedeste	avete visto/veduto	vedrete
3 videro	hanno visto/veduto	vedranno

PRETÉRITO ANTERIOR		FUTURO PERFECTO
ebbi visto/veduto etc.		avrò visto/veduto etc.

CONDICIONAL

SIMPLE	COMPUESTO	IMPERATIVO
1 vedrei	avrei visto/veduto	
2 vedresti	avresti visto/veduto	vedi
3 vedrebbe	avrebbe visto/veduto	veda
1 vedremmo	avremmo visto/veduto	vediamo
2 vedreste	avreste visto/veduto	vedete
3 vedrebbero	avrebbero visto/veduto	vedano

SUBJUNTIVO

PRESENTE	PRET. IMPERFECTO	PRET. PLUSCUAMPERFECTO
1 veda	vedessi	avessi visto/veduto
2 veda	vedessi	avessi visto/veduto
3 veda	vedesse	avesse visto/veduto
1 vediamo	vedessimo	avessimo visto/veduto
2 vediate	vedeste	aveste visto/veduto
3 vedano	vedessero	avessero visto/veduto

PRET. PERFECTO
abbia visto/veduto etc.

INFINITIVO SIMPLE	GERUNDIO	PARTICIPIO PASADO
vedere	vedendo	visto/veduto

INFINITIVO COMPUESTO
aver(e) visto/veduto

NOTA: **vedere** tiene dos participios pasados (visto y veduto) que son totalmente intercambiables.

VENIRE 206 *venir*

INDICATIVO

PRESENTE	PRET. IMPERFECTO	PRET. PLUSCUAMPERFECTO
1 vengo	venivo	ero venuto/a
2 vieni	venivi	eri venuto/a
3 viene	veniva	era venuto/a
1 veniamo	venivamo	eravamo venuti/e
2 venite	venivate	eravate venuti/e
3 vengono	venivano	erano venuti/e

PRET. PERF. SIMPLE	PRET. PERF. COMPUESTO	FUTURO IMPERFECTO
1 venni	sono venuto/a	verrò
2 venisti	sei venuto/a	verrai
3 venne	è venuto/a	verrà
1 venimmo	siamo venuti/e	verremo
2 veniste	siete venuti/e	verrete
3 vennero	sono venuti/e	verranno

PRETÉRITO ANTERIOR		FUTURO PERFECTO
fui venuto/a etc.		sarò venuto/a etc.

CONDICIONAL

SIMPLE	COMPUESTO
1 verrei	sarei venuto/a
2 verresti	saresti venuto/a
3 verrebbe	sarebbe venuto/a
1 verremmo	saremmo venuti/e
2 verreste	sareste venuti/e
3 verrebbero	sarebbero venuti/e

IMPERATIVO

vieni
venga
veniamo
venite
vengano

SUBJUNTIVO

PRESENTE	PRET. IMPERFECTO	PRET. PLUSCUAMPERFECTO
1 venga	venissi	fossi venuto/a
2 venga	venissi	fossi venuto/a
3 venga	venisse	fosse venuto/a
1 veniamo	venissimo	fossimo venuti/e
2 veniate	veniste	foste venuti/e
3 vengano	venissero	fossero venuti/e

PRET. PERFECTO
sia venuto/a etc.

INFINITIVO SIMPLE	GERUNDIO	PARTICIPIO PASADO
venire	venendo	venuto/a/i/e

INFINITIVO COMPUESTO
esser(e) venuto/a/i/e

INDICATIVO

PRESENTE	PRET. IMPERFECTO	PRET. PLUSCUAMPERFECTO
1 mi vesto	mi vestivo	mi ero vestito/a
2 ti vesti	ti vestivi	ti eri vestito/a
3 si veste	si vestiva	si era vestito/a
1 ci vestiamo	ci vestivamo	ci eravamo vestiti/e
2 vi vestite	vi vestivate	vi eravate vestiti/e
3 si vestono	si vestivano	si erano vestiti/e

PRET. PERF. SIMPLE	PRET. PERF. COMPUESTO	FUTURO IMPERFECTO
1 mi vestii	mi sono vestito/a	mi vestirò
2 ti vestisti	ti sei vestito/a	ti vestirai
3 si vestì	si è vestito/a	si vestirà
1 ci vestimmo	ci siamo vestiti/e	ci vestiremo
2 vi vestiste	vi siete vestiti/e	vi vestirete
3 si vestirono	si sono vestiti/e	si vestiranno

PRETÉRITO ANTERIOR	FUTURO PERFECTO
mi fui vestito/a etc.	mi sarò vestito/a etc.

CONDICIONAL

SIMPLE	COMPUESTO
1 mi vestirei	mi sarei vestito/a
2 ti vestiresti	ti saresti vestito/a
3 si vestirebbe	si sarebbe vestito/a
1 ci vestiremmo	ci saremmo vestiti/e
2 vi vestireste	vi sareste vestiti/e
3 si vestirebbero	si sarebbero vestiti/e

IMPERATIVO

vestiti
si vesta
vestiamoci
vestitevi
si vestano

SUBJUNTIVO

PRESENTE	PRET. IMPERFECTO	PRET. PLUSCUAMPERFECTO
1 mi vesta	mi vestissi	mi fossi vestito/a
2 ti vesta	ti vestissi	ti fossi vestito/a
3 si vesta	si vestisse	si fosse vestito/a
1 ci vestiamo	ci vestissimo	ci fossimo vestiti/e
2 vi vestiate	vi vestiste	vi foste vestiti/e
3 si vestano	si vestissero	si fossero vestiti/e

PRET. PERFECTO
mi sia vestito/a etc.

INFINITIVO SIMPLE	GERUNDIO	PARTICIPIO PASADO
vestirsi	vestendomi etc.	vestito/a/i/e

INFINITIVO COMPUESTO
essersi vestito/a/i/e

VINCERE
208
ganar, vencer

INDICATIVO

PRESENTE	PRET. IMPERFECTO	PRET. PLUSCUAMPERFECTO
1 vinco	vincevo	avevo vinto
2 vinci	vincevi	avevi vinto
3 vince	vinceva	aveva vinto
1 vinciamo	vincevamo	avevamo vinto
2 vincete	vincevate	avevate vinto
3 vincono	vincevano	avevano vinto

PRET. PERF. SIMPLE	PRET. PERF. COMPUESTO	FUTURO IMPERFECTO
1 vinsi	ho vinto	vincerò
2 vincesti	hai vinto	vincerai
3 vinse	ha vinto	vincerà
1 vincemmo	abbiamo vinto	vinceremo
2 vinceste	avete vinto	vincerete
3 vinsero	hanno vinto	vinceranno

PRETÉRITO ANTERIOR		FUTURO PERFECTO
ebbi vinto etc.		avrò vinto etc.

CONDICIONAL

SIMPLE	COMPUESTO
1 vincerei	avrei vinto
2 vinceresti	avresti vinto
3 vincerebbe	avrebbe vinto
1 vinceremmo	avremmo vinto
2 vincereste	avreste vinto
3 vincerebbero	avrebbero vinto

IMPERATIVO

vinci
vinca
vinciamo
vincete
vincano

SUBJUNTIVO

PRESENTE	PRET. IMPERFECTO	PRET. PLUSCUAMPERFECTO
1 vinca	vincessi	avessi vinto
2 vinca	vincessi	avessi vinto
3 vinca	vincesse	avesse vinto
1 vinciamo	vincessimo	avessimo vinto
2 vinciate	vinceste	aveste vinto
3 vincano	vincessero	avessero vinto

PRET. PERFECTO
abbia vinto etc.

INFINITIVO SIMPLE	GERUNDIO	PARTICIPIO PASADO
vincere	vincendo	vinto

INFINITIVO COMPUESTO
aver(e) vinto

INDICATIVO

PRESENTE	PRET. IMPERFECTO	PRET. PLUSCUAMPERFECTO
1 vivo	vivevo	ero vissuto/a
2 vivi	vivevi	eri vissuto/a
3 vive	viveva	era vissuto/a
1 viviamo	vivevamo	eravamo vissuti/e
2 vivete	vivevate	eravate vissuti/e
3 vivono	vivevano	erano vissuti/e

PRET. PERF. SIMPLE	PRET. PERF. COMPUESTO	FUTURO IMPERFECTO
1 vissi	sono vissuto/a	vivrò
2 vivesti	sei vissuto/a	vivrai
3 visse	è vissuto/a	vivrà
1 vivemmo	siamo vissuti/e	vivremo
2 viveste	siete vissuti/e	vivrete
3 vissero	sono vissuti/e	vivranno

PRETÉRITO ANTERIOR	FUTURO PERFECTO
fui vissuto/a etc.	sarò vissuto/a etc.

CONDICIONAL

IMPERATIVO

SIMPLE	COMPUESTO	
1 vivrei	sarei vissuto/a	
2 vivresti	saresti vissuto/a	vivi
3 vivrebbe	sarebbe vissuto/a	viva
1 vivremmo	saremmo vissuti/e	viviamo
2 vivreste	sareste vissuti/e	vivete
3 vivrebbero	sarebbero vissuti/e	vivano

SUBJUNTIVO

PRESENTE	PRET. IMPERFECTO	PRET. PLUSCUAMPERFECTO
1 viva	vivessi	fossi vissuto/a
2 viva	vivessi	fossi vissuto/a
3 viva	vivesse	fosse vissuto/a
1 viviamo	vivessimo	fossimo vissuti/e
2 viviate	viveste	foste vissuti/e
3 vivano	vivessero	fossero vissuti/e

PRET. PERFECTO
sia vissuto/a etc.

INFINITIVO SIMPLE	GERUNDIO	PARTICIPIO PASADO
vivere	vivendo	vissuto/a/i/e

INFINITIVO COMPUESTO
esser(e) vissuto/a/i/e

VOLERE
210 *querer*

INDICATIVO

PRESENTE	PRET. IMPERFECTO	PRET. PLUSCUAMPERFECTO
1 voglio	volevo	avevo voluto
2 vuoi	volevi	avevi voluto
3 vuole	voleva	aveva voluto
1 vogliamo	volevamo	avevamo voluto
2 volete	volevate	avevate voluto
3 vogliono	volevano	avevano voluto

PRET. PERF. SIMPLE	PRET. PERF. COMPUESTO	FUTURO IMPERFECTO
1 volli	ho voluto	vorrò
2 volesti	hai voluto	vorrai
3 volle	ha voluto	vorrà
1 volemmo	abbiamo voluto	vorremo
2 voleste	avete voluto	vorrete
3 vollero	hanno voluto	vorranno

PRETÉRITO ANTERIOR		FUTURO PERFECTO
ebbi voluto etc.		avrò voluto etc.

CONDICIONAL

IMPERATIVO

SIMPLE	COMPUESTO	
1 vorrei	avrei voluto	
2 vorresti	avresti voluto	vogli
3 vorrebbe	avrebbe voluto	voglia
1 vorremmo	avremmo voluto	vogliamo
2 vorreste	avreste voluto	volete
3 vorrebbero	avrebbero voluto	vogliano

SUBJUNTIVO

PRESENTE	PRET. IMPERFECTO	PRET. PLUSCUAMPERFECTO
1 voglia	volessi	avessi voluto
2 voglia	volessi	avessi voluto
3 voglia	volesse	avesse voluto
1 vogliamo	volessimo	avessimo voluto
2 vogliate	voleste	aveste voluto
3 vogliano	volessero	avessero voluto

PRET. PERFECTO
abbia voluto etc.

INFINITIVO SIMPLE	GERUNDIO	PARTICIPIO PASADO
volere	volendo	voluto

INFINITIVO COMPUESTO
aver(e) voluto

NOTA: en los tiempos compuestos **volere** se conjuga según el auxiliar del verbo al que complementa, p. ej.: he querido comer = *ho voluto mangiare*; he querido ir = *sono voluto/a andare*.

INDICATIVO

PRESENTE	PRET. IMPERFECTO	PRET. PLUSCUAMPERFECTO
1 volgo	volgevo	avevo volto
2 volgi	volgevi	avevi volto
3 volge	volgeva	aveva volto
1 volgiamo	volgevamo	avevamo volto
2 volgete	volgevate	avevate volto
3 volgono	volgevano	avevano volto

PRET. PERF. SIMPLE	PRET. PERF. COMPUESTO	FUTURO IMPERFECTO
1 volsi	ho volto	volgerò
2 volgesti	hai volto	volgerai
3 volse	ha volto	volgerà
1 volgemmo	abbiamo volto	volgeremo
2 volgeste	avete volto	volgerete
3 volsero	hanno volto	volgeranno

PRETÉRITO ANTERIOR		FUTURO PERFECTO
ebbi volto etc.		avrò volto etc.

CONDICIONAL

SIMPLE	COMPUESTO
1 volgerei	avrei volto
2 volgeresti	avresti volto
3 volgerebbe	avrebbe volto
1 volgeremmo	avremmo volto
2 volgereste	avreste volto
3 volgerebbero	avrebbero volto

IMPERATIVO

volgi
volga
volgiamo
volgete
volgano

SUBJUNTIVO

PRESENTE	PRET. IMPERFECTO	PRET. PLUSCUAMPERFECTO
1 volga	volgessi	avessi volto
2 volga	volgessi	avessi volto
3 volga	volgesse	avesse volto
1 volgiamo	volgessimo	avessimo volto
2 volgiate	volgeste	aveste volto
3 volgano	volgessero	avessero volto

PRET. PERFECTO
abbia volto etc.

INFINITIVO SIMPLE	GERUNDIO	PARTICIPIO PASADO
volgere	volgendo	volto
INFINITIVO COMPUESTO		
aver(e) volto		

ÍNDICE DE VERBOS ITALIANOS

Los verbos cuya conjugación completa se recoge en las páginas anteriores se usan como modelos para el resto de los verbos italianos que aparecen en la siguiente relación. El número que acompaña a estos verbos remite al modelo de conjugación correspondiente (y no al número de página).

Los verbos destacados en **color** indican que dicho verbo se usa como modelo de conjugación.

Un asterisco (*) tras el verbo indica que siempre se conjuga con *essere* como auxiliar en los tiempos compuestos.

Esta lista también incluye formas irregulares importantes de los verbos modelo, como son: (a) la primera persona del singular del presente de indicativo cuando el infinitivo no es fácilmente identificable; (b) la primera persona del singular del pretérito perfecto simple de los verbos irregulares; y (c) el participio pasado de los verbos irregulares.

Todos los verbos de la lista remiten a los verbos modelo que tienen características parecidas. Algunos verbos reflexivos remiten a los verbos modelo; si el verbo modelo no es reflexivo, basta con añadir los pronombres reflexivos correspondientes.

Esta relación está formada por más de 2.800 entradas que cubren los verbos más empleados en italiano.

B

E

F

G